U0596850

读懂青少年成长
与发展系列丛书

总主编　陈如平

唤醒成长

合作对话的艺术

主　编　王世元
副主编　苏纪玲　管永新

中国人民大学出版社
·北京·

本系列丛书由腾讯公益慈善基金会资助

不代表腾讯公益慈善基金会立场

总序　一

生命不保，何谈教育？生命安全对于教育的重要性不言而喻。对人类来说，生命安全与健康是生存、发展的基本需求和永恒的追求。就教育而言，生命安全与健康既是青少年健康成长、全面发展的前提条件和基本内容，也是基础教育高质量发展的重要保障和核心标志，更是高质量基础教育赋能经济社会可持续发展的有力支撑和应有之义。"孩子们成长得更好，是我们最大的心愿。"教育部门特别是基础教育学校应该以"时时放心不下"的责任感，时刻关注青少年的生命安全与健康问题，为他们提供一个安全、健康、和谐的学习生活环境，全力呵护他们安全健康成长，直至他们成为担当民族复兴大任的时代新人。这正是教育的主要目的和意义所在。

党的十八大以来，以习近平同志为核心的党中央站在党和国家事业发展薪火相传、后继有人的战略高度，高度重视青少年学生的生命安全和健康成长，大力推动健康教育。2016 年 10 月，中共中央、国务院印发的《"健康中国 2030"规划纲要》明确提出："将健康教育纳入国民教育体系，把健康教育作为所有教育阶段素质教育的重要内容。"2021 年，教育部制定的《生命安全与健康教育进中小学课程教材指南》（以下简称《指南》）则强调："良好的学校生命安全与健康教育有助于学生树立正确生命观、健康观、安全观，养成健康文明行为习惯和生活方式，自觉采纳和保持健康行为，为终身健康奠定坚实基础。"《指南》旨在将生命安全与健康教育全面融入中小学课程教材，实现生命安全与健康教育系列化、常态化、长效化。这一重要举措无疑对落实立德树人根本任务、实施素质教育、培养高素质时代新人具有现实意义。

《指南》规定，中小学生命安全与健康教育包括健康行为与生活方式、生长发育与青春期保健、心理健康、传染病预防与突发公共卫生事件应对、安全应急与避险等 5 大领域以及相应的 30 个核心要点。不仅如此，不同学段体现不同要求：小学阶段侧重基本知识介绍、具体技能训练和个人卫生习惯培养；初中阶段注重讲解原理和机制，深化学生认识，强化健康行为养成的主动性和自觉性；高中阶段主要强调学生的生命责任感和意义，以及发现问题和积极解决问题的能力。在具体实施时，生命安全与健康教育要"进教材、进课堂、进学生头脑"，注重趣味性、互动性、体验性、生成性，提升教育实效性。这些规定不仅构成了生命安全与健康教育的整体性框架，也给生命安全与健康教育的实施提供了系统性目标。

受以上政策指引，北京盈德未来教育测评研究院从 2014 年起启动实施中小学生命健康教育工程项目，邀请相关高校和研究机构专家组成项目组，连续十年开展生命健康素养测评，覆盖全国 29 个地市、52 个区县。2022 年，受北京读懂中国经济与社会发展基金会和腾讯基金会的资助，以"读懂新时代青少年成长与发展——青少年生命健康素养提升计划"为主题，项目组以公益方式将项目推广到四川、广东、山西、江西等省 13 个区县 366 所学校。整个项目始终抱持"用爱与尊重读懂学生，用责任与担当办好教育"的理念，通过开展健康素养测评、编写学生读本、提供数字化教学资源、组织校长教师研修、开设家长讲座等方式，促进师生身体健康、心理健康、关系健康，提升生命安全意识和技能，取得了良好的实践效果，产生了较为广泛的社会影响。

出人意料的是，生命健康教育项目在推广中产生了大量的区域案例、教育故事、优秀课例。它们都来自实际的教育教学活动过程，本身具有典型性、代表性，是具有较高价值的立德树人载体。每项内容主题鲜明、特色突出，且呈现的问题带有一定的普遍性，解决问题的经验和技巧方法便具有可推广交流的价值。项目组经过全盘慎重考虑，作出大胆设想：收集优秀案例，邀请专家编写，出版"读懂青少年成长与发展系列丛书"。

这一设想今天终于得以实现。系列丛书全套 5 册，分别是：《唤醒成长：合作对话的艺术》《重塑课堂：合作对话的艺术》《校长之问：如何读懂教师》《体验式教育实践：中小学健康教育教师手册》《中小学健康素养评估与洞察》。

"合作对话"是"读懂青少年成长与发展"的重要途径。"合作对话"教育教学理念打破学校、家庭和社会的传统教育思维，以新的人性观为基础，形成教育哲学理论体系。《唤醒成长：合作对话的艺术》筛选 48 篇实践探索文章，以爱、尊重、责任、担当为主题分为四章，内容涵盖"合作对话"在习惯养成、班级建设、家校合作、心理健康、思维发展等方面的应用。《重塑课堂：合作对话的艺术》筛选 57 篇实践探索文章，聚焦课堂教学，促进教师及管理者从唤醒成长、尊重成长、责任为先、勇于担当四个维度践行合作对话理论。

在"合作对话"教学范式下，教师着眼于学生精神内化需求，实现学生行为外化。学生呈现出放松、真诚、自信、包容、理解，专注于倾听、思考与合作的精神状态，形成由内而外的成长动力，增强可持续发展的内驱力，逐渐掌握独立、追求、养控、审美的生长方法论。教师带着学生走向知识，与学生建立"成长共同体"的新型师生关系，建立或完善共同体成员认知体系和价值体系，教师的角色类似编导、导游、记者与合伙人。这两本书汇集了一线教师的优秀案例故事，弘扬了"爱、尊重、责任、担当"的教育理念。

《校长之问：如何读懂教师》是一本实操型校长管理手册。以"读懂教师，赋能发展"为主线，项目组通过问卷和访谈，收集一线校长的困惑和挑战。针对一线校长的实际问题，邀请全国"名校长"支招，通过72个案例故事，萃取解决方案，讲解校长应该如何应对学校管理中遇到的各种难题。该书针对校长在学校建设、教师管理、教学指导、家校共育四个方面遇到的难题，逐一回答"校长之问"，提升校长在这四个方面的能力。每一"校长之问"均包含挑战描述、案例分享、方法萃取、读懂教师四部分。

《体验式教育实践：中小学健康教育教师手册》以"读懂学生，赋能成长"为主线，以"体验式教育"为特色，以生命健康教育为内容主体，分设七大主题：情绪管理与行为调控、有效沟通、自我认知、生命教育、生涯教育、拓展活动、校园活动。每一章包含5～8个体验式教育活动设计方案，对标义务教育阶段相关课本话题。

《中小学健康素养评估与洞察》旨在通过介绍中小学健康素养测评，揭示当前国内中小学生生命健康素养现状，指出青少年健康素养测评与心理健康筛查的本质区别。通过分析生命健康教育的本质与内涵，该书探讨了生命健康教育与社会情感教育、学校道德教育和素质教育的关联，强调中小学生命健康教育在推动基础教育高质量发展中的基石作用。

丛书汇聚各方智慧，以更高远的历史站位、更宽广的国际视野、更生动的教育故事，重塑对青少年成长与发展规律的认知，读懂青少年成长与发展。我们充分相信，该系列丛书的出版将有利于促进全社会打造青少年健康成长的良好环境，有助于推动社会各界高度关注和重视新时代青少年健康成长与发展，有益于唤醒广大教师和家长深入地了解孩子的成长规律和发展需求，并扮演好自己应有的角色，积极践行"爱、尊重、责任、担当"的青少年教育理念，共同赋能基础教育高质量发展。

中国教育科学研究院副院长、研究员

2024年9月10日，中国第40个教师节

总序 二

用爱、尊重、责任、担当
照亮下一代的成长道路

> 我们所需要的很多东西都可以等待，但孩子需要的东西不能等待。他的骨骼正在成形，他的血液正在生成，他的心灵正在发展。我们不能对他说明天，他的名字叫今天。

——加夫列拉·米斯特拉尔

首先感谢北京读懂中国经济与社会发展基金会和腾讯公益慈善基金会，没有它们的爱心支持和资金支持，就没有读懂新时代青少年成长与发展项目！

发起读懂新时代青少年成长与发展这一公益项目，有三重目的。

一是呼吁家、校、社、政联手打造富有爱、尊重、责任、担当，让孩子们可以自由呼吸、自主探索的成长环境：父母有正确的育儿观，爱有边界，既不"生而不养""养而不育"，又不溺爱；学校践行科学的育人宗旨，坚持科学育人，德育、智育不分家；社会塑造尊师重教的风气，不对学校和老师妄加非议；政府不被社会舆论所绑架，管教育的人懂教育，遵循学生的成长规律。

二是呼吁基础教育工作者俯下身，满怀爱与尊重、责任与担当，认真研究当今青少年的成长规律与发展需要，这是我们制定教育政策、落实学校发展计划、研究中小学课程标准的基础，是必须完成的功课！教育界同人已深刻意识到，我们不能继续用过去的传统方法教育未来的一代，具体该如何做，还须认真思考，深入探究。特别是处在多元社会中的学校道德教育，应向何处去？刘慧和朱小蔓先生指出："多元社会的特征和品质与一元社会相比有着根本性的不同，如由封闭走向开放，由绝对性趋于相对性，由追求共性转向个性的共在、单一性与多样性并存等。在多元社会中，与一元社会相适应的道德原则、规范和道德教育范式，可以说从根基上逐渐失去它存在的条件。面对这样的社会转型，学校道德教育可能会怎样和应该是怎样的呢？"[1]这是每一位教育理论与实践工作者必须直面的问题。

三是提升中小学生的健康素养，首先要读懂新时代青少年成长与发展。读懂新时代青少年成长与发展，就是读懂青少年的成长环境，就是读懂青少年的心智发展与情感成长历程，就是读懂青少年的发展需要，走进孩子的内心世界，这样才能辩证地看待当代中小学生成长中出现的问题。只有这样，教育管理者才能制定可执行、可见效的教育政策，教育工作者才能有针对性地适时顺势做好铺垫和引领工作，让中小学生在适宜的环境中健康成长。

当代青少年的成长环境与二三十年前相比，发生了巨大变化。信息技术、人工智能迅猛发展和国际环境的多变与不可预测，让人们进入易变、不确定、复杂且模糊的乌卡时代。孩子们一出生，接触到的信息量和认知世界的方式与前人相比就有质的不同。现在大多数孩子从小见多识广、衣食无忧，部分孩子沉迷于动漫和网络游戏，生活在虚拟世界。步入学校，特别是步入中学后，课堂教学活动多以提升学业成绩为目标。提升学业成绩本无可厚非，但是，如果初高中课堂充斥着频繁的做题讲题，教师不能引导学生感受学科学习的乐趣与意义，一切教与学都是为了分数与排名，这样的教育只能"生产"出人情上冷漠、对现实社会没兴趣、找不到人生目标的下一代，非常危险！

青少年的心智发展与情感成长，需要家、校、社、政共同呵护。朱小蔓先生 20 世纪末指出：情感是人类精神生命中的主体力量，因为情感真正属于个体，是人类真实意向的表达；关注人的情感发展是教育中的本源性、根基性的问题。她特别强调：

> 21 世纪的教育只有一个选择，即促使人们学会生存、学会学习、学会选择、学会合作、学会发展。这样的教育必然是主体性的和情感化的，即必然要使受教育者有强烈的学习欲望、探求动机和合作共事的愿望。积极的感受和体验是"生命的维生素"，消极的情绪是"生命的癌细胞"。创造完美的人生，必须从情感发展入手，素质教育的实施需要从情感发展契入。[2]

朱小蔓先生在探究情感与人才的关系时，提出以情绪、情感作为衡量人的发展的一种维度[3]，这是因为现代认知科学研究发现，感情系统处于认知系统和行为

---

[1] 刘慧，朱小蔓. 多元社会中学校道德教育：关注学生个体的生命世界. 教育研究，2001（9）.

[2] 朱小蔓. 朱小蔓文集：第 2 卷. 北京：北京师范大学出版社，2023：16.

[3] 朱小蔓. 关注心灵成长的教育. 北京：北京师范大学出版社，2012.

控制系统的中间领域，认知系统从上一个层次支配人类行为，感情系统从下一个层次支配人类行为。要使行为控制系统呈现有效的活动状态，必须以有感情的唤起为前提。当前教育中较多强调逻辑 – 认知的作用，忽视了感情唤起。

此外，朱小蔓先生在《人的情感发展与教育》一文的开头，引用苏联教育家阿扎罗夫的观点："在情感世界里，任何东西都不会自然地产生，因为这是与学习或者其他工作一样复杂和费力的心、脑、精神工作。人的情感发展过程绝不是自然成熟的过程，而是教育促其发展、成熟的过程。"[①]

所以，无论是为人师，还是为人父母，对青少年情感发展的关注、了解与正确培育都是第一位的。积极的情感体验对于青少年的身体与心智发展都会起到良好的促进作用。要引导孩子勇敢地面对充满不确定性的未来，教育工作者须在读懂孩子的前提下，以恰当的方式引导孩子认识和体验生活中的美好、学习的意义与乐趣，关注和尊重孩子的个体差异，唤醒孩子的社会责任感，帮助他们从自我认知过渡到自我发现、自我体验，最终实现自我成就。

我们说，读懂新时代青少年成长与发展这一公益项目意义深远。这是因为，当前出现各种心理健康问题的青少年的占比已经达到两位数，读懂青少年的成长规律与发展需要，是解决他们身心健康与社交健康问题的前提；如果我们不能用心用时走进青少年的内心世界，我们就不可能提供适合的教育解决方案。读懂青少年成长与发展，就是呼吁家庭与学校关注学生个体，承认并尊重个体差异，不可急功近利。

读懂青少年成长与发展，就是关注青少年的社会性成长，鼓励他们在家、校、社环境中学习处理好各种关系，包括但不限于对社会关系的认知、择友、成长方式等（社会交往，social interactions）。

读懂青少年成长与发展，就是在信息技术与人工智能快速更新迭代的环境下，引导青少年学会自律、学会适应、学会憧憬与创造，而不是躲闪或沉迷、难以自拔（技术适应，technology embracing）。

读懂青少年成长与发展，就是引导青少年认知和理解自己的情感历程，学会悦纳自己、包容他人，以积极的情感面对学习和生活中出现的问题（情绪管理，emotion management）。

读懂青少年成长与发展，才能更加有效地引导学生认识学习和生活的目的与意义，激发其成长的内在动力以及对人生未来发展方向的感知（内驱力，motivation）。

---

① 朱小蔓.朱小蔓文集：第 2 卷.北京：北京师范大学出版社，2023：17.

上述对青少年社会交往（S）、技术适应（T）和情绪管理（E）的关注与落实，就是为了实现教育的终极目标——激发其成长内驱力（M）。STEM育人工程是育人之根本，是培养创新人才之前提。只要教育界同人能够齐心协力地用爱与尊重、责任与担当去浇灌，敢于纠正教育和教育管理过程中不科学、违背教育规律的做法，我们相信，在不久的将来我们必将看到创新人才辈出的景象。

心远而立长志，久而弥坚；达人厚重知命，负重行远。期待我们的下一代心怀远大志向，期待他们在成长与发展的路上更加坚强。豁达的人能够承担沉重的使命，即便困难重重，依然可以坚强地走下去。乔布斯留给大家这样一段话，与教育界同人共享："你必须去找你热爱的东西，对工作如此，对你的爱人也是这样的。工作会占据你生命中很大的一部分，你只有相信自己做的是伟大的工作，你才能怡然自得。如果你还没有找到，那么就继续找，不要停。全心全意地找，当你找到时，你会知道的。就像任何真诚的关系，随着时间的流逝，只会越来越紧密。所以继续找，不要停。"是的，我们要尽心尽力，助力青少年找到他们生命中的热爱，支持他们，鼓励他们，成就他们。这就是读懂新时代青少年成长与发展的真实意义！

中国国家创新与发展战略研究会 教育发展与评价研究院执行院长

前 言

"合作对话"：教育教学工作者的根本遵循

王世元

不论是学校教育工作，还是学校教学工作，其目标均指向教育发生。没有教育发生的教育教学工作，不管教育教学工作者的组织多么严谨，内容多么丰富，投入的时间多长、精力多大，都不构成真实的教育。进一步说，什么时候教育发生了，"那一段的教育"才能转化为真实的教育。因此，追求教育发生应是教育教学工作者的首要任务。

那么，什么是教育发生呢？根据《中国大百科全书》，"凡是增进人们的知识和技能、影响人们的思想品德的活动，都是教育"。根据《教育学词典》，教育指凡是有目的地增进人的知识技能、影响人的思想品德、增强人的体质的活动。显然，教育发生与否，取决于教育的过程与结果。也就是说，没有使人获得知识和见解、增强体质，没有影响个人的观点，没有增进人的知识技能，以及没有提升人的思想品德的活动，都不是教育，即教育没有"发生"。

一、建构"合作成长共同体"

怎样才能让教育发生呢？进一步考证教育"发生"，其本质是使受教育者有思想、知识、技能、身体、记忆等的"自身建构"。换言之，任何外在的形式和力量，只要没有受教育者的自身参与和不断的对话、反思、内省，就不可能有思想、知识、技能、身体、记忆等的"自身建构"。显然，"自身建构"的基础是"合作"，本质是"对话"。

因此，如果教育者想让教育发生，首先要让受教育者、教育目标、教育方法、教育材料和相应的时空等教育要素构成合作关系，而不是对抗关系，其目标指向受教育者的成长，即建构"合作成长共同体"。

建构"合作成长共同体"，形式上由教育者主导，实际上由受教育者决定。因为不管教育者如何设计受教育者成长目标，如何选择、配置教育发生的要素，只要受教育者不接受、不认同，就不构成"合作成长共同体"。如果施加外力使受教育者形式上认同，那也是虚假而非实质的"合作成长共同体"。"合作成长共同体"不是一成不变的，而是动态的、变化的，时常受到受教育者和教育者的情绪、情感、态度、兴趣、责任、价值观等影响。比如，教育者与受教育者互不配合，或发生冲突，产生关系紧张或对立；教育者讽刺挖苦受教育者，而受教育者予以反抗。显然，"合作成长共同体"的建构经常是不牢固的，有时会出现逆"合作成长共同体"的现象。因此，"合作成长共同体"需要教育者和受教育者持续维护。"合作成长共同体"的维护，是教育者教育智慧的体现。

"合作成长共同体"有三层含义：一是"共同体"在合作的基础上实现受教育者的成长；二是"共同体"旨在更好地"合作"，决定了起主导作用的教育者也需要不断地成长；三是在不同要素组成的"共同体"中，教育者、受教育者成长的结果不同。

二、"对话唤醒"与"合作对话"

教育者要唤醒受教育者的"对话"愿望。在学校按计划开展的教育教学工作中，就教学而言，受教育者与教育者、教学内容、教学资料、教学仪器设备、实验等的"对话"，通常情况下并不会自动发生，需要教育者围绕教学目标、教学内容，以故事、游戏或实验等唤醒，旨在让受教育者在"合作"的基础上，不断运用已有知识工具、技能，通过与教育者、教学资料、教学内容等对话，进行深度内省，实现自身的成长，即知识、能力、情感、态度、价值观等的建构。

受教育者对话愿望的强烈程度，取决于对话唤醒的强烈程度。受教育者的兴趣、爱好、特长、人生观、价值观等众多因素影响着对话愿望。所以，教育者针对受教育者的学情，选择对话唤醒的方式或方法，是教育者教育艺术的呈现。

初始"对话唤醒"，即让受教育者获得初始对话原动力。但"对话"不会一帆风顺，经常受到阻碍，表现为听不懂、看不明白、解释不清楚、不会操作、产生矛盾等。从形式上看，虽然受教育者在积极对话，但是实质教育没有发生，或暂时没有发生。比如，学生在课堂上虽然认真听讲，但是没有听懂，这样的师生间对话可称为形式的"合作对话"。受教育者经过教育者不断的"对话唤醒"，消除了对话阻碍，实现了教育发生，这样的对话就是实质的"合作对话"。

显然，"合作对话"可分为形式的"合作对话"和实质的"合作对话"。两种

"合作对话"交替进行，让教育发生不断走向深入。两种对话的信使——"对话唤醒"，可能来自教育者，可能来自受教育者，也可能来自实验、环境等。"对话唤醒"贯穿教育教学全过程。最初的"对话唤醒"提供了初始对话原动力，实现的是"合作对话"启动；而作为对话信使的"对话唤醒"，实现的是"能级跃迁"。对话信使起到了"形式对话"与"实质对话"的肯綮作用。

三、"合作对话"教育教学范式

综上所述，我们有理由判断："合作对话"是教育发生的基本规律。"合作"与"对话"不能分开，是精神上的统一，以"合作成长共同体"为基础，不允许对抗；"对话"的终极目标指向建构，"对话"要素间的关系的本质就是"合作"，没有其他，并以"合作对话"概念予以表征。注意，并不是"合作式对话"。

"合作对话"教育教学范式，是经过持续五年时间，在北京市朝阳区学前教育、义务教育和高中教育的多学校、多学科中，采用行动研究，经过六个阶段，最后形成的教育教学操作系统。

"合作对话"操作系统可概括为：一个价值观，两个方法论，十二种教学策略，实现三个真正落地①。

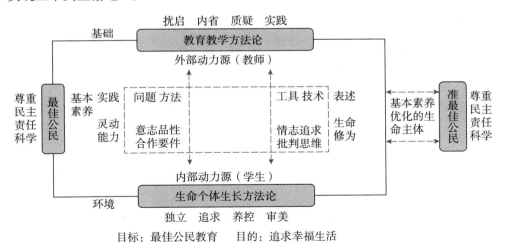

目标：最佳公民教育　目的：追求幸福生活

① 一个价值观，即培养具有尊重意识、民主能力、责任担当、科学精神的最佳公民；两个方法论，即教育教学方法论——扰启、内省、质疑、实践，生命个体生长方法论——独立、追求、养控、审美；十二种教学策略，即六种认知策略——实践、问题、方法、工具、技术、表述，六种非认知策略——灵动能力、生命修为、情志追求、意志品性、合作要件、批判思维；实现三个真正落地，即让社会主义核心价值观真正落地，让学生发展核心素养真正落地，让减轻学生课业负担真正落地。

就课堂教学而言，"合作对话"课堂教学结构主要包括对话唤醒、展开教学主题、知识建构、拓展实践、作业布置等。其中，教学主题、对话活动内容、形式与任务的安排设计，是"合作对话"的关键、核心、灵魂，更是教师专业水平的呈现。

对于结构中的每一环节，教师必须明确三项内容：设计什么对话活动？内省与生成什么？设计意图是什么？每一环节的作用与功能要体现在"环节"的结构中，如作业布置环节，教师要清晰作业的四种功能——工具性、方法与技术性、内省与建构性、实践性，布置精准的功能性作业。

就学校（家庭或社区）教育而言，"合作对话"教育教学范式有以下要求：一是施教者与受教者建立"合作成长共同体"思想认识；二是明确教育目标；三是确定教育对话主题；四是筹备教育对话，包括时间、空间及环境选择等；五是实施教育对话，即"合作对话"方法论和工具的运用；六是教育主题建构，即"知行"建构，可能需要同一主题多形式、多内容反复进行；七是施教者对教育效果或成果进行评价，以此确定受教者下一个成长的主题。

"合作对话"之所以是教育教学工作者的根本遵循，是因为它不仅鲜明确切地指明了教育"育人"的核心本质，揭示了教育应具备的培养人格、传授知识、开启智慧有机统一的功能，而且从"文化"的视角，为施教者提供了教育工具和方法论，奠定了教育发生的基础。

实践证明，"合作对话"教育教学范式，为学校课堂教学改革提供了载体，注入了活力；激发了中老年教师的教育热情，为解决教师职业倦怠问题提供了新途径；为青年教师快速成长搭建了通道，缩短了其成长周期；使"以学生为本"思想得到了确立，改善了师生关系；构建了新型家校关系，备受家长欢迎。

因此，"合作对话"教育教学范式是教育教学工作者的根本遵循，其当之无愧。

目　录

第一章

爱

　　如果理想教育文化是后现代教育的本质，那么"合作对话"式教育既是理想教育文化样态的呈现，也是后现代教育理念的核心。教育即生长，即获得在人类社会中生长的素质与能力。人类个体自主生长的需要，远远超过教育组织能够提供的培养职业兴趣或倾向的需要，因为教育组织只能着眼于社会现实职业的需要，即使着眼于未来，也难以唤醒人类个体对未来职业发展的兴趣。因此，"纯粹教育"的思维，就是让人类个体更好地生长，从而获得更好的生活；或者说，教育让人类个体理想地生长，从而塑造理想的人类社会，实现人类个体的幸福生活。历史和现实都证明，"对话"是教育生长者最好的参与方法。因此，"合作对话"是教育发生的基本规律。

搭建"三站"式平台
提供合作成长的空间
——初中毕业年级班级管理的实践研究

王 慧

▶ 案例背景 🖊

2021 年 8 月,《北京市关于进一步减轻义务教育阶段学生作业负担和校外培训负担的措施》印发,包括 31 条落实"双减"政策的措施,要求教师回归到正常的教育教学链条中,把该完成的任务、该完成的环节做精做细。

初做班主任时,我主要思考的是怎样才能让这个班级成为一个温馨、有序、包容、和谐的集体。随着年龄增长,交往不断深入,学生们到了初三——人生的第一个十字路口的关键时刻。与初一、初二相比较,初三学生会有时间紧、节奏快、压力大的感觉;生活节奏一成不变、学习生活枯燥无味,学习积极性不足、睡眠不足等,会导致学生时常感到疲惫不堪。在这个特殊时期,如何促使学生汲取更多的力量去面对未来的生活成了我更关心的问题,班里的每一个学生都是我所关注和关心的。

落实"双减"政策、提高教育教学质量和调节学生的升学压力的背景给了我启示:可以把促进学生主动交往、"合作对话"、共同成长作为班级工作的切入点,通过搭建"三站"式平台,促进学生和谐共生、真实成长。"三站"式平台是班级管理和学生生活的有机组成部分,同时也为学校整体德育管理提供助力。"三站"式平台,可以为班级成员交往敞开空间,构建能促进学生深度交往与生长体验的、和谐稳定的班级生活,让学生作为发展主体主动探索他们自身发展的多种可能性,共享彼此的真实体验。学生通过主动交往、"合作对话",实现与其他伙伴的共同成长。

▶解决问题的过程描述 🖉

一、创设情感交流驿站，真交往

对于学生而言，初三最重要的就是即将要面临的中考。中考成绩会影响他们未来三年乃至更长时间的人生，所以他们既有一丝紧张又有一丝害怕地开启了初三的生活。紧张害怕的情绪容易引发各类小问题，学生在懵懵懂懂之中也容易犯下一些小错误。这个时候，班集体的建设和管理就极为重要了。我们需要采取恰切的方式激励学生，鼓励他们不断超越自我。

初三的校园生活是充实而又忙碌的。我们在进行班级管理时，除了利用课间、午间和学生谈心外，还可以为学生创设倾诉心声、交流困惑的情感交流驿站。学生通过主动交往、"合作对话"，调适自我的内心世界，共同营造阳光向上而又不失自由欢愉的备考氛围。

（一）画好两张图

每一名学生的内心都是一个丰富的未知世界，班集体建设和管理工作又是琐碎的，我们可以把这些琐碎的事情和学生的内心世界联系起来，让他们在自己的世界里面实现自我管理，从而达到事半功倍的效果。为了让学生更了解自己的内心世界和情感变化，在开学初的第一次班会上，我就组织学生开展了画好两张图的活动。

第一张是情感路线图。这张图将呈现学生初三这一年的情感变化过程，每个月的变化都会在这张图里面体现。在相应月份的下面，学生会写上这个月的进步与需调整的相关内容，这张图一直绘制到初中毕业前夕。中考前，学生打开这张图，看着自己情绪的起起落落，回忆自己初三生活的点点滴滴，相信他们一定会珍惜自己的付出，也一定会增强信心，努力地朝着自己的梦想前行。

第二张是情感地图。在开学后第一个月结束时，我利用周一系列教育和班会的时间，与学生交流了三个问题：

（1）开学以来，你最苦恼的事情是什么？

（2）开学以来，你最大的收获是什么？

（3）这一个月里，你觉得最幸福的时刻是什么时候？

在交流分享后，学生进行个人情感地图的绘制，从责任感、荣誉感、成就感、幸福感四个维度进行呈现。学生用这张图来总结自己的优点和不足，给自己打分、点评。每隔一段时间的情感地图的绘制，让学生在初三一年的学习生活中不断自我调适，成为更加优秀的自己。

两张图的绘制交替进行，引导或辅助学生接纳自我、调节情绪、调整状态，收获强大的内心，耕耘生长，迎接 6 月的丰茂绚烂。

（二）做好两种沟通

教育是心灵的艺术。教育的过程不是技巧的展示，而是充满了人情味的心灵交融。在创设情感交流驿站时，我们既关注班级群体性的困惑或苦恼，也关注个体的心情和心态。

1. 心语心愿

在绘制情感地图的过程中，学生或用语言交流或用文字反馈自己的苦恼，如"上课有认真听讲，但是物理总是学不会，做题错误率较高""时间管理不当，导致学习效率和作业完成率低""男生厕所没有门"等。如果苦恼是个别学生的，我会单独与其沟通，认真倾听，并适当引导其寻找解决策略。与学生谈话，不仅是对学生施以帮教，还有大量很生活化的交流。这些交流可以增进师生感情，维系师生之间良好的关系。良好的关系有助于教育问题的解决。学生在老师的帮助下取得了进步，会越来越信任老师，师生关系也因此更加和谐、融洽，遇到困惑或难题时学生也会主动寻找解决方法或寻求帮助，从而形成良性循环。如果苦恼是部分学生或全班性的，我会寻找发起人，辅助其在班内开展微论坛，就学习方法、心态调节、亲子关系等内容进行沟通交流，让学生各抒己见、纷纷献策，在交流中反思个人行为动机，从而调适心情，以健康阳光的心态面对初三生活。

2. 漂流手账

一千个读者，就有一千个哈姆雷特。不同学生眼中的班级生活也各不相同，因此我会组织学生在课余时间进行手账漂流分享活动，记录生活趣事，分享内心感受。例如，一名学生在记录"班级拍卖会"时这样写道："宇宙趣闻——在班级拍卖会上，'梁院士'（班内一名男同学的昵称）一掷千金，在万众瞩目和他组长的目瞪口呆下，夺得了一号奖品（将优先选择权分享给他们最信任的小组），创造了奇迹！"班里的孩子喜欢画画或涂鸦，所以"漂流手账"成为学生乐于记录、乐于分享的重要方式。后来，学生在周末、假期也会记录生活，并利用微信与同学们分享，如："在这个十一假期，我们家的分工非常明确：我爸爸做饭，我妈妈洗衣服，而我就是吃完饭刷碗、打扫卫生……我希望所有同学都能和我一样，在家的时候做一些自己力所能及的事情！"

　　每一个学生都有自己丰富的内心世界和独特的情感表达方式，需要他人理解与尊重。师生间的平等互动、生生间的主动交往，能够促使心灵沟通，从而促进生命的交融、智慧的生成和精神的觉醒。

二、建立小先生服务站，深交流

　　"小先生制"是我国著名教育家陶行知先生提出的教育理论。陶行知先生说：小孩子最好的先生，不是我，也不是你，是小孩子队伍里最进步的小孩子。在初三年级的班级管理中，我继续践行学校一直以来推行的"小先生小组合作制"，落实"人人能做小先生""人人争做小先生"的理念。在完善小先生服务站过程中，我和学生一起将服务站工作内容具体划分为"学科辅导小先生""志愿劳动小先生""活动运营小先生"等三大类若干小分支。学生根据个人特点及教师建议，自主选择并承担小先生服务站的工作，试用期为 3 周，合格后我会下发聘书。小先生服务站的建立与完善，不仅增强了学生对班级生活的参与度，加强了他们的责任感和服务意识，而且也增进了生生间的交流，促进学生主动交流、"合作对话"、深度交往。

　　（一）借助"小先生小组合作制"，推动合作学习

　　"小先生小组合作制"，不仅让学生拥有相对独立和广阔的认知空间，同时也让小组成员在相互合作过程中达成学习目标。组织学生在"小先生小组合作制"下推动自身的认知能力发展，彰显每个学生的能力，形成你追我赶、互帮互助的备考氛围，对于初三年级的班级管理是十分必要也是非常有效的。在这一过程中，为初三学生搭建更多、更大的合作交流平台，使学生不再封闭式地自我学习，而是懂得将自己的收获传递给他人，懂得将他人的认知融入自己的实践与思考中。"互相为师"理念深入人心，学生自身认知能力不断发展，既减轻了个人的升学压力，也成了班级互助共进的动力。

　　（二）借助"小先生小组合作制"，搭建展示平台

　　学生认知能力的发展应该是一个长期的、全面的过程，不能仅局限在学科知识的学习层面。因此，可以搭建展示平台，促进学生核心素养的提升。例如，语文课前的"古代诗歌诵读小讲堂"、数学课上的经典习题的多种解题方式分享、物理课上的开放性实验展示……处处都有"小先生"的身影。在课堂交流、作业指导、图书阅读等活动中，学生的展示过程既是整个学习过程中成果的展现，

同时也是相互交流、彼此分享的过程，更是激发持续性学习的有效契机。此外，班级还设立了"志愿劳动小先生"，来培养学生的劳动意识；设立了"活动运营小先生"，来设定班级活动的目标，定期组织开展班级活动，解决班级存在的问题……学生获得"展示即享受"的成功体验，将合作展示服务转化成"向别人学""教别人学""教别人做""与他人共做"的过程，说明"小先生小组合作制"为学生搭建了多维的认知、交流与展现的平台。

（三）借助"小先生小组合作制"，丰富评价方式

评价不仅是教育教学的重要资源，同时也是让学生成长、保持学习动力的重要板块。所以，在学生落实"小先生小组合作制"的基础上，我们就需要引导学生从多元化的角度评价自己、评价他人，明晰自己未来的努力方向。学生通过自我评价，及时反思；通过同伴互评，丰富认知；通过教师评价，明晰方向。在整体性评价的过程中，学生站立在认知的高度来指导自己、帮助别人，真正促进个人素质和能力的不断发展。在这一过程中，学生更清晰地知道"中考"很重要，自己要全力冲击中考，但"它"仅是一次考试，不能决定"我是一个怎样的人""我的未来是什么样的"。

小先生服务站的建立，不仅增进了学生间的交往，增强了初三学生学习的积极性和对班级生活的参与度，而且有利于学生心态的调整，促进学生学科知识的学习，从而实现学生个人与班集体的全面发展。

三、构建自主型空间站，共成长

给学生以最大的信任，就是从内心去尊重他们的选择并加以引导，这是进入青春期的学生最为需要的东西。对于自我意识觉醒的初三学生，想要叩开他们的心扉，就需要从他们的角度多多考虑，给他们自主选择、自主学习、自主交流的机会。

教育是活生生的、寻根究底的、探索性的思考，我们应当深刻了解"正在成长的人"的心灵。没有思考就没有发现，没有发现就没有创造性。而创造性正是建立在了解我们所教育的不同特点的学生的基础上的。既然学生已经有了自己的思考，我们更应该做一个陪伴者、引导者、辅助者，引导他们去观察这个世界、思考这个世界，探究自己要走的路。

因此，初三年级的班级管理的第三"站"应当是为学生打造自主学习、主动交往、"合作对话"的空间站。在初一、初二的班级日常管理中，我们注意培养

学生的自主管理能力，给予学生适当的自主权并使其承担相应责任；同时，一直与家长保持密切合作，共同关注学生的成长与发展，以促进学生自主管理能力的全面提升。初三时，"自主""合作""人人有事做，事事有人做"等理念已深入人心，学生能够主动承担相应的责任，并在这个过程中学会求真、创造、理解、包容、感恩等。所以，对初三学生，我们需要继续吸引他们的兴趣，发掘他们的潜力，发挥评价的积极导向作用，让他们作为发展主体主动探索他们自身发展的多种可能性，共享彼此的真实体验，实现个体成长及共同成长。

初三学生需要独立自主的学习空间，从而完成有针对性的、个性化的学习和复习、思考与内化。在班级的日常生活中，学生每天至少有三个时间段的自主学习时间。为了保障自主学习的有序、有效，班里的学生通过协商达成一致：自习时，教室内要保持安静，为思考与内化营造良好的环境。为了做到保持安静，同时又不影响师生间、生生间的交流探讨，教室门边设有答疑解惑大板桌，教室旁边设有研讨互助自习室，以供师生间、生生间交流探讨时使用。独立自主使学生能够勤于思考，有了心得，他们自然会渴望与他人交流，以期获得反馈。合作交流给予了学生积极反馈的机会与多元的思路，从而打开学生的视野，促使深度学习发生。二者互相促进，形成学生主动学习的良性循环。当学生因时间紧、任务重而感到压力大时，除了利用情感交流驿站，班级还会组织针对问题解决的主题班会，如"时间都去哪了"，或者召开 10 ~ 15 分钟的微班会，如学生作为主讲人的系列微班会"我有一个小妙招"，帮助学生缓解压力。

面对快节奏、高压力的初三生活，学生渴望通过合作对话来寻找归属感、认同感和支持，但这种交流不是简单的数量积累，而是基于相互理解、相互尊重、真诚对待与情感共鸣的深层次连接。自主型空间站的构建能够让学生在保持独立和个性差异的同时，积极寻求与他人的共鸣，在共享互助中共同成长，收获友谊、支持与幸福。

▶案例分析 🖊

学生用智慧与热爱建设着我们的班级，"三站"式平台成为学生成长路上的上佳助力。在班级生活中，学生可以通过情感交流驿站，畅谈自己对于初三的感受，说出自己的压力与困惑，通过诉说与倾听、交流与商议、思索与尝试等方式，不断调适心情，悦纳自己，温暖他人；可以通过小先生服务站，成为小先生去帮助他人，跟随小先生学习提升自己，从而丰富自我生命的内涵，实现提升生命质量的生命成长；还可以逐步构建自主型空间站，根据个人需求，成为个人、小组乃至班级生活的设计者、组织者……总之，每一个孩子在班级生活中都有开放的成长平台，他们相互支持，彼此助力，共享生命成长。

时光匆匆，山回水转，我希望即使是初三，我的班级依然是那片绚烂多彩的花海，每朵花都能绽放独属于自己的美好。

（作者单位：北京市第十七中学）

"合作对话"促"五育"
唤醒孩子内驱力

云晓花

▶ 案例背景 ✎

《中共中央 国务院关于深化教育教学改革全面提高义务教育质量的意见》提出了"坚持'五育'并举"，强调突出德育实效、提升智育水平、强化体育锻炼、增强美育熏陶、加强劳动教育，以此全面发展素质教育。德育教育是落实"五育"并举的基础和保障。

班级作为学校教育和管理的基本单位，是教师和学生开展各项活动的最基本的组织形式，也是培养学生个性健康发展的基础平台。心理学家加德纳提出的多元智能理论认为：智能本身是多元化的，每个人身上都存在着很多种类型的智能，包括语言智能、数理逻辑智能、运动智能、音乐智能、空间智能、人际关系智能、自我认识智能、认识自然智能等。但是，这些智能在个体身上的发展是不平衡的，每个人的智能都有其独特的表现方式。

▶ 解决问题的过程描述 ✎

每个学生都是单独且有个性的个体。这些具有不同特质的学生以班级为单位，在同一空间、时间里接收同一知识、方法、规则等时，必然会存在着一定的差异性。我们班有 18 个男生、18 个女生，大多数学生的学习基础比较扎实，班级整体学风浓，学生上进心强，有着较强的集体荣誉感。女生表现出更突出的管理才能；少部分男生自我中心意识强，缺乏谦让精神和分享协作意识。

那么，如何有效地让学生在班级里发挥主观能动性、提升凝聚力、培养责任感、提高综合素养呢？"合作对话"的教育方式倡导学校以平等、尊重的方式与学生对话、与教师对话，教师与学生共同参与班级管理，组建协同育人的成长共同体，最大化发掘学生固有的积极潜力，激发学生的内在潜质，更有效地促进学生的全面发展。

一、"合作对话"聚焦班级常规德育，构建和谐德育体系

"合作对话"式课堂致力于推进教师在课堂教学中创设平等、尊重、合作、对话的氛围，让师生间、生生间在合作的基础上形成"合作成长共同体"，在学生认同、接纳的基础上，通过"对话"完成共同体的任务。

具体到班级的日常教育，即让学生拥有体现自我价值的机会，按照生长方法论工具对学生给予明示，充分利用升旗仪式、班会、宣传栏及文明班级评比等"合作对话"阵地，树立品德优秀典型，给学生积极赋能，强化品德教育，提升学生品德修养。

例如，每周班会课让学生评价班级里的好人好事，哪怕学生仅仅是捡到一块橡皮、一把尺子，我都要认真登记，并在学校的学分银行 APP 上给予学生学分奖励，给表现突出的学生颁发班级小奖状。另外，我在班级里每周都会发布一些小的公益劳动等相关任务，由学生自主领取，学生完成并通过验收后进行加分。学生不仅本人很有成就感，也能为集体做出贡献。这种方式引导学生树立了正确的价值观和爱集体的意识。小铭是一个聪明活泼却有些调皮的小男孩，刚入学时在课堂上坐不住，小动作多，下课了喜欢和同学追跑打闹，经常和同学起纷争。因为他违纪被校园值日生扣分，班级多次没有获得校园的周荣誉勋章，班级里的同学对他的行为感到非常生气。作为班主任，我多次找他谈话。小铭每次承认错误都很主动，并表示愿意积极改正，可过一会儿就忘记了。这个孩子非常聪明，思维能力特别强，因此我鼓励他做班级学习困难同学的"小老师"，利用课下的时间帮助同学，完成任务后给予他学分银行学分奖励。他自己慢慢地找到了成就感，课下经常和同学讨论问题，帮助同学。在"合作对话"的过程中，小铭不仅收获了学分，也收获了友谊！

二、"合作对话"培育学习习惯，提升启智水平

著名教育家叶圣陶先生说：什么是教育？简单一句话，就是培养良好的学习习惯。学生学习的最终目标是学习能力的提高，而提高学习能力的关键是学生具

有良好的学习习惯。我是一个中低年级班级的班主任，据我观察，学生大致存在以下几种情况：不喜欢独立思考，遇到问题总喜欢讨论；以讨论问题的名义说话；课间喜欢找好朋友玩，但是课前准备却没有做好。

"合作对话"式课堂所主张的"师生 + 时空"情景创设，要求调动起学生的参与积极性，让学生主动和老师一起思考情景设计，这就提供了一种扰启的方式，能让学生更自主地表达、更积极地探索。

因此，在充分运用基本工具、认知工具、非认知工具的基础上，根据教育教学内容以及"合作对话"实际情景，结合教育教学方法论，我们需从以下几方面入手：严格学风训练，培养认真扎实的学风，要求学生每页书都认真读，每节课都认真听和做好笔记，每道题都认真做，做题时圈画关键字、字迹工整，作业任务做到日日清；开学时和家长一起做好学习计划，避免盲目性，建立程序意识——预习、听课、复习、作业、小结，养成学科预习、复习的好习惯；提倡学生课外广泛阅读，扩展自己的知识面，拓宽学习思路和提升思维能力；鼓励学生勤学好问，在学习的过程中遇到问题通过独立思考、与同学有效讨论、向老师请教，及时扫清学习障碍。

小郁是一个沉默寡言的孩子，课堂上经常开小差，作业也不能按时上交，平时每次作业的书写情况也非常糟糕——老师要求他书写的时候把字写得小一点，他下次交上的作业就字小得老师都快看不清了；老师让他把字适当地写大些时，他又写得极其大。作业正确率的情况同样不尽如人意，他经常提笔就写。在与家长沟通后，我帮助他制定了学习要求：在书写的规范性上，把字写工整，把字控制在一定大小范围内；看题时做到圈画每一题的关键字。经过一年多的努力，他的书写情况已经得到很大的改善，作业正确率也提升了，并且他慢慢地能参与回答课堂问题了。

三、"合作对话"发展健康体魄，促进身心健康

健康的体魄不仅是工作、生活的良好基础，也是心灵健康、精神强大的助力。有人说："健全的身体比金冕更有价值。"虽然目前学校统一安排保证学生每天在校锻炼一小时，但有些学生参与体育锻炼的积极性不高。例如天气热时，有些学生觉得烈日炎炎，太热，不想参加体育课；还有些学生怕辛苦，觉得跑步太累。

"合作对话"强调在师生真诚合作的基础上，教师围绕学生成长，充分发挥学生个体灵动能力，调动多种资源，借助多种方法，促进学生的成长。

教师要充分理解生长方法论的工具性，自觉运用"独立"的基础性作用，利

用班会课组织学生进行一些体育锻炼小活动，例如传递沙包、拔河等；结合学校开展的体育活动项目，如跳绳比赛、全员运动会、广播操比赛、武术比赛、田径运动会等，赛前动员和鼓励学生积极参与，这样利于增进学生的团结和锻炼他们的体能、耐力、毅力；利用周末布置亲子体育锻炼任务，不仅加强学生的体育锻炼，还增进亲子之间的交流与合作。

四、"合作对话"激发审美兴趣，提升审美能力

美育是以陶冶人的情操为目的，使人具有美的理想、美的情操、美的品格、美的素养以及欣赏美和创造美的能力的教育。如果把班主任比作五线谱，那么学生就是跳动在五线谱上的音符；如果把班主任比作调色盘，那么学生就是五颜六色的色块。

"合作对话"的基本理念包括"尊重、民主、责任、科学"，指导学生发挥"独立、追求、养控、审美"的作用，根据学生的成长情况安排"合作对话"内容，帮助学生培养知识学习和审美追求能力。

美育无处不在，处处都充斥着美育的契机和元素，如学校和班级环境的布置、学习氛围的营造、学生课间的文明举止、校服的整洁、红领巾的佩戴、文明就餐等。在学校教学楼的北面有一排银杏树，到了秋天，扇形的叶子变成了黄色，我会带着同学们来这里欣赏美景。快到冬天的时候，黄色的叶子从树枝上飘落下来，像漫天飞舞的黄色雪花，同学们会聚集在树下收集银杏叶，有的同学想要做书签，有的同学通过合作把捡到的树叶摆成各种图案，也有的同学表示想把捡到的最美的树叶带回家送给爸爸妈妈。同学们把落叶变成了一道美丽的风景！在这个过程中，同学们与大自然对话的同时，体会审美鉴赏，培养了审美能力。

五、"合作对话"涵养劳动情怀，培育劳动品质

劳动教育是中国特色社会主义教育制度的重要内容，直接决定社会主义建设者和接班人的劳动精神面貌、劳动价值取向和劳动技能水平。现在的孩子都是家里的宝贝，我们班有的孩子在入学时从来没有做过家务，扫地、拖地都不会，甚至自己的卫生都不能保持。

"合作对话"强调教师更多的是辅导、陪伴和引导，不再是课堂独占教育优先。应该有意识地让学生进行实践，在教育全过程发挥扰启、内省、质疑、实践的作用。

教师可以在班会课多次以"劳动"为主题组织学生讨论，在班级里树立劳动

光荣的理念。除了在思想上教育引导学生热爱劳动、指导学生如何劳动（比如打扫卫生）外，在学生自习时，我会利用这个时间来处理卫生，或者当我走进教室时发现在教室前面有比较明显的纸片，我会顺手捡起。我相信这些举手投足的小事都是可以为学生做出的表率，起到此时无声胜有声的作用。目前我们班的卫生委员、卫生组长能够主动地担负起检查卫生的职责，包括帮助自理能力比较弱的同学处理个人卫生。学校在对各班进行卫生检查时，我们班经常受到表扬，学生特别高兴，集体荣誉感油然而生；学生的劳动意识更强，只要是班级的劳动，都会争着参加。我班学生小阳，在家有姥姥照顾，从来不做家务，刚入学时在别人处理个人卫生时，他却跑到老师面前聊天，扫帚也不知道怎么拿，而现在他应对这些事都很熟练：每天到教室，都主动把黑板擦干净，回到家会抢着做些力所能及的家务。如今，班级里像小阳这样从不会劳动、躲避劳动转变成会劳动、爱劳动的学生还有很多。

▶案例分析 🖊

　　一位教育家曾说："教育最难完成的事，就是让孩子成为一个自愿并热切追求知识的人！"教育中的合作对话对于小学生的德智体美劳发展具有深远影响：它促进了学生在德育上学会尊重、理解和关爱他人，培养集体责任感和团队精神；在智育上激发学习兴趣和好奇心，拓宽知识视野，提高问题解决能力；在体育上增强团队合作意识，提升运动技能，保持良好竞争心态；在美育上提升审美情趣和创造力，加强跨文化交流；在劳动教育上培养劳动习惯和责任感，提高劳动效率和质量。总之，合作对话作为一种教育手段，面向每一个孩子，让每一个孩子都感受到关注，让每一个孩子都有更多的获得感，从而唤醒孩子的内驱力，全面促进了小学生的综合素质发展，为其未来的人生道路奠定了坚实基础。

（作者单位：北京市星河实验学校国美分校）

"对话"中扰启学生心智
"内省"中提升综合能力

孙海利

▶ 案例背景 ✎

在新时代教育理念下，面对学生的"出错"行为，我们应该在扰启、内省、质疑、实践的理想教育模式下，让学生厘清价值偏差，和学生一起商讨出做事的方式方法，让学生善做事、善反思、善管理，从而一方面促进管理的高效运行，另一方面实现理想生命个体的生成。

▶ 解决问题的过程描述 ✎

在小学高年级，班主任帮学生盛饭的时候，偶尔由于课程冲突，需要一位同学协助。每次遇到这种情况，虽然同学们都会积极主动地帮助老师，但是我发现很多同学做事很有热情却方法不当，从而导致在盛饭时出现一些问题。比如，小瑞每次都积极帮忙盛饭，但是在这个过程中他总是站不稳，同时由于拿勺子的方法不得当，会把饭盆打到地上，或者由于和同学聊天时盛饭不均，而引起其他同学不满。第一次出现问题的时候，我采用的方法是直截了当地批评他，认为他马虎，并告诉他如果再出现这种情况，我就考虑换人，这时候小瑞默默地收拾了掉在地上的饭菜。直到晚上，跟其妈妈沟通的时候，我才知道孩子今天一直处在自责的情绪中，听到这里，我意识到当时我并没有给孩子表达的机会，阻塞了对话的通道。

一、对话唤醒，协助学生认清自我

在知道小瑞的情况之后，我深切地意识到自己做法的欠缺。于是，我决定进行一次关于扰启、内省的深度对话。第二天，当小瑞来到学校时，我单独与他进行了沟通。我问他昨天为什么一直不高兴，他脸上马上流露出失望的表情，再次追问之下得知，孩子认为自己帮同学盛饭的本意是乐于助人，但是老师却冤枉了他，所以他不开心。听了之后，我发现确实是我当时说话的方式有问题，让他的自信心受挫，但是我也发现孩子只反思到了自己积极的一面，而忽视了自己在做事情的时候犯了错这个事实。

于是，我接着跟小瑞说："首先，老师确实要承认当时对你的批评太过严厉，没有注意说话方式，而且忽视了你的努力。老师要郑重地向你道歉，你愿意接受吗？"小瑞思考了一会儿说："愿意！"我又说："但在这件事情中，你要再思考一下老师是否真的冤枉了你。"他低头思考了好一会儿才回答说没有，因为自己确实在帮同学盛饭的时候没有按量盛，同时也把饭盆打到了地上。

在听了他的话之后，我知道他意识到了自己虽然好心，虽然积极，但是确实造成了不好的结果，并且把这种不好的结果完全归结于自己粗心。于是，我接着问他："出现这种不好的结果只是因为你粗心吗？"他想了想说："我不太会拿那个勺子。"这时候，他已经说到了做事方法这个层面。在这个过程中，我知道他开始客观、全面地反思在盛饭这件事情中他做事的方法问题。

在这个阶段，我就我的说话方式以及忽视他的好心而向他道歉，同时耐心听取了他的内心想法，协助其认清自我，实现了对话，唤醒了对话主体。

二、合作制标，促进学生自我评价

到第二阶段，我让他在认清自我的基础上，和我一起商讨、制订优秀盛饭人的初步评价标准，从而提升他做事的自我评价能力。我问他："你觉得今后如何能够把盛饭这件事做得更好，让大多数同学都满意呢？"这个时候，他大概已经打开了思路，开始畅谈自己的想法。

首先，他认为在帮同学盛饭时，一定要保证自己的纪律问题。不跟上前打饭的同学聊天，自己应该就不会走神。我表示认同，并且告诉他，这个可以作为优秀盛饭人的基础性评价标准。

其次，他认为在盛饭的时候，因为同学们的饭盒大小不一，要想不把饭盛到外面，自己就要站稳扶好。听了他的话，我由衷地感到欣慰，认为这个评价标准可以作为优秀盛饭人的必要性评价标准。

最后，他认为优秀盛饭人拿勺子的方法一定要对。他就是因为没拿对勺子，才把饭盆打到了地上。说到这里，他自顾自地点了点头，又说了一遍："所以，一定要掌握拿勺子的方法。"说完之后，他又主动询问我拿勺子的方法，于是我把正确的方法告诉了他，并且告诉他正确拿勺子可以作为优秀盛饭人的能力性评价标准。

在这个阶段，我们两个初步制订了优秀盛饭人的三条评价标准，并且我告诉他，明天我还会让他帮忙盛饭，而且要从这三方面去评价他。他很有信心地点了点头，我也非常相信他明天会把这件事情做得更好！

三、多元实践，提升学生综合素质

第三阶段旨在通过实施评价标准，不断征求学生意见，对评价标准进行修正，从而提升学生的自我评价能力和综合素质。中午一下课，小瑞就跑过来，认真地把各个饭盆都摆放到正确的位置，用我教给他的方法拿起勺子组织同学们盛饭。在这个过程中他没有同其他同学聊天，一心看着自己的勺子和同学们的饭盒，一手拿着勺子，另一只手稳稳地扶着饭盆，相比以前整体有了非常大的进步。在盛完饭之后，我抓住时机，从三条评价标准的角度表扬了他，他又一次展现出了自信的笑容。

接着，我让全班同学对小瑞帮大家盛饭的表现做了简单的评价。大多数同学认为小瑞盛饭时表现得特别好。我接着问："好在哪里？"同学们开始七嘴八舌地说：好在他很有纪律，好在他很认真，好在他盛饭适量，好在他越来越稳……

同时，大家对我和小瑞制订的优秀盛饭人的评价标准又做了相应的补充。比如，盛饭的时候要主动询问对方是否够吃，盛完之后还要摆好饭盆，等等。在讨论过后，我们形成书面标准。也正是在这个过程中，我们班优秀盛饭人的评价标准体系越来越明确。而且，每一个帮助大家盛饭的同学都会自觉地依照这些标准去判断自己是不是一个优秀盛饭人。从此，中午盛饭的事情再也不会让我觉得头大。

▶ 案例分析 🖊

从这件事情之后，我更加深刻地理解了"理想教育"实现的途径是合作对话。

所谓"对话"，其根本是双向沟通。总有人间一两风，填我十万八千梦。只愿在平凡的教学岗位上，做着不平凡的教育事业，不断践行理想教育文化，让更多孩子成长为理想人！

（作者单位：北京明远教育书院实验小学）

"合作对话"让学生爱上数学

张海涛

▶ 案例背景 🖋

在新课程理念下,"合作对话"教育教学范式是一种重要的学习方式。通过"扰启、内省、质疑、实践"四个要素,促进学生主动学习,唤醒学生学习自驱力,让学生爱上数学。

兴趣是入门的老师,它促使学生去追求知识、探索知识的奥秘。有兴趣地学习,能使学生全神贯注,积极思考,将所学的知识掌握得迅速而牢固。这样教学,会产生事半功倍的效果。小学生对一切都存在着好奇心和新鲜感,因为年龄小,注意力不易稳定、集中,意志力比较薄弱,往往凭兴趣去认识事物——感兴趣的愿意去做,不感兴趣的则心不在焉。可见,兴趣对小学生学习的积极性、主动性起着决定性作用。因此,我们要善于激发学生学习的兴趣,使学生带着好奇心去听课。

▶ 解决问题的过程描述 🖋

一、创设情境,"扰启"求知欲望

赞可夫说过:"凡是没有发自内心求知欲和兴趣的东西,是很容易从记忆中挥发掉的。"这句话说明了要让学生掌握所学的知识,教师的任务是使学生喜欢所学的知识,学生如果对所学的知识产生浓厚的兴趣,就会产生强烈的求知欲。求知欲是支持推动学生认识事物的巨大动力,也是学生参与学习的前提。因此,在课堂教学初期,教师要创设适合学生学习的情境,使学生迅速进入最佳学习状态。

如在解决相遇问题时，为了扫清学生的认知障碍，在课的开始，我创设了这样的情境：同学们自愿结合，两人一组演示"相遇、相距、相向、同时"这四个词的含义。通过直观的演示，学生加深了对概念的理解，积极主动开始了对新知的探求。学生掌握了这样的概念后，我再进行解决问题的教学。在上新课前，我会让学生自制学具（如小汽车），学生制作好学具后，急于想展示自己的成果，就会全神贯注地进行新知的研讨。讲授新课时，我会让学生根据条件用学具来演示，这样既能让学生理解题意，又能提高学生的对话能力，激发其学习兴趣。通过这样的合作学习，学生掌握了路程、速度及时间的关系，很快就解决了实际问题。著名教育家苏霍姆林斯基说过：在人的心灵深处，都有一种根深蒂固的需要，这就是希望感到自己是一个发现者、研究者，而在儿童的精神世界中，这种需要特别强烈。因此，教师要在学生的认识过程中不断激发学生心灵深处那种强烈的探索欲望，为学生积极主动参与新知的学习创设条件。

二、动手实践，引导学生"内省"

有效的数学学习活动不能单纯地依赖模仿与记忆，动手实践、自主探索与合作交流是学生学习数学的重要方式。学生的数学学习方式不应只限于接受、记忆、模仿和练习，教师还必须倡导动手实践、自主探索、合作交流等学习数学的方式，发挥学生学习的主动性，使学生的学习过程成为在教师引导下的"再创造"过程。

如在建立"倍"的概念时，我为学生准备了绿线和红线各一条（绿线长是红线长的 3 倍），让学生动手操作。我问："绿线和红线，哪条线长？哪条线短？"当学生说出绿线与红线比绿线长、红线与绿线比红线短时，我再问："怎样才能知道绿线有几条红线那么长？"学生通过动手实践，用红线去量绿线，正好量 3 次，得出绿线有 3 条红线那么长。这时，学生概括出：绿线有 3 条红线那么长，即绿线长是红线长的 3 倍。学生通过实践建立了正确清晰的概念。学生在内省过程中，通过观察、动手操作、达成共识，从而概括出"倍"的概念。

学生在学习过程中，通过动手激发了学习兴趣，从而喜欢学习、乐于学习，真正成为学习的主人。

三、注重核心环节，激发学生"质疑"

"学起于思，思源于疑。"质疑是学生科学探究活动的一个重要组成部分，培养学生的质疑精神是培养学生科学素养、发展学生创新能力的重要途径。学习过程是一个特殊的认识过程，是一个充满心理活动的过程，是一个不断提出问题、解决问题、提出质疑和再次解决的过程，应引导学生积极主动获取新知，重视学生思维的认识过程，激发和培养学生的质疑精神和创新思维。

如在学习分段计费时，理解题目中的信息是教学的一个难点，因此在教学时要先让学生弄明白每个条件所表示的意思，我尝试用画线段图和列表法来帮助学生明确题意。学生先对"3千米以内7元；超过3千米，每千米1.5元（不足1千米按1千米计算）"的含义进行了细致的分析。有的学生用语言进行了讲解，但不足以说服所有学生，此时学生又以小组为单位对信息进行了再理解，这时我引导学生用画线段图和列表法直观展示题目信息，展示每段收费情况，同时也有学生巧妙地找到了线段图和列表之间的联系，更加透彻地理解了题目中的信息，为后面计算总价扫清了障碍。在这样的交流研讨中，学生不仅解决了问题，还可以利用线段图来验证。实践证明，运用线段图来教学生解决实际问题，不仅可以减少学生学习中的困难，增强学生解决实际问题的兴趣，而且能够进一步调动学生思维的积极性，提高学生分析实际问题和解决实际问题的能力。

四、巧设练习，促使学生"实践"

把知识变为技能，不仅需要反复练习，而且还要使学生积极思考。"只有靠思考来唤醒思考"，使他们不再是知识的被动接受者，而是探索知识的积极主动者，从而培养起他们的学习兴趣，让他们爱上数学。

如在学习"20以内的加法"时，我曾设计这样一道题："你们想一想，哪两个数相加等于11？"学生很感兴趣，积极思考，很快就说出：1+10=11，2+9=11，3+8=11，4+7=11，5+6=11……这时，我又问："你们还能找到等于11的两个加数吗？"有的学生竟说出：0+11=11，11+0=11。我当即鼓励他们说："你们真会动脑筋想问题，想出了我们没有学过的知识。"

这样的练习，不仅锻炼了学生的思维，培养了他们的学习能力，而且提高了他们探索新知的兴趣。例如，让学生口算下面三个算式：$4 \div 2 = （　）$，$6 \div 2 = （　）$，$8 \div 2 = （　）$。学生口算出结果后，再让他们观察这组题有什么特点、有什么规律。待学生说出这三个算式的变化规律后，就让他们按照规律把除数是2的算式按顺序写出来。学生纷纷动笔：$2 \div 2 = 1$，$4 \div 2 = 2$，$6 \div 2 = 3$，$8 \div 2 = 4$……出人意料的是，有个学生竟编出了$0 \div 2 = 0$的算式。问他为什么，他说除数2不变，被除数减少2，商就减少1，所以0除以2就是0。他居然总结出了规律性的认识！

又如，让学生计算下面三个算式：$99 \times 2 = （　）$，$99 \times 3 = （　）$，$99 \times 4 = （　）$。我提醒学生要认真观察和思考，找出三个算式的变化规律，不用计算，直接说出

99×7 的结果。学生思维很活跃，兴趣很高，陆续说出 $99 \times 7 = 693$，并说出了根据上述三个算式的变化规律确定 $99 \times 7 = 693$ 的道理。

▶案例分析 ✎

　　学生在"合作对话"学习过程中，可以自由地发表自己的见解，真正成为学习的主人。"合作对话"教学理念，可以让学生进行独立思考、动手实践、自主探索、合作交流，使他们在学习过程中获得成功的体验，学会学习，学会创造，在合作交流中明确自己的思想，最大限度地培养和发展创新能力。

（作者单位：北京市朝阳区实验小学福源分校）

长长的路，我们一起慢慢地走

马钰骐

▶ 案例背景 ✎

"温暖的阳光轻轻地洒在这个眼睛如同清泉一般纯净的小男孩身上，他正专心地做一件事。是的，我愿意等他，让他从从容容地把这个对于三年级的孩子来说简单得不能再简单的汉字写完。孩子你慢慢来，慢慢来，老师愿意永远为你驻足。"是啊，教育是长情的告白、长久的陪伴，犹如牵着蜗牛散步，总能与无法预知的各种情况狭路相逢，教师既然急躁不得，何不缓步徐行？

▶ 解决问题的过程描述 ✎

小文，个头小小，圆圆的脸庞上经常带着腼腆的表情，看着可爱乖巧，让人喜欢。任何时候见到他，他总是充满善意。如果需要学生帮忙，他总是第一个冲上去。每次看到他，我都会觉得他就像夜空中一颗闪亮的星。然而，正是这样一个看似热情似火的男孩，课间总是一人孤零零地坐着，有时发呆，有时望向窗外，好像班级中的"喧闹"都与他无关。

小文是三年级第一学期从外地转到我们班的，由于爸爸妈妈长期不在身边，无人看管学习，掌握的一、二年级的知识基本属于空白。他和我的对话也仅限于一些简单的交流，其余他都是呢喃或笑而不语。有好几次，我们之间的交流都因为他的笑而不语终止。因此，我在心中也埋下了一颗想要走进他内心的种子。

有一天，课前抽查默写古诗的时候，我还是像往常一样坐在前面抽取学号。在我抽取的过程中，我发现小文一边用胆怯的目光注视着我，一边嘴里呢喃着。他的声音低得让人几乎听不到说的内容。我径直走到他身边，弯着身子问了三遍才听清楚，原来他把整本书要求会背的内容全都在暑假期间默写会了，他想试试。

听到这些，我欣喜极了。要知道，这个孩子上学期连写字都很困难，他主动要求默写整首古诗更是难得。果不其然，正如他所说，他真的做到了，一个字都没有错！

我惊喜万分，激动地告诉全班同学。全班同学为他的进步喝彩。我用赞许的目光注视着他，他低着头红着脸抿着嘴笑了。我想，这一刻他才是发自内心、无所顾忌地笑，这一刻的笑一定是满满的开心与自豪。这件事对我触动很大，我忽然明白"小蜗牛"也在努力前行，只是比较慢——没关系，我们慢慢地走。

毋庸置疑，想要培根铸魂，启发学生，必须先润泽他的心灵。我马上展开了行动。怎样真正走进小文的内心呢？我发现，无论是"自由"的时空、"独立"意识的环境还是主动构建自身"独立"意识，都是他目前所缺少的。为了帮助小文获得与储备自身承载"独立"意识的"合作要件"，我开始继续观察，寻找契机，私下则旁敲侧击，询问同学，联系家长。

我也与小文周围的同学建立了长线沟通，希望群策群力，一同帮助小文。在接下来的时间里，我发现从不主动与同学沟通的小文和同桌时不时地在一起玩耍，我便及时与小文沟通，了解到他将那名同学当作自己在学校唯一的朋友。在他心中，他觉得这个朋友十分珍贵。知道这一点后，我又私下找到那名同学，告诉他小文当他是唯一的朋友，希望他能与小文维持好这段友谊，并且要在生活和学习上互相照顾、互相帮助、互相开导，有任何事情及时告诉我。之后的时间里，我对小文投入了更多的关注：课间空闲时，会把他喊到身边，让他坐下，同他平视着聊天；课堂互动时，会时时让他感受到我的关注，哪怕是一个赞许的眼神、鼓励的微笑……

我这么做一开始收效甚微，他拘谨且抗拒，像一只小刺猬一样抵御着老师的示好。但我仍然坚持，直到他发现他的沉默奈何不了眼前这个关切着他的人，他渐渐也会用一两个字来回应。

他虽然依旧胆怯，却不再抗拒他人的示好；虽然有时还会孤身一人，但不再拒绝与同学交往；偶尔仍游离于课堂，但当老师点他名时，他不再不知所措。一位老师曾言："一劳永逸的教育大概只有'大神'才会，而我们能做的，是二劳、三劳甚至一直劳。"深以为然的我不敢懈息，持续关注、鼓励、帮助他。一段时间后，在大家的共同努力下，小文开始和更多的同学玩耍，大家在课间能看到他开心的笑脸，在操场上能看到他游戏的身影，在课堂上也能看到他举起的小手……这场"马拉松"终于在小文的成长之路上起到了切实有效的作用。

▶ 案例分析 🖊

是啊，面对复杂情况的孩子，唯有不急不躁，利用机会，才能让改变真正发生。事实上，这些做法扶持了小文，更警醒了我。为党育才，要深知每个学生都是独立的个体，他们必然存在各种差异，都有自己成长的速度。当未成年人生命个体向成年人生命个体提出需求时，成年人生命个体要顺势"扰启"对其"需求"的"独立"审查，但是要"扰启"得自然而无痕迹，即在生活中潜移默化地生成"独立"意识。因此，老师作为他们的领路人，唯有陪着他们，将长长的路一起慢慢地走，才能让孩子有"独立"意识，对"问题"或不同"观点"不随意表示赞同或反对，而是依据自身掌握的材料或价值取向进行判断，才能让灵魂跟上步伐，才能让教书育人成为缓慢的修行。

十年树木，百年树人。教育就是用一棵树摇动另一棵树，用一朵云推动另一朵云，用一个灵魂唤醒另一个灵魂。所以孩子，这条长长的路，我会陪着你们，一起慢慢地走。

（作者单位：北京市朝阳区实验小学福源分校）

只有动其心，才能改其行
——"合作对话"教育教学范式学生教育应用案例

张 楠

▶ 案例背景 🖊

"合作对话"教育理念旨在塑造一个拥有"尊重、民主、责任、科学"素养的最佳公民，重视社会主义核心价值观、学生的核心能力发展和减轻压力三个层面的实施。可以说，优秀的教育理念，从基础层面设定了塑造一个完整的社会人的目标，并且把个人的成长需求与国家和社会的需要紧密相连。"合作对话"是实现理想教育文化的创新路径，建立在教师与学生、学生与学生合作的基础上。班主任要通过双方的"对话"，对学生面临的问题进行研究和引导，从而构建或优化学生的认知，并用培养最佳公民的观念作为管理的依据。

在"合作对话"教育教学范式的引领下，作为一名小学班主任，我在日常工作中也积极实践着"合作对话"教育教学范式的相关理论、方法以及策略，运用"合作对话"式教育的思想与学生、家长展开有效的"合作"，这是建立良好的师生关系、家校关系的重要保证。"对话"是实现合作的过程，本文是我对如何展开与学生、家长的对话的一些思考。

▶ 解决问题的过程描述 🖊

小张，男，生性好动，脾气暴躁，在与同学的交往过程中，总以自我为中心，稍有不满就会用拳头打人。一天下课后，有同学向我报告："老师，小张又抢别人的尺子！"我立刻到班级教室后门去看他。在同学们劝说无效的情况下，我把他叫到了身边，结果他大喊大叫，还跑去攻击向我报告的同学。事后我了解到，原来是他看到班里的小秦和小松在玩桌游，他想加入但遭到了拒绝，于是一气之下就把小松的尺子抢跑了，还怒气冲冲地对小秦和小松说："我还不爱和你们玩呢！"在和他对话以及询问周边的同学后，我第一时间告诉他抢同学的尺子和打人的行为是不对的，并且站在他的角度安慰他说："老师知道你的初心是想加入同学们在玩的桌游，和他们一起玩，对不对？如果你特别想加入同学们在玩的桌游，下次你可以尝试和同学们商量着说，态度好一点，语气轻一点，笑容甜一点。"他认可了我说的话并且主动向同学们道歉。我和他约定：如果他在一天中打人次数有所减少或能用友好的方式来表达自己的情感，我就立即给予肯定、鼓励。

▶ 案例分析 ✐

一、原因分析

我先后通过谈话、观察评测与分析，明白了导致小张以上不良行为的原因主要有以下两点：

（1）家庭"合作对话"的缺失。家庭教育发生的基础——合作，是家庭中家长与孩子有共同的愿望。然而小张的家长没有合作的意愿，孩子也没有合作的能力。这源自家长的教育者身份、孩子的受教育者身份，以及家长掌握的教育资料处于分离状态。家长在教育孩子过程中手段强势、单一，无形中剥夺了孩子合作的权利，也是导致孩子缺失合作能力的重要原因。

（2）自身"合作对话"能力的缺失。小张缺失与老师、同学沟通交往的能力，没有与老师、同学合作的意愿和方法。脾气暴躁，用拳头打人、说脏话更是一种自我保护的表现。课堂上，与老师、同学及书本对话的能力较弱，导致他学习成绩较差，没有在学习中获得成就感，这进一步加剧了他学习的消极态度，使他缺少对话的意愿。

二、解决措施

第一大步：巧用"话题"，建立"合作对话"思想。

教育的基础不是能力和目标，而是教育真实发生，这取决于三个要素：一是教育主导者，二是教育生长者，三是学习资料、环境及仪器设备等。"合作对话"是师生构建"成长共同体"的对话。唤醒教育生长的"对话"关键在于唤醒学生的兴趣。如果我作为教育主导者与学生能够建立合作的基础，就能有效唤醒学生的成长，此时教育才能较好地发生。因此，学生的主动参与是关键。如何让学生主动参与呢？我通过查看小张的社交平台、观察他在学校每堂课的表现，发现他在美术作品中经常画到篮球。我心中有了猜测，于是我问询了孩子的父母，确认他十分喜欢篮球，并且很崇拜乔丹。于是我在他面前装作不经意地和体育老师聊起篮球，聊起乔丹，一向不与人交流的小张竟然主动与我们攀谈起来了，我知道教育开始发生了。

第二大步：精心"对话"，改变自我。

（1）教师与学生要构成"成长共同体"，因此，不管学生在学校时空中出现什么"问题"或"现象"，教师都要以"成长共同体"一员的角色与其"合作对话"，而不是简单指责和批评。如果教师有意识与学生构成"成长共同体"，不仅能凸显教师教育主导者的角色定位，而且当学生与教师关于"问题"或"现象"开展陈述性对话时，学生已经在生长。

1）运用换位思考法。

所谓"责人之心责己，恕己之心恕人"，站在学生的角度看问题，更能找出问题的根源。每当小张扬起拳头时，我会帮他进行"后设认知"："如果你自己被打了，你有何感受？"我让小张分析打人后会产生什么后果，让他懂得在班里不管事情起因如何，上来就以武力解决这一方式在任何时候都是错误的。我还会穿插一些英雄人物的故事，以及纪律、法律常识教育，使小张进一步认识到打人是错误的行为。

2）运用注意力转移法。

对待"逆反期"的孩子，教师无须急三火四地给他们讲道理，更用不着以武力来制止孩子。只需要冷静一些，运用注意力转移法，将孩子一心想做的事、想要的玩具或者非要实现的想法给转移了，便可以让孩子顺着你的思路走了。我结合小张酷爱运动、精力充沛的特点，在日常学习生活中，利用一些他感兴趣的事来转移他的注意力，消耗他的精力。当他怒气冲天时，我建议他去跑步、打球，发挥他的特长，以减少他的不良行为，帮助他恢复自信，逐渐避免不良行为的发生。

3）运用"约法三章"法。

行中有爱、心中有尺、教育有度。鸡蛋从外部打破是毁灭，从内部打破是生命。教育亦是如此，成长的力量应来自学生自己的内心，教师要帮助学生找到成长途径，找到自己的长处。我为他量身定制"够得着的小目标"，比如：上课认真听、不做小动作，给一颗"胜利星"；每次做了小动作，在老师提醒后马上改正，给一颗"进步星"；和同学们好好相处，以第一周不良行为次数为基准，第二周开始每少一次就加一颗"文明星"……慢慢地，他开始减少不良行为的发生，有些甚至基本消除。

除此之外，当小张认真听课和发言时，我给他竖起大拇指；当他帮助同学擦黑板时，我会让被帮助的同学送上亲切的"谢谢"，并赞美他一番；当他上课玩"玩具"时，我会用一个眼神示意他将它们悄悄归位；当他又想张嘴骂人时，我摇摆双手示意他"不可以"，在之后我们还会探讨他出现的问题……渐渐地，他感受到了集体的温暖，努力地改变自己。

（2）创设和谐家庭，温暖心田。

为了达到教育的目标，我将关注点转向学校以外，寻求与家长的合作，获得学生家长对心理教育工作的支持和协助。在对小张进行教育的过程中，我通过各种方式引导学生家长重视和关心孩子的精神教育，使学生家长成为教育的强大支持者，扩大情感支持的范围。我时常与小张父母保持密切联系，改变他们错误的教育观念和方法，帮助小张改善家庭氛围。每次同小张父母沟通，我都诚恳地指出爱比"棍棒教育"更会让孩子服从，因为表面上的服从容易使孩子形成不正确的道德认识。同时，我建议小张父母合理运用奖惩机制，坚决杜绝体罚，提倡"以奖代罚"，及时鼓励、适当奖励小张的合理行为，使其合理行为及时得到强化。我还鼓励小张父母多与孩子谈心，营造宽松、和谐的家庭环境，使他的归属与爱的需要、自尊的需要得到满足。这样通过建立以学生自我教育为基础、以学生朋辈互助力量为辅、家校联合的多元化育人共同体，凸显对学生的人文关怀，形成良好育人合力。

通过一个学期的努力，小张逐渐能与同学融洽相处了。在与同伴的交往中，他不再将"拳头"与"脏话"视为解决问题的有效方法。他学会了遇事克制自己，发生争执时讲道理而不是打人、说脏话；学会了不再以自我为中心，而是要兼顾他人的感受；明白了学会本领要用来帮助人而不是伤人；懂得了只有尊重他人，才能受到他人的尊重。同学们都说："小张进步了！"同学们还夸赞他是我们班的"篮球之星"。小张有时自己也表示，打人、说脏话很幼稚。

▶ 案例反思 🖉

首先，运用"合作对话"的基本工具——尊重、民主、责任、科学。学生成长需要给予他足够的尊重与成长的空间。在教育孩子的过程中学校、家庭、社会形成合力，尤其是家庭的作用体现得更为明显。班主任要通过家访、电话沟通等方式，和家长沟通孩子成长的问题，并提出科学有效的改进意见。只有家校和社会达成共识，才能形成合力。

其次，运用"合作对话"的方法论，将集体教育与个别教育相结合。班主任要采用主题班会形式、圆桌会议形式，发挥集体教育的作用，引导同学之间发现彼此的闪光点，营造温馨、和谐的班集体氛围；在进行个别教育时要通过扰启、内省的方式让学生自主"生长"，发现自己的不足并及时改正。

最后，运用疏导原则。班主任要多引导学生认识使用网络的利与弊，通过列举案例，唤醒学生形成正确的、科学的上网价值取向。

"合作对话"式教育与传统的教师讲解方式有所不同，它致力于推动教师在教育过程中营造一个平等、尊重、合作和对话的环境，使得师生之间以及生生之间在合作的基础上建立起"成长共同体"。在这个案例中，我根据社会依赖和建构主义等理论，明确了教师和学生并非师徒或主客体关系，而是"成长共同体"，并以"合作对话"为切入点，改变了传统的教育和育人观念。在具体的教育过程中，在真挚的协作下，教师和学生充分利用各种资源，如家长、学校等，通过多种手段，推动学生自身的成长。

要想教育好有行为问题的学生，班主任不仅要有敏锐的观察力，还要具备与学生、家长进行有效沟通的能力；同时，既要利用家校协作，又要对学生付出真诚的"爱"。这份"爱"不是为了追求某种教育效果而故作姿态地"平易近人"，而是一个教育者真诚的人道主义情怀的自然流露，是用心灵赢得心灵。当学生愿意沐浴在师爱的春风中，在春风雨露的滋润下，主动向我们敞开心扉时，我们的教育就会让他们体验到成功的快乐，我们就可以实现理想的教育。

教育，只有动其心，才能改其行！

（作者单位：北京市陈经纶中学分校望京实验学校）

读懂青少年心理发展规律

——愿做一米阳光，照亮你的内心世界

王 静

▶ 案例背景 🖊

　　青少年时期正是人自我认知能力提高、情感表达能力提高、自我意识增强的关键期，青少年开始意识到自己的价值，开始学会分析问题、解决问题，以及学习如何表达自己的情感。新时代青少年的成长与发展离不开教育者对他们的关注，"合作对话"使得彼此的距离更近，心与心紧紧相连，有助于建立正向的关系。不断的"合作对话"能促使青少年实现最优化的生长。教师要善于发现，用爱来守护孩子的内心。

▶ 解决问题的过程描述 🖊

　　一年级新生入学那天，小宝就给我留下了深刻的印象。在班级外排队准备新生入场时，大家几乎没有声音，只有小宝拉着妈妈的手来回摆动，还不停和妈妈说话。终于入场观看表演了，学习打击乐的同学特地为一年级的新生准备了精彩节目，现场氛围很好，小同学们和家长、老师都沉浸在有节奏的鼓声中。这时小宝的叫嚷声打破了美好的氛围，他妈妈拽了拽他，不过他没有意识到，仍旧大叫着。自此之后，我就开始留意他。

　　小宝与我就这样开始了四年的师生缘。这四年里，小宝的确做了一些让我"头疼"的事情。比如，他去教室外小柜子里拿文件袋，回来时并不是用手拿着，而是把文件袋顶在头上，从同学身边经过时，还用手拍同学的头，导致好几个同学跑到我面前"告状"。排队判作业时，他的嘴里不停地发出"嘟嘟"的声音，用唾液吹泡泡，吐到前面排队同学的头上，这还不算，判完作业不直接回到座位上，

而是在教室内跑上一大圈，才心满意足地回到自己的座位。记得有一次，同学们在教室里安静学习，小宝并不想学习，一直在抠自己的铅笔和橡皮，班里同学不时地听到他掉落铅笔的"啪啪"声。在一次次的捡笔之后，他发现了"新大陆"，那就是地砖。他蹲在地上，用尺子抠地砖缝中的土，随后又将抠出的土用尺子拨到一边。就这样，他把他座位旁边的三排地砖都"清理"了一遍。诸如此类的事情还有很多，每隔几天就会上演一遍。

和小宝的父母深入沟通之后，我了解到，他爸爸因长期出差，在他三岁之前很少陪伴他，他妈妈工作也比较忙，大多时间是奶奶负责照顾小宝的起居生活，奶奶溺爱孩子，无论孩子有什么需要，她都会一一满足。小宝父母给小宝制定过家庭规则，但都因为坚持不了多久而不了了之。如小宝违反了规则，实行家庭惩罚时，奶奶溺爱孙子，妈妈因为工作忙，觉得对小宝有所亏欠，有时也舍不得惩罚孩子，爸爸一人坚持也无济于事，家庭规则形同虚设。

在这样的家庭氛围中，在小宝与同学发生矛盾时，家人未能给予正确的引导，导致他不善于与同学相处，性格孤僻，有时还有暴力倾向。要帮助小宝，首先要想办法打开心门，走进他的内心，再尝试鼓励他，在"合作对话"中积极引导他，为他赋能，进而改变他。

在一次课间时，小常急匆匆地跑来告诉我，小宝在楼道里跑，被值周生记录下来了，班级被扣分了。听到这儿，我让同学把小宝找了过来。小宝见我一脸严肃，也意识到自己做得不对，站在一边默不作声，好像在等待我批评他。看到他这副表情，我握着他的手，小声问他："老师相信你这么做是有原因的。你能告诉我，你为什么在楼道里跑吗？是不是值周生追你？"他见我没有生气，就点了点头。"你能告诉老师这是怎么回事吗？"我又问道。小宝看着我，原本不安、躲闪的眼神此时变得柔和了，他说："我在楼道里看到他，想躲开他，就快走了几步，我没跑。他就追上前问我叫什么名字，他追我，我就跑，我觉得他在跟我玩，之前爸爸在家也是和我玩追人的游戏。老师，我好像做了错事，您别告诉我爸爸，不然他会揍我的。"这时我明白了整件事的经过，怜悯与疼爱不禁涌上我的心头，我一把抱紧他，试着打开他的心门："老师相信你爸爸是爱你的，你不是有意要跑的，是因为你觉得在玩游戏，对吗？"小宝说："是的，我觉得挺好玩的，不明白他为什么问我名字。""因为你在楼道里跑了，这样很可能会撞到同学，你没有遵守楼道轻声慢步靠右行的行走要求，值周生才给你记录下来了。每个人都会做错事，我们要从中吸取教训，下次改正。"我语重心长地说着。小宝小声说："老师，我知道错了，我下次不这样了。老师，爸爸知道后，肯定要揍我的，因为同学们说我使班级被扣分了。"我摸着他的额头说："你爸爸会觉得你主动承认错误，及时改正，说你是个好孩子呢。""真的吗？"他的眼睛里闪着光，紧锁的眉头舒展开来。

当天放学时，我把事情原委告诉了小宝的爸爸，请他在与小宝沟通时，表扬他懂得知错就改，是个好孩子。果然，第二天小宝到班里高兴地主动和我说："老师，我爸爸昨天没有揍我，还说我是男子汉，知错就改，是个好孩子。"

自此以后，小宝开始慢慢地改变了，上课抠东西的次数少了，在楼道能安静地行走了……他有什么心事就会主动找我诉说，寻求帮助，我想我已经走进了小宝的内心。

▶ 案例分析

像小宝这样的青少年需要社会、学校、教师等去呵护，他们看待事物有自己的视角和思维方式，与成人不同。因此，教师既要了解学生的共性，也要了解学生的个性。教师和学生相处，要多换位思考，去理解他们的言行，走进他们的内心世界。教师还要遵循教育发展的科学规律，了解每一名学生的心理，使每一名学生都得到全面而充分的发展。

青少年在学校正接受着优质教育。然而随着科技的发展，单纯传授知识越来越简单。对于青少年的教育，我们追求的更高目标是理想教育，即培养真正的人。从社会角度看，理想教育应当体现尊重、民主、责任、科学的精神，并以此为核心素养造就最佳公民。从学校角度看，应由扰启开始，经过内省、质疑，最后通过实践完成发展任务。从教师角度看，教师作为人类灵魂的工程师，要随时了解青少年心理发展状况，将养控贯穿其生长及生活全过程；尊重青少年，读懂青少年心理发展规律，与其开展"合作对话"，建立生命个体和谐、理解、友好、善意的关系，使彼此关系达到最优。教师在师生对话时要把"尊重"放在首要位置，尊重是"合作对话"的前提，理解和尊重是帮助我们与学生沟通的钥匙；要与学生的内心对话，深入了解青少年的心理需求及遇到的困难。我愿做那一米阳光，照亮他们的内心世界，读懂他们的心理发展规律，促进他们更好地成长和发展。

（作者单位：北京市星河实验学校国美分校）

"合作对话"视角下的"问题生"转化

王小英

▶ 案例背景 ✎

古人云："试玉要烧三日满，辨材须待七年期。"任何事物不可能一蹴而就，教育需要一种等待的耐心，更需要一种恒久的坚持。唯有尊重生命成长的节奏，润物无声，静待花开，才能嗅到芬芳的花香。这在某种程度上与"合作对话"教育教学范式所主张的教育文化样态相契合。"合作对话"教育教学范式致力于推进平等、尊重、合作、对话的氛围，提倡师生等在合作基础上形成"成长共同体"，在就某个（类）问题进行探讨或内省时采取"对话"的方式，以此建立或完善共同体成员的认知体系和价值体系。本文以小涵（化名）作为个案，以"合作对话"的基本工具即尊重、民主、责任、科学为抓手，从问题描述、探寻原因、解决方案及效果反思等方面对小涵通过"合作对话"努力改变自己进行较为深刻的分析。

▶ 解决问题的过程描述 ✎

一、接纳问题：细致观察了解，掌握全面信息

小涵，男，12岁，七年级学生。爸爸是国企员工，妈妈是外企管理人员，父母文化水平较高，家庭经济状况较为富裕。父母有一定的教育理念，尤其是妈妈希望把儿子培养成有思想、不随波逐流的人。孩子上小学之前，父母长期两地分居，孩子和妈妈一起生活，直到小学一年级开始和爸爸一起在北京生活。父母工作忙碌，陪伴孩子的时间并不多。

在接手这个班级之前，我就对小涵早有耳闻，基本上都是班主任对其不良行

为的无奈和抱怨。新学期初，我开始担任小涵的班主任。交接工作的时候，上一任班主任就提醒我要特别注意这个学生，说他容易给班级制造混乱。果不其然，刚带班一段时间，我就不断接到同学们对他的控诉：有的同学说他总是给别人起侮辱性的外号；有的同学被他嘲笑所用物品难看，像"娘炮"；甚至他还当着同学的面讥笑、嘲讽人家评优落选；为班级积极服务的同学，他说人家是假积极；帮助他人的同学，他说人家是献殷勤……他的这些言行不仅对同学的心理健康造成不良的影响，还严重影响着班级积极向上的氛围。不仅如此，其他科任老师还向我反映小涵在课堂上经常违反课堂纪律，如自言自语、招惹同学等，严重影响其他同学的听讲效果，该班级整体成绩弱和他不无关系。

二、分析原因：平等对话沟通，打开学生心结

通过对小涵一段时间的观察和了解，我发现，他是一个思维敏捷、说话逻辑性强的孩子，语文成绩能在班中保持中上等的水平，数学和英语成绩相对较差，同时也可以确定同学和老师的控诉都为事实，班中的许多混乱都是因为他经常性地出口伤人。为了弄清小涵这种行为的真实原因，我放下心中对他的不满和刻板印象，采用全接纳、慢引导的原则，以朋友的姿态找他进行了几次谈话。从几次谈话中，我逐渐分析出他经常出口伤人的原因。

（一）对周围的人、事、物的认知消极，充满恶意

当我问"你如何看待咱们班现在的状态"时，他说："老师，您刚接班不久，您可不知道，咱们班其实就是个弱肉强食的社会。如果你弱了，就会有人欺负你。只有你强大，他们才会怕你，不敢欺负你！"我便问道："经常有人欺负你？"他说："对呀，就像上次英语接龙提问，班长明知道我不会，还要叫我，就是故意要让我出丑！"我接着问道："所以，她评优落选了，你就跑到她面前去嘲讽？"他说："没错，谁让她在英语课上非让我回答问题！"而事实上班长是个非常善良文静的小姑娘，并无此意，只是觉得其他同学在接龙时都没有叫他，怕他感觉被孤立。不仅如此，老师发现他听讲时注意力不集中，叫他起来回答问题，他却认为是老师和他过不去、为难他。从他的话语中还经常听到"反正我就是那个最倒霉的""什么事情最后都是我来承受""反正我已经习惯了"这样的语句，可以看出他总认为周围的人、事、物都在针对他、攻击他，认为周围一切事物都对他充满了恶意，所以他总是保持一种战斗状态，随时进行反击，并且在他看来，那是一种自我保护。

（二）想引起注意，获得认可

谈话谈到深处，他哭着对我说："老师，您知道在这个班里全班没有一个人认可你是一种什么感觉吗？上课不想回答问题，因为回答问题也会被人嘲笑。下课看着他们一个个戴着'面具'相互打闹就觉得恶心，他们都很虚伪，不值得我和他们真心相处！"我说："听上去真的是一种很糟糕的感觉呢！"他又说："老师，还有更糟糕的。记得二年级的时候我犯了一个错误，老师让我在全班面前向每一个人道歉，得到每一个人的原谅才能回座位。我虽然认为自己有错，但是站在讲台前面，面对着他们我觉得压力很大，很羞愧，很委屈。后来我每次想到这件事都觉得我的小学生活糟糕透了，也就这样了，我都习惯了！"从他的这些话中，我感受到其实他的内心深处是非常渴望得到同学们的认可和老师们的赞扬的，也可以看出之前小涵每次犯错误得到的反馈是对他一次次的否定。几年积累下来，小涵找不到落脚点去争取认可和肯定，最后就抱着破罐子破摔的心态和我不好别人也不能好的心态行为处事。

三、解决方案：帮助调整心态，寻找闪光点

一种外化的不良行为一定反映着孩子内心的一种心理状态，小涵对其他同学的语言攻击实质上就是他内心消极对事、渴望认可的心理表现。理解了小涵的行为，接下来就是寻找积极的应对措施，我觉得重点应放在帮助他调整心态、寻找他自己的闪光点上。

（一）去除标签印象

在心理学上，有一种心理效应叫"贴标签效应"。当一个人被他人用言语贴上标签时，他就会做出自我印象管理，使自己的行为与所贴的标签内容相一致。小涵被贴上了"问题生"的标签，所以老师和同学就会按照所贴的标签去理解、去认识小涵，认为他做的事情都有问题，都是不正确的。有时就连他自己也认为，自己即使再努力也很难摆脱这一标签，因此就会错误地产生破罐子破摔的念头，放弃自己努力的方向，而转向于标签所定的方向，从而更像标签所说的"问题生"，成为名副其实的标签人。所以我要做的第一个工作就是从外界也就是老师和同学那里去除对他的标签印象，从他自身而言则是去除对自己的标签印象。

从自身而言，我要先去除对小涵的标签化认识和刻板印象，历数自己从前哪些想法和行为是对他的错误的总结和引导，一一提醒自己改正。仅仅我一人理解小涵的心理状态是不够的，让其他科任老师理解他行为背后的心理状态也是十分

必要的。老师们只有理解了他的心理状态，才能够理解他的行为反应，也才能对他错误的行为做出正确的引导，而不是一味打压和否定。和老师们积极沟通、统一引导方向，也让我的工作事半功倍。

（二）合理地运用鼓励

不论是成人还是孩子，人们都期待着他人的鼓励。鼓励能让一个人斗志昂扬，鼓励能让人心中开满鲜花，鼓励其实代表的就是一种认可。对于一个孩子的教育而言，鼓励更是重要手段。通过与小涵的妈妈交流，我了解到他的妈妈十分重视对孩子的教育，在家里和孩子的交流非常民主，无论是日常和孩子的谈话还是把自己的所感所悟发到朋友圈中，都包含着对孩子的鼓励。但是通过细致的沟通和阅读他妈妈所发的文字，我发现他妈妈对他的鼓励缺乏引导性。例如小涵用画漫画人物的方式来和妈妈玩编故事的游戏，通过人物的表情、动作猜一猜根据该人物的性格特征会说什么样的话，基本上所有的人物性格和对话都是消极的，但是妈妈只看到孩子编出的故事逻辑思维缜密，就继续鼓励孩子编故事，而不重视故事的内容。在这样的鼓励下，孩子意识不到自己思想状态的消极，而无限放大自己的语言消极面，最终也拿它当武器去对待别人。所以，对孩子的鼓励不能是盲目的，一定要带有正确价值观的引导，因材施教，有针对性。在和小涵妈妈沟通了我的发现之后，小涵妈妈表示今后会在和孩子的交流中注意。同时，我在学校对他的鼓励、引导都具有针对性：一是抓住小涵的逻辑思维能力强的特点，在同学们面前提出表扬，告诉同学们正是他善于思考的特点让他的语文成绩能够保持中上等的水平，让同学们看到他的优点，学习他遇到问题爱思考的优点，对他有新的认识。二是对他的表扬一针见血，说到他的心里去，让他对自己产生认可。例如一次对语文知识点的总结，他所总结的内容并不全面，但是运用了思维导图的创新形式，于是我抓住他的创新性进行表扬，但是也针对内容提出问题，小涵十分认同，同学们对他的看法渐渐地发生了改变。

事物是不断运动发展变化的。只要我们坚定信念，相信孩子，别给孩子贴标签，他们的不良行为一定会在将来的某一天发生变化。

（三）寻找成就感

学生学习前进的动力就是获得成就感。我认为小涵对待事物的消极心态也和他体验不到成就感有很大的关系，所以在学校组织选拔辩论队成员的时候，我毅然推荐小涵参加。小涵面对我的推荐，先是对自己有过质疑，但是对于辩论他确实有着浓浓的兴趣，只是之前没有机会参加，在我的鼓励之下，他鼓起勇气去参加选拔。没想到，经过几轮的淘汰，他真的成了辩论队预备组的成员，得到了带队老师的肯定和认可。辩论队成员选拔的成功，让他在学校找到了一定的成就感，得到了老师和同学的认可，在班里和同学的言语冲突也减少了很多。

（四）约束行为，学会承担后果

经过一段时间的努力，小涵的语言攻击减少了很多，但是他和自己的"宿敌"即他认为很难化解矛盾的同学，还是时有冲突发生，有一次竟然还大打出手了。在问清原因之后，我了解到是因为小涵看到那位同学的书包很难看，随口取笑了别人。那位同学觉得伤了自尊，无法忍耐，先动手打了小涵，随后两人便打了起来。看来仅仅让小涵得到认可和有成就感还是不够的，还要让他学会承担后果。于是我告诉他们，既然有本事打架就要有本事承担后果，在社会上打架的人会受到惩罚，在班中也要一样。我根据他们的行为进行了责任划分，在双方认可的情况下实行惩罚，小涵受到的惩罚是每天中午吃饭后的自由时间要到我的办公室进行阅读，为期一周。两个人认为合理，并立即执行。此次事件之后，小涵再也没有跟这个"宿敌"发生过冲突，看来学会承担后果能很好地约束孩子的不良行为。

▶案例分析 ✎

经过一年多的努力，现在的小涵能每天以笑容面对同学，见到老师也能面带微笑地打招呼问好，在班里主动攻击同学的行为减少了，大家提起小涵就会想到他口才好，辩论赛时也想和他成为队友。小涵在班里觉得自己有价值了，不再是没有一个人认可他了。他感觉自己在两个多月的初中生活里改变了许多，希望以后能一直与同学友好团结地相处。

这个案例让我深深感觉到，当班主任遇到班中的学生产生不良行为时，首先要做的其实就是以平等和真诚的态度与学生"合作对话"。唯有在放松、真诚的对话氛围中，师生之间才能实现"同频共振"。其次，教师在处理"问题生"的问题时，应坚持中立原则。只有在这样的原则下，我们才能找到学生产生不良行为的真正原因。教师要认真地倾听学生所表达的内容，和学生产生共情，理解他，接纳他的不良行为，然后再积极想办法帮助他、引导他。这也就要求我们在管理工作中，遇到"问题生"时，要学会倾听、学会用探究性的眼光去看待问题，不轻信、不盲从，而要透过事物的表面找到事物的本质，润物无声，把教师心中的爱与阳光洒到学生的心中，使他拥有自我发现和自我提升的能力。

十年树木，百年树人。教育的最高目标是把学生塑造成有精神、有思想的大写的"人"。对于"问题生"，让我们学会等待、学会尊重！润物无声，谆谆教导。相信，用爱和智慧等待，我们一定会等到花儿美丽绽放。

（作者单位：中国教育科学研究院朝阳实验学校）

以爱心呵护童心　助学生健康快乐成长

李美娇

▶ 案例背景 ✎

师者，所以传道受业解惑也。人非生而知之者，孰能无惑？惑而不从师，其为惑也，终不解矣。学生的"惑"，不光在学习方面，也可能在心理方面。教师在关注学习成绩的同时，还应关注每一位学生的心理健康。我们要以最佳公民素养与学生建构"合作成长共同体"，尊重学生，通过教师与学生、学生与学生间的合作式关系和对话式交流，拉近心与心的距离，构建平等互动、和谐交流的氛围，正向引导，以爱心呵护童心。我国伟大的教育家孔子早在几千年前就提出过"有教无类"的说法，理想教育文化提倡的"尊重、民主、责任、科学"正是对这一教育伦理的传承与发扬。并不是每个学生都漂亮，但他们一定都是天真的；并不是每个学生都聪明，但他们一定都是单纯的；并不是每个学生都优秀，但他们一定都是善良的。高尔基曾经说过：只有爱孩子的人，才能教育孩子。热爱每一位学生是我们的天职，这远比那渊博的知识更重要。每个学生都渴望得到老师的关注与表扬，老师的一个微笑、一句夸奖，都是学生走出心理阴霾的良药。

▶ 解决问题的过程描述 ✎

我所执教的是小学五年级。第一次带高年级，我就遇到了一位令人十分头疼的学生——小宇。小宇是个"特立独行"的男孩子，他总是沉浸在自己的世界里，课上不认真听讲，课下也不与其他同学玩耍。这个"我行我素"的小宇，却是班里的小霸王。他性格敏感易怒，与班里的同学矛盾不断。他高大强壮，一言不合就与同学动手，同学们对他是敢怒不敢言。他就像一颗炸弹，不知道什么时候就会突然爆炸，把班级搅得一片混乱。

经过几个星期的观察，我找到了症结所在。我发现小宇是个自尊心极强的孩子，他体形较胖，从小就是别人口中的"小胖子"，他极其厌恶"肥""胖""肉"这些字眼，甚至课文里写到的与小嘎子摔跤的"胖墩儿"都能引起他的暴怒。他厌恶同学们嘲笑他，同时他也害怕同学们嘲笑他，他用暴脾气为自己筑起了坚固的堡垒，仿佛沉浸在自己的堡垒里就能不受到伤害。

▶ 案例分析 ✎

一、以"赞""合作对话"，敲开心灵的窗户

由于小宇身材魁梧、性格暴躁，每当他与其他同学产生冲突，我总会潜意识地认为是他在欺负别人，从而先去批评他。殊不知，这就使我站在了小宇的对立面。他对我产生了逆反心理，我的常用教育手法对他不会起任何作用。于是，我决定换一种方法——以"赞"为石，投石对话。

当小宇安静地坐在座位上时，我夸赞他："小宇坐得可真稳，有泰山崩于前而岿然不动的定力。看到小宇坐在那儿，老师有再着急的事，都能冷静下来！"当轮到小宇擦黑板时，我夸赞他："小宇把黑板擦得可真干净，身材高大就是好，黑板最高处老师都擦不到，多亏了你！"当小宇被选中参加拔河比赛时，我夸赞他："小宇可真有力气，有了小宇这个大力士，咱们班一定能得第一！"我将小宇不爱听的"肥""胖""肉"等，换成了"稳""高大""大力士"等标签"贴"在他身上，让小宇觉得自己的身材也不全是缺点。当然，小宇坐在座位上会有小动作，他擦黑板时会不情不愿，他参加拔河比赛也未必拼尽了全力。但是在老师一次次的夸赞下，他上课变得认真了，劳动变得积极了，集体活动也愿意参加了，我想这就是好的开始。

二、以"爱""合作对话"，打开心灵的大门

在我的大力夸赞下，小宇逐渐消除了对我的敌意。他开始愿意与我对话，与我交流妈妈做的美食、各地的小吃，还与我聊爱好、聊梦想。我逐渐引导他正视自己的身材，胖并不是什么可耻的事，但是太胖了影响身体健康。

我和小宇"合作对话"，共同制订减肥计划，每天锻炼一小时，晚饭减量一半。每天课间操的时候，我都和小宇一起锻炼，和他比赛，小宇也从最开始的不爱动逐渐进入状态。每天运动完，我都会用纸巾给他擦擦汗，然后指着湿漉漉的纸巾

告诉小宇："这些都是燃烧掉的脂肪，你今天又瘦了一点哦！"小宇被我逗笑了，他运动起来越来越积极主动了。不仅如此，每天他还主动帮同学们擦黑板、搬饭桶，就连换座位都抢着帮同学们搬桌椅，每次做完小宇都神气地说："我不仅个子高，还力气大。老师您看，我又燃烧了更多的脂肪！"小宇的变化，同学们也看在眼里。他愿意帮助同学、愿意跟同学聊天，也不再敏感暴躁，有时候甚至还会开自己玩笑，让同学们叫他"励志小胖"。

三、以"规""合作对话"，呵护心灵的健康

小宇的改变是有目共睹的，但是要想让他彻底转变，还需要规矩来约束。我推荐小宇做劳动委员和体育委员，由他来监督同学们的劳动和锻炼。他十分激动，也很认真负责。如果抓到不认真做值日或者不认真锻炼的同学，就由小宇出面进行教育，小宇总是像个小老师，一板一眼地告诉同学错在了哪里、应该怎么做，最后还会鼓励犯错误的同学："知错能改善莫大焉，以后别再这样啦！"小宇是真心喜欢劳动委员和体育委员的职务。要当好班干部，当然得守规矩，还得严格要求自己。小宇秉着认真负责的态度，有活儿抢着干，锻炼铆足劲儿。一段时间之后，他体重减轻了，和同学们关系变好了，学习成绩也有所提高。他还是经常与我对话，聊减脂餐、聊运动、聊和同学之间的趣事。我送给他一个日记本，把它当作心情驿站。我和小宇约定，当有不开心的事时，一定不能憋在心里或者向其他同学发火，可以写在日记本里，给我或者他信任的同学看，我们都会及时在日记本里与他对话，帮他排解，共同成长。经过一段时间，小宇不再每天沉浸在自己的世界里，他开始向同学们敞开心扉，曾经暴躁的小霸王变成了爱笑爱闹的阳光男孩。

▶ 案例反思 🖊

对学生的心理教育不是一朝一夕就能见到效果的，小宇也并不例外。他中间也曾出现过心理问题的反复，但是有了日记本这个对话媒介，我和同学们坚持与小宇"团结合作、平等对话"。有了大家热情无私的帮助，还有我的不时提醒，他确实变得乐观开朗起来了，遇事也能够冷静思考了，而且越来越像个男子汉，有了班集体意识，也有了责任和担当。

其实，在我看来，每一位学生都是一块有着些许瑕疵的璞玉，我们教师的职责就是要用爱心去雕琢，使之能够焕发出最美丽的光彩。古人云：世有伯乐，然

后有千里马，千里马常有而伯乐不常有。我们教师都应该去做慧眼识才的伯乐，毕竟学生千差万别：有的聪慧敏捷，各科老师都偏爱；有的调皮捣蛋，让人头疼不已。对于让人头疼不已的学生，我们要通过"合作对话"去挖掘他内心深处的想法，从心理上去抚慰、疏导，尽量发现他身上的闪光点。从闪光点出发，拉近与学生的距离，消除学生的戒备，继而与学生深入"合作对话"，一定会获得事半功倍的效果。万里长城并非一日筑成的，学生的转变与进步亦是如此。

在教育教学过程中，我们需要发现学生的心理问题，关注他们的心理问题，找到他们产生心理问题的原因。心理问题不会平白无故就产生，它的出现一定是由于在家庭、学校以及社会的教育过程中出现了断层，教师需要去找到这个断层，并用爱心去积极地修复它。小学生处在身心高速发展的阶段，他们的身高、体重明显增长，他们的心智日趋成熟，随之而来的心理问题也更加多样化。因此，教师要关注每一位学生，关注他们的心理教育。面对不同的学生，教师的尊重和爱应是相同的。在爱的前提下，学生才会亲其师，信其道；尊其师，奉其教；敬其师，效其行。秉承与学生"合作对话，共同成长"信念的教育才是有温度的，这样的教育才会植入学生内心，这样的教育才能帮助学生健康快乐成长，这样的教育才是真正的理想教育。

（作者单位：北京工业大学附属中学十八里店分校）

在"合作"中发现爱
在"对话"中共成长

线迦平

▶案例背景 🖉

著名教育家陶行知曾说过：没有爱就没有教育。作为班主任，我平时的工作重点在于关注每一位孩子的身心状况以及学习状况，而现实情况往往不尽如人意，新接班的我始终无法做到让我的关注点覆盖到全班。对这个让我头疼的问题，我在那场"合作对话"中找到了最优解。

▶解决问题的过程描述 🖉

还记得有一次周二上午，外出培训结束后，我就风风火火地赶回了学校。正是眼操时间，还没走到教室，就听见教室里的嘈杂声连门窗都挡不住，我心中不由得升起一阵怒火，一个箭步冲进教室，把手上的书本往桌子上一扔，屋子瞬间沉静下来，我板着脸说："眼操时间，我们的要求是什么？刚刚谁说话了，自己站起来！"

扫视下去，果然有几个捣蛋的男孩子心虚地站了起来。当我的视线转向教室的角落时，猛然发现居然站起来了一个让我意想不到的身影——一个平时基本不敢大声说话的小女孩。我很惊讶，小文在班里一直以乖巧著称，平时在科任老师课上，任由其他男生怎么捣乱，都会安安静静地坐在自己的座位上，做着老师布置的任务。"你也说话了？还有你同桌？"小文像只鸵鸟一样快要把自己的脑袋埋进身体里了，脸颊上的绯红色蔓延到自己的耳朵上，羞愧不已。小文的同桌小杨性格正好和她相反，是一个比较强势的女孩。小杨思维比较活跃，上课也经常回答问题，但是有的时候控制不住自己和别人说话，于是我把小文和小杨安排在了一起，本想着能有一个不错的效果，没想到今天看到了原本安静的小文也没有按照要求做，我心中充满着不解。我仍然严肃地说道："小文和小杨下课来找我，几个男生在班里反省，其他人站队准备上音乐课！"随后我甩手重重地关上了教室的门。

音乐课后，两个女孩来到了我的办公室。站在我面前的时候，小文不敢直视我的眼睛，明显是哭过了。我先和小杨聊了聊，小杨坦然承认了自己眼操时候说话的事实，解释了一下自己只是想借一下小文的笔记而忘记了应该专时专用。承认错误后，小杨主动把眼操重新补做了一遍。一番批评教育后，我让小杨回到了教室，单独留下了小文。我问："小文，你这次为什么在眼操时候说话呢？原因可以和老师说说吗？"小文略显吃惊地抬了一下头，我盯着她微红的眼眶，她好像有千言万语汇集在内心之中，但是总是感觉有一道看不见的薄膜封锁着，让她没有办法开口。小文踟蹰了半天，只是轻轻地说了一句："老师，对不起。"我看到小文的泪水在眼眶里打转，叹了口气，安抚道："老师相信你不是故意的，下次一定要注意我们的要求。眼操是为了保护自己的眼睛的，是为了自己而做，补做之后就回班吧。"小文点了点头，又变回了那个乖巧安静的小女孩。

下班回家后，我的眼前一直浮现着小文汇集着千言万语的样子，这可难住了我。傍晚，坐在我的书桌前翻看着语文书，突然之间我翻到了一篇习作《说说你的心里话》。是呀！"对话"的方式有很多种，为什么一定要面对面说才叫对话呢？第二天闹铃没响，我就已经爬出了温暖的被窝，收拾好用具之后，迫不及待地走向学校。午休前，有一段时间可以安排，我就叫班级里的孩子们回到教室里坐好。我举着手里的白色纸张说道："同学们，如今我们已经认识有一个多月了，平日里在教室内我总是非常繁忙，和同学们谈心的时间比较少，我们即将举行为期两周的'小小邮递员'活动，我将会成为第一任邮递员，把我手里的信笺传递到你的手里。你来想一想，有没有你没来得及和我说的困扰，或者有没有想和我分享的快乐，或者你经历的一些事情，等你写完后再传回给我，我将会用书信的方式与你沟通。"听到即将举行这么有意思的活动，孩子们的眼睛里充满了期待，三十几双眼睛齐刷刷地注视着我的动作。随着纸张的发放，班里瞬间变得安静下来，那些平时活泼调皮的男孩子正在冥思苦想，仿佛自己想表达的东西平日里已经诉说得差不多了，反观教室里面的女生，她们正齐刷刷地书写着什么东西。当我把目光投向小文时，果然见她正在写着什么，身体还离桌面特别近，仿佛要把自己手里的信笺遮挡得密不透风一样。

　　第一次书信传递结束后，我亲自一个一个地收上来每个人的信笺。下课后，我捧着这些信笺回到办公室里挨个拆开，平日里乐意表达自己的孩子基本没有写什么我不知道的事情，反而是平时最让人放心的小文写了几乎满满一页纸的文字——

　　亲爱的缐老师：

　　　　犹豫了很久，想了想最后还是想寻求您的帮助。最近有一件事特别困扰我：小杨本来和我是好朋友，由于小李也调来了我们组，小杨就不允许我和小李做朋友了，但是我还是想正常地去和小李玩，那天眼操时就是因为小杨和小李吵架，然后小杨借我的笔记本，不让我给小李看，所以我才说的话。老师，那天我违反纪律，对不起，但是这件事真的很让我困扰，您看该怎么办呢？

　　　　　　　　　　　　　　　　　　　　　　　　　　　　　爱您的小文

　　看到这沉甸甸的文字后，我逐渐捋清了三位同学纠结的关系，联想起那天小文复杂的眼神和欲言又止的动作，一切都豁然开朗了起来。这次惭愧的人变成了我：我很惭愧没有早一点搭建孩子们和我沟通的桥梁；我很惭愧我把几乎所有的注意力留给了那些让人"头疼"的调皮鬼；我很惭愧正是我的"放心"，让这些乖巧安静的孩子找不到诉说的途径。怀揣着这份惭愧，我拿起笔在这封书信中写下了我的建议——

　　亲爱的小文：

　　　　很高兴你愿意信任我，选择用书信的形式对我敞开心扉。有时候我们在相处的过程中需要尝试着去说出自己的想法，让别人知道你的意愿并尊重你。就像这封书信一样，你看那天我单独把你留下的时候，我猜你就已经想和我说这件事了，但是你选择了憋在自己内心中，我也是在你说明原因之后，才知道原来背后你还有这些困惑。所以，勇敢一点，既然你敢于和我敞开心扉，就证明你有足够的勇气支撑着自己迈出表达自己的第一步，更何况小李和小杨是你亲密无间的朋友，你说对吗？

　　　　欢迎回信。

　　　　　　　　　　　　　　　　　　　　　　　　　　　　　爱你的缐老师

回信后，我的内心是忐忑的，我不知道这次对话是否能产生一些意想不到的效果。几天过去了，我的目光总是悄悄地注视着班级的那个角落——小文所在的地方，我发现小文逐渐产生了一些变化。在课间的时候，我能听到小文开心的笑声了。在课堂上，我能看到小文逐渐尝试着举手回答问题了。当信笺再一次传回到我的手上时，我通过文字看到了小文的开心与快乐——

亲爱的线老师：

　　谢谢您的鼓励。我发现很多问题已经朝着好的方向去发展了，我勇敢地迈出了这一步，也收获了好的结果，我很开心！

爱您的小文

▶案例分析 ✎

看着小文雀跃的文字，我的眼睛湿润了。这次的合作是跨越时空的，是延时的，就像是给种下的种子浇水一样，看着小小的幼苗成长，逐渐开花，结出饱满的果实。这样的活动持续了半年之久。突然有一天，小文的妈妈给我发了一条微信：线老师您好，这半年以来，对于孩子的变化我感受十分深刻。之前我一直感觉小文太闷了，跟谁都不说话，干什么也都不敢尝试，但是这几天她突然主动提出要下楼和同学一起出去踢球，这是最让我惊讶的地方。她之前和我说过自己的困扰，但是没有说得很具体，只是说线老师在"小小邮递员"活动上给了她很大的支持与鼓励。看到孩子有这样明显的进步，我真的很开心，由衷地感谢您！

班级里的"小小邮递员"活动结束了，但是我和孩子们之间的对话却没有结束。孩子们利用学校里的情绪信箱主动诉说着自己的困惑，甚至开始探求生命的意义和生命的起源这种深奥的问题。活动开展之后，有的孩子虽然性格还是有点腼腆，但是对于自己的需求以及困惑已经不再依赖那小小的信笺来羞涩地表达了。

随着时间的流逝，手里的信笺越攒越多。每一张都是我和孩子们对话的痕迹，是我们共同"合作"书写出的美丽华章。每一张都记录着孩子们的成长轨迹，有迷茫、有欣喜、有困惑、有快乐……在一次次的"对话"中，我们感受着彼此。一封封书信越积越多，最后甚至可以搭成一座拱形桥，这又何尝不是我和孩子们一起"合作"搭建的"对话"桥梁呢？孩子们在一次次和我"对话"的过程中，逐渐找到了"对话"的意义。他们的好奇心就像刚刚钻出土壤的幼苗，沐浴着爱的阳光、雨露的同时，汲取在"合作"中感受到的力量，勇敢地朝外界探索着、生长着。作为土壤的我，在这一次次"合作"中充分地丰富着自己，为那一簇簇幼苗不断地储备、丰富着养分，在"对话"中发现爱。在日常班级工作中我和孩子们一起"合作"，我们共同成长。

（作者单位：北京市星河实验学校国美分校）

做自己生长的主人

张 弛

▶ 案例背景 🖋

王世元先生在《理想教育文化建构："合作对话"教育教学范式的理论与实践》一书中指出："合作对话"式教育，是指教师与学生、学生与学生、学生与学习资料、学生与仪器、学生与环境、学生与自身等建立在合作基础上形成的"成长共同体"，采取"对话"的方式，就某个（类）问题进行探讨或内省，以此建立或完善共同体成员的认知体系和价值体系的过程。在"合作对话"式教育中，学生处于核心地位，教育发生要素之间的关系是"合作"而不是"对抗"，主要"参与者"是教育生长者——学生。

▶ 解决问题的过程描述 🖋

从教十年，我遇到过形形色色的学生，作为班主任，我该以什么样的姿态与他们相处？缺乏理论学习的我总觉十分困惑。直到了解了"合作对话"教育教学范式并深入学习后，我才顿觉豁然开朗。

一、从"对抗"走向"合作"

小杨是我班一名十分特殊的学生，他的"光辉事迹"可谓远近闻名。低年级时，他没有养成良好的习惯，如今升入五年级，他的各种问题并没有随着年龄的增长而得到解决，反而有愈演愈烈的趋势：上课不认真听讲，总是在下面搞小动作；回答问题不举手，想到什么就说什么；不注重个人卫生，不论是作业还是桌面，总是又脏又乱；个人物品总是乱丢乱放，经常找不到红领巾或学习用具；还时常会与同学发生矛盾。面对这样一个"问题生"，一开始我也伤透了脑筋，一味批评反而激发了他的逆反心理。后来，我渐渐发现，他对我的积分兑奖制度非常感兴趣，许多激励措施都对他十分奏效。从此，我与小杨之间的关系从"对抗"走向了"合作"。在各种手段的激励下，他改掉了身上一些不良的习惯，成了老师们口中进步最大的孩子。

二、在"合作"基础上"对话"

（一）物质激励

本学期，我尝试使用积分兑奖制度激励学生。完成作业、背诵课文、遵守纪律、讲卫生、做眼保健操、午餐光盘等，都可以是学生获得积分的途径。当然，有奖就要有罚，学生还有很多表现不好要被扣分的项。积分兑奖，可以培养孩子延迟满足的能力。一方面，同学们会不断努力，获得积分；另一方面，同学们学会了有舍得，避免扣分。学生随着年龄增长，到了小学高年级会慢慢开始追求成熟，希望自己不像小时候那样幼稚，所以我设置的奖品也比较丰厚，符合他们年龄段的特点。巧克力、棒棒糖、文具或者图书，都是同学们十分喜爱的奖品。我还会设置一些有纪念意义的奖品。

小杨每到积分兑奖日，即每月的最后一个星期五，都显得格外兴奋。他时不时地跑来问我："老师，我有多少分了？""老师，一根棒棒糖要多少分啊？""老师，您那本《红星照耀中国》能便宜点兑换给我吗？"事实上，他已通过自己的努力，获得了足够多的积分。我规定作业优 A 得 2 分、优 B 得 1 分，他为了得到 2 分，特别注重书写，作业脏乱差的情况再也没有出现过；在我布置一些选做的实践类作业后，他为了得到那 1 分，总是努力完成；教师不在教室时，由纪律委员管理纪律，说话的扣 1 分，每当我回到教室，黑板上都看不到"小杨"的名字。物质激励帮助小杨改掉了自身的许多不良习惯。

每月的积分兑奖日，所有人的积分都会在大屏幕上显示出来，而小杨总是积分名列前茅，这也让其他同学大跌眼镜。同学们一定在心中暗想：小杨平时不显山露水，哪来的这么多积分？我借此机会对小杨大加鼓励，细数他获得积分的几大途径，让同学们心服口服，同时也激发了大家你追我赶的热情。看着小杨每个月都带着换来的奖品"满载而归"，我发自内心地为他高兴。

（二）精神激励

每一个孩子都希望得到表扬，小杨当然也不例外。别看他平时调皮，但是有很强的自尊心和集体荣誉感。每当有老师听我的公开课时，他都表现特别认真、特别积极，总是把小手举得老高，回答问题也说得头头是道。我会当着全班同学和听课老师的面，不吝赞美，好好表扬他一番。在放学的时候，碰上小杨妈妈，我还会把他在学校的优秀表现大声告诉她。旁边有许多接孩子的家长，听到我的表扬，都会对他投来赞许的目光。

特别值得一提的是，有一次课间操，体育老师指导同学们做了一个新的动作：弓箭步交叉跳。小杨做得很认真，动作质量也很高，体育老师让他到主席台上展示。班里的很多同学都在窃窃私语："小杨肯定又犯事了，被体育老师拎到主席台上去了。"但当听到体育老师说"请同学们看台上的领操同学是怎么做的"时，大家都惊愕极了，想不到有朝一日小杨居然能成为领操同学。一名班干部甚至不屑地说："就他？"我马上严厉批评了这名班干部："尺有所短，寸有所长。小杨的弓箭步交叉跳就是比你们做得好，所以他才能成为领操同学。你不认真学习，反而还嘲笑他，这么做有失一名班干部的风范。"回班后，我还特地为这件事在全班同学面前表扬了小杨。从此以后，每一次课间操，小杨都做得特别认真，再也没有人嘲笑他了。

（三）家校协作

任何一项教育工作的开展都离不开家庭和学校的共同努力。家长作为成长共同体的一部分，是开展"合作对话"式教育、引导学生的强大友军。

我和小杨妈妈私下有一个约定：每周五放学后，我都会对小杨本周的表现打分——1～5分不等，这一分数也决定了小杨在本周末会得到奖励还是受到惩罚。这项工作每周只会额外花费我一两分钟的时间，我在微信上打几个字，再跟小杨妈妈简单沟通一下即可，但收效却是十分显著的。

每到周五，学生会比较浮躁，而小杨却是个例外，因为他知道这一天我会向他的妈妈汇报他这一周的表现。如果说平时的物质激励和精神激励已经让小杨改掉了许多不良习惯，改变了同学们对他的刻板印象，那周五这一天就是他的"表现日"，让同学们都对他刮目相看。他会主动扫地、擦黑板，会在课间踏踏实实写作业，写完作业后还会主动询问我有没有需要帮忙的，比如查作业交没交齐，帮我接水，等等。总之，他在周五这一天的表现几近完美。当然，我知道他这是在向我"献殷勤"，想得到我"5分"的评价，过一个快快乐乐的周末。而且，事实上我几乎每次都会给小杨打满分，有时他有欠佳的表现，但当我及时提醒后，他会立即改正，所以我自然不会因为这点小事向他的妈妈告状。

和小杨妈妈的这个约定，对小杨的改变和成长起到了至关重要的作用。也许有人会质疑：小杨会不会只是在老师面前装装样子，之后还是我行我素呢？习惯是日积月累慢慢养成的，退一步讲，假如他真的只是装装样子，装着装着，改变不就悄然发生了吗？

三、在对话中享受"成长"

卢梭曾经说过：教育就是生长。教育不是把一些能力强加于人，这些能力本来就已经存在于学生身上，教育只是提供一个良好的环境，让它们正常地生长。就像一棵幼苗，给它足够的水分和养料，在阳光下它就能茁壮成长。小学时期是习惯养成的重要时期，在这一关键期，教师的激励就如同水分和养料。每个学生都是有上进心的，只要教师的教育方法得当，就可以取得较好的效果。如果教师将激励的积极作用发挥到最优，学生就会由被动变为主动。

小杨在我接手五年级后，在习惯养成方面已经有了非常大的改观。老师们心目中的那个"问题少年"，变得越来越成熟，越来越懂事。当然，我深知，习惯养成不是一蹴而就的，这需要长年累月的坚持。我在今后的时间里，也会继续采用"合作对话"式教育，合理利用多种激励方式，让他成为生长的主人，从而成为一个优秀的人。

▶ 案例分析 🖊

在本案例中，我深入探讨了如何通过"合作对话"教育教学范式激发那些在班级中通常不被注意的学生的潜能。这些学生往往因为长期的学业挫折而感到自我价值低下，缺乏学习动力。然而，通过细致的观察和持续的关注，我发现每个学生都有其独特的优势和潜力，这些"闪光点"可能是他们的创造力、团队协作能力或其他个人特长。

通过"合作对话"，我与学生建立了平等的关系，走进了他们的内心世界。这种教育实践能帮助学生建立起积极的自我形象，引导他们进行自我教育和成长，实现个性化和全面的发展。在这个过程中，学生逐渐认识到自己的价值，学会自我激励和自我管理，最终成为自己生长的主人。

我们的最终目标是构建一个"合作成长共同体"，在这个共同体中，每个学生都能在关爱和尊重中发展成为具有独立人格和创造力的个体。通过这样的教育，学生不仅能在学业上取得进步，还能在情感、社交和道德层面得到全面发展，真正实现"做自己生长的主人"。这样的教育实践，让每个学生都能在成长的道路上自信而坚定地前行。

（作者单位：北京市朝阳区实验小学福源分校）

相信陪伴的力量

李 颖

▶ 案例背景 ✎

　　助力学生高质量健康成长，需要师生之间心灵相通、同心同德、同向同行、密切配合，共同书写出青春的奋斗风采，在这一过程中唯有爱与陪伴才能给人力量，并且无可取代。教育无他，唯有爱与陪伴才能使师生同频共振、和合共生。"合作对话"式课堂致力于推进教师在课堂教学中创设平等、尊重、合作、对话的氛围，让师生间、生生间在合作的基础上形成"成长共同体"，共同推进学生健康成长。

▶ 解决问题的过程描述 ✎

一、沉思于人生成长中的陪伴感悟——创设合作的基础

　　走进校园，我们每天看到的是学生纯粹的真善美，以及一片净土、一腔热血；同时在烦琐的高中生活中，我们也会看到学生懵懂青春里的彷徨与恐惧。作为一名班主任，我更多地了解了原生家庭的重要性。完整、健康且充满正能量的家庭能够给予孩子足够的安全感以及无限的勇气，当然渗透其中的是父母的陪伴、倾听、理解以及鼓励。例如，母亲对儿子充满信任，那是温暖岁月中满满的爱。这种爱不是一种简单的加法或乘法，应是母子之间一种强大的心灵力量传递，而这种传递又深深融入了生活中点点滴滴的教育，也许仅是一个眼神、一句鼓励、一个拥抱，就足以滋养一颗成长的心、感恩的心。在家有父母的陪伴，在学校有班主任的陪伴、科任教师的关爱，爱始终陪伴在学生左右。

二、热衷于工作中的陪伴坚守——真诚对话的平台

"合作对话"式教育倡导的教育教学方法论包括"扰启、内省、质疑、实践"，生命个体生长方法论包括"独立、追求、养控、审美"。"合作对话"式课堂的基本工具包括"尊重、民主、责任、科学"。在教学实践中，我们师生都在用实践活动践行这一理念与模式。

"因为喜欢和学生在一起，我总想上好每一堂课，用心去关爱每一位学生。"每一节元气满满的课，都是陪伴学生的机会。我会根据思想政治课程的特点，结合学生的需求安排授课内容，利用最新的时政热点话题导入，迅速抓住学生的注意力，引导学生探究合作，创设充满活力的课堂学习氛围，讲课不拘泥于课本，对课程有自己的理解与想法，将专业课知识与日常生活相结合，并毫无保留地将所学、所思、所感、所悟都传授给学生，与学生共同探究分享，力图在"你说说看""你的想法是什么""你认为应该怎么办"等常态化交流和思想的碰撞中培育智慧、增强信任、培养感情、提升学生关键能力。

在陪伴学生成长的每一天，多倾听学生分享各种学习方法、每日趣谈，不仅能让学生在轻松有趣的氛围里收获知识、增长本领，也能使教师收获更多的教育成就感和幸福感。这就充分地证明：教育的关键是师生关系，好的师生关系不应该是对抗的，而应该是合作的。"合作对话"式课堂要求教师改变传统的教育观和知识观，即教师与学生既不是师徒关系，也不是主客体关系，而是"成长共同体"。在师生真诚合作的基础上，教师围绕学生成长，充分发挥学生个体灵动能力，调动多种资源，借助多种方法，促进学生的成长。

教师与学生的合作沟通可以延续到课下，教师的陪伴可以借助科技的力量，穿越时空。微信群是科技赋能教育的有效手段，学生总是能通过"视频播报"的方式向教师汇报家庭作业完成情况，就像是"新闻直播间"的主持人。开展打卡活动原本是为了培养同学们自主学习的好习惯，当初也只是尝试，没想到同学们的兴趣如此浓厚。同学们的坚持给了我在教学中进行更多创新的动力。我常用"反复与坚持之后，柔水终成雕刀"来勉励学生。"亦师亦友，莫过于每日网络视频的良性互动。"我们师生的情感在一次次鼓励和互勉中逐步升温。

在认真准备和上好每一节课的同时，我还带领同学们走出教室和校园，一起参与课外实践活动。我们学校曾组织 56 名同学走进外交部，亲临外交部发言人答记者问现场，让学生既切身体会到发言人的专业风采，也切实增强政治认同，同时进一步激发学生学习的内驱力。这一活动得到了同学们的一致好评。

三、收获于陪伴带来的幸福感——"合作对话"的价值

"还记得军训初见面时，大家都累到快没力气，这时您带着润喉糖'从天而降'。大家吃完糖，心里甜甜的，身上也忽然有了力气，口号喊得更响亮了。"

——2018 级 2 班同学的回忆

"您随身带的包里除了教学文件，还有一个厚厚的笔记本，笔记本里面记录了您从 2006 年在三里屯一中任教以来所教过的每位同学的姓名和课堂表现。每逢学期结课时，您都和任教班级的同学拍下一张合照，在相册里添上星标，将许多美好回忆留下。您能和我们一起伴着幸福成长，怀着坚定的信念前行。"

——2019 级 4 班同学的回忆

"看到我们在课堂上的微小进步，您的快乐就会由心而发；看到我们课后的坚持与努力，您的幸福感就会油然而生。""'量变质变、实践检验'是我喜欢的座右铭，一定要做'政治上的明白人'是我的追求。"

——2022 级学生的微信记录

▶案例分析 🖊

"合作对话"式课堂不仅较大幅度减轻了中小学生、家长和教师的负担，促进了学校教育教学质量的提升，而且成为教师教学工作中的好抓手。在高中快节奏的青春奋斗中，教师每天的陪伴可以促进学生保持内心的宁静和真实，这种心理上的安全感将使学生获得难能可贵的品质。我们师生都应该学会珍惜那些属于自己的温馨陪伴瞬间，那些瞬间将是人生中的美好记忆。我们生活的世界充满希望也充满挑战，我们不能因现实复杂而放弃梦想，也不能因理想遥远而放弃追求。大家要坚信教师的师德修养、教学能力，教师会以自己的爱心和匠心陪伴学生不断进步每一天；要相信润物细无声的陪伴的力量。

（作者单位：北京市三里屯一中）

多维"合作"、尊重"对话"为成长护航

吴姝敏

▶ 案例背景 ✎

　　教育学即关系学，好的师生关系会让师生都感受到温馨和快乐。"合作对话"式课堂让学生在接受知识的过程中实现知识与人格精神的共生，让课堂教育站起来、走起来。如何唤醒学生强烈的对话意愿？如何产生深度的"内省"和"质疑"？这些是"合作对话"深入进行的关键点。在面对学生同伴之间的冲突时，"堵"不如"疏"，教师要运用恰当的"合作对话"，打开学生心结，让学生学会尊重自己、尊重他人，营造良好的师生、生生关系。本文结合身边的案例，结合"合作对话"理念，分析学生同伴冲突的原因，并提出学生同伴交往冲突的有效应对策略，以"小事例"思"真教育"。

▶ 解决问题的过程描述 ✎

　　我们班有一个同学叫小鸿，脾气特别不好。在一次自由活动中，小鸿坐在板凳上看书，很快书看完了，他走向图书区打算换一本。在小鸿选书的时候，小路拿着书走过来坐在了小鸿的板凳上。小鸿看见后，立刻跑过来，一把推开小路，嘴里还大声喊道："这是我的板凳，你不许坐。"小路被推倒在地上，生气地说："我又不知道是你的板凳，干吗推我？"小鸿却回道："反正就是不许坐我的板凳，不然我还推你。"最后，小路只好走开了。过了一会儿，旁边其他学生在看书过程中发出了声音，小鸿不高兴了，只见他转过身对着这边大声吼道："吵死了，能不能安静看书？不行走开。"此时，旁边的学生就和小鸿理论，发生了争吵。情况愈演愈烈，最后演变为小鸿激动地出手打人。其他学生看不惯，一起上来反击。作为班主任，我了解到情况后，第一时间打电话与小鸿的家长沟通这次事件

的经过与处理办法，而家长表示已经了解了情况，并无他话。可谁知他回到家后，却向他父亲说学校一群学生打他。他父亲随即给我打电话，在电话里大发雷霆，语气十分不善，说："这件事情，您确定了解清楚情况了吗？为什么其他学生围攻我儿子您也不管？您是怎么管理学生的？"通过"合作对话"，问题得到妥善解决。

▶案例分析 ✎

从案例中看出，小鸿与小路发生分歧时，选择了用"推"的方式来解决。对小学生而言，这看似解决了问题，实际上却存在许多隐患。以"推""打"等攻击行为作为解决问题的方式，对小学生的心理、人格塑造等都存在着负面影响。在与其他学生发生摩擦时选择用言语攻击甚至大打出手的方式来解决，不仅反映了小学生以自我为中心的特点，还反映出小学生对同伴交往的积极的问题解决方式方法知之甚少。如果不进行及时有效的引导，从长远来看，对小学生社会交往能力的发展十分不利。

一、教师"内省"先行——原因分析

第一，自身的个性和行为特征。每个小孩的个性都不一样。一个活泼、自信的小孩会拥有更多的伙伴；性格内向、冷漠的孩子，在同龄人中很难被接受，而且他们伙伴也很少。此外，不良的行为也很可能导致孩子被同伴隔离。有教养、有礼貌的孩子，则更容易赢得同窗的青睐。性格内敛的儿童，很可能会表现出胆怯、害羞等负面情绪，这不仅会让他们产生社交上的隔阂，还会让他人远离自己，从而对自己的精神造成一定的负面影响。

我在一次家访中了解到，小鸿在童年时期经常生病住院，没有能够和同龄儿童进行长时间的稳定交往，性格内向敏感，容易动怒，所以不太会和孩子们相处。

第二，学校环境。在不同的校园情境下，学生之间的交流矛盾往往并不相同，安全教育、德育活动、学风氛围等都会对学生的矛盾产生很大的影响。假如学校的环境不佳，则会导致同学间的关系变得很僵，时间一长，就会导致同学间的交流矛盾；如果教师处理问题不公，则会使同学们无法充分地从心理上彼此接纳，并导致同学间产生误会，从而引发同学间的矛盾。师生间的沟通，可以有效地预防师生之间的交流问题。同时，在平时的课堂中，形成良好的课堂纪律和班风，可以有效地减少学生之间的人际关系冲突。因此，作为小鸿的老师和其成长的引路人，我十分重视每一次教育引导的契机，也更加注意要公平公正地处理冲突，希望与小鸿产生有效的深度沟通交流。

第三，家庭环境。家长在儿童的成长发展中扮演关键的角色，而且家长的教育模式会对其产生深远影响。家长对子女公平公正可以培养他们的同情心和与他人相处的能力；家长对子女的无私奉献可以安抚他们的情绪，减少他们与他人之间的矛盾，让他们更容易被其他同学所接受。纵容和过度的处罚，会使儿童失去信心，增强他们的无力感，从而造成沟通的困难。家长对子女强制进行教育，往往会对其精神造成伤害，使其在人际交往中表现出较为强势的态度，从而引发其与同龄人的矛盾。在与小鸿的家长沟通的过程中，我明显发现由于孩子儿时的生病遭遇，他们存在溺爱孩子的现象，无法正确地面对和处理孩子的错误或孩子遭受的挫折，使得小鸿与同龄人沟通和相处时过于强势，因而常常产生矛盾。

二、恰当"养控"引发学生"内省"——有效应对策略

第一，推动学生主动交流，积极解决问题。人与人交往难免会发生冲突，关键在于冲突发生后，过错方愿意主动道歉，另一方愿意主动交流，那么这个冲突就能轻松化解，双方又能和好如初。要学会宽容、接纳，积极接受对方的道歉，原谅对方，不要因为一件事就一直生气，拒绝和好。冲突发生后，要学会积极道歉，反思自己的问题，把冲突带来的负面影响降到最小。因此，针对上述故事主人公的问题，我专门召开相关主题班会（如"我会控制小脾气"），为学生介绍当冲突发生时控制自己的情绪的方法：（1）心理暗示法，即在心里默念"冷静、冷静、冷静，我不生气"，这样能够让自己冷静下来；（2）注意力转移法，即回想让自己开心的事或者看一看远处的风景，以此来转移注意力；（3）数数字，即当想生气的时候，尝试从1数到30，在数数的过程中怒火也在慢慢地消下去。我通过多次相关主题班会，逐渐引发小鸿和其他学生的"内省""实践"，这样慢慢地形成正向的班级氛围和人际交往关系。

第二，搭建交往平台，让学生会交流、会尊重。教师既要教导学生如何成为一个精神健康、积极、对社会有好处的人，也要通过教师的榜样、教师的教育方法、教师的行为对学生的同伴交往产生有益的影响。开展游戏活动和主题班会活动，逐步提高他们的自信，使他们心存善意地面对他人，积极地与他人交流；组织课外活动，开阔他们的眼界、丰富他们的知识面、提高他们的社交技能。当学生发生争执时，教师要以此为契机，搭建同伴交往的教育平台，督促学生遵守规则，让学生学会合理利用自己的权利、积极处理问题、正确对待自己、提高自己

的认识，建立正确的、科学的伙伴关系。针对小鸿的问题，我分别与小鸿本人、涉事同学、班级小干部进行沟通，达成"有问题不生气、不打人、找老师""我愿意主动和小鸿一起玩儿"的合作约定，帮助小鸿找到正确的问题处理办法，并引导他了解与伙伴交往的方式。

第三，启发家长重视与孩子的沟通。家长必须明白，对孩子而言，学习如何与身边的人沟通和交流是非常关键的部分。我通过与小鸿的家长"合作对话"，建议家长在校外多给自己的孩子一些帮助，让孩子积极地与自己的朋友接触，给自己的孩子创造一个好的交流环境，这样也让孩子和小伙伴达成"合作对话"，在玩耍的过程中掌握正确的人际交往方式。我也引导家长正确面对孩子"受欺负"的情况，不能让孩子采取不当行为进行反击，激化学生间的矛盾，致使孩子的人际关系发展不良。家长还应明白家长的首要使命是培养孩子健全的人格和精神，让孩子在社交活动中学会自我调节，并在与别人交往时保持积极的态度。

▶案例反思 🖊

"合作对话"的宽度首先表现为尊重。要尊重每个学生的人格、个性、知识基础。对"弱势"学生，一个鼓励的眼神、一种肯定的语气、一次及时的点拨，都是莫大的帮助，这也是有效的"对话"。允许差异、允许犯错、允许低速前行，让"合作对话"更加宽容与自由。在同伴冲突问题上，学生的社会交往经验不够丰富，当学生遇到问题不知道怎么解决或采用了消极的方式解决时，教师应该主动站出来，引导学生通过该冲突形成正确的社会交往技能。如果学生的说话方式不够成熟，需要教师引导教育，教师应教给他们正确的说话方式，用"合作对话"理论培养准最佳公民。

（作者单位：北京市陈经纶中学分校望京实验学校）

"合作对话"促成长　做学生引路人

杨金冬

▶案例背景 🖊

　　时光如梭，我在班主任工作岗位上已经度过了七个春秋，在这些日子中有成功的喜悦，也有失败的遗憾。面对那些稚嫩可爱的面孔，我深深感受到，班主任既是学生的引路人，又是学生的良师益友，更是沟通学校与学生家庭及社会力量的桥梁，其中"合作对话"是有效的教育方式，"合作对话"助力学生的成长。

　　作为一名奋斗在一线的教育工作者，我绝大多数时间都在校园里和可爱的孩子们相处、学习。教学作为一门独特的艺术，它不仅具有人类知识成果和生活情境的再现性，而且具有教学实践过程的创造性和师生情感的交互性。高尔基说：爱孩子这是母鸡也会做的事，可是，要善于教育他们，这就是国家的一件大事了，这需要才能和渊博的生活知识。他告诉我们教师，不仅要成为有爱心的教师，还要成为智慧型教师。

▶解决问题的过程描述 🖊

一、平等对话，深入心灵

　　"合作对话"重视在对话和决策过程中进行开放、尊重的沟通，因此在这个过程中教师更像是伙伴、桥梁，让师生间、生生间、家校间形成"成长共同体"。记得四年级下学期刚接班时，同学们面对陌生的我有些不适应，甚至不接受。而我，一个初出茅庐的老师面对几十名学生更是需要适应的时间。

　　我清楚地记得，一天放学回家的路上，一名学生很不客气地跟我说："老师，您觉得您当我们的班主任能坚持多久？"我露出疑惑的表情，说道："什么意思？"

那名学生毫不客气地说："我觉得您坚持不了多久，就我们班的男生，您就搞不定！"回到家后，他的这几句话一直萦绕在我的脑海里，我明显感觉到这个班不好带。第二天，我侧面询问了班里学生昨天那名学生的情况，了解到他是该上四年级时才从河北老家转来的，因为学习成绩不好，留在了三年级。在同学眼中，他不但自己纪律差，还带动其他男生一起扰乱课堂纪律。了解了他的情况后，我有意识地观察他，发现他的基础的确很差，乘法口诀都背不熟，二、三年级的很多字不会写，上课总是和周围同学说话，作业也完不成。

一个月后，我跟他进行了一次长谈。我用真诚的语言渐渐地打开了他久闭的心扉。在谈话中，我得知在小学三年级前，他一直跟爷爷奶奶在老家生活，而爸爸妈妈常年在北京做生意，一年也就回两三次家，可以说他是典型的留守儿童。他还有一个比自己小四岁的妹妹，一直和爸爸妈妈生活在北京。这给他的心理造成了很大的影响，总是认为爸爸妈妈不关心他，而更偏爱妹妹。虽然现在他也被接到了北京生活，可由于爸爸妈妈忙于做生意，晚上九点多才回家，根本管不了他。一旦老师找家长，他总是会被爸爸暴打一顿，而且父母并不会给他实质性的帮助。

二、家校合作，协同育人

听了他对我倾诉的话，我了解到这个孩子从小得到的来自父母的爱少之又少，因此造就了他现在的"与众不同"，但我并不认为他像一只小刺猬一样难以接触。我认为他只是一个缺乏关爱的学生，内心还是善良的。我给他讲了父母在北京生活的不容易，要他试着去理解父母的做法。父母是爱他的，只是由于他们的文化水平和人生阅历，可能处理问题的方式有些偏颇。我还对他说："作为哥哥，你已经十岁了，要为父母多分担一些，至少先让自己变得更好，让他们省心。老师相信你一定可以做得到……"一番长谈后，他的眼眶渐渐湿润了，最后流下了男儿泪。我明白在他的内心深处有多么想得到来自爸爸妈妈的爱，他只能用他自己的方式来博得爸爸妈妈的关注，但这样得到的又不是他想要的爱。在这之后，我每天给他制定比别人略少的任务，让他争取在学校完成所有任务；从最简单的字开始给他纠正笔顺及笔画。在他取得一定的进步后，我会跟他爸爸说："您回家后鼓励一下您儿子，他最近在学校的表现很积极。"我发现这个孩子不再像以前一样抵触我了，取而代之的是他主动承担起了纪律委员的职责，课堂上也专心听讲了，家庭作业都能按时按量完成了。

我发现他朗诵得特别好，于是在学校的朗诵比赛中，我让他担任班里的领诵。

在学校的课本剧比赛中，他毛遂自荐演了一个他最喜欢的人物，而且每次排练都特别认真。表演完，同学和老师都夸他演得好。在学校准备举办长跑比赛时，男生都不想报名，最后他主动报名了，要知道他是我们班甚至全校最胖的了。为了班级的荣誉，他每天早晨七点就到学校跑步。比赛那天，他对我说："老师，放心，我一定不是那个最慢的！"这种语气是那么熟悉，但这一次让我无比感动。比赛结束后，体育老师在全校师生面前表扬了他，说他是长跑运动员中最胖的但不是最慢的，而且通过自己的不懈努力为班集体争得了荣誉。

三、"合作对话"，见证成长

寓教育于娱乐，让他在娱乐中接受教育。他喜欢朗诵，因此我不仅让他在班级内充分发挥自己的特长，而且利用他的兴趣爱好组织课本剧的排练活动。他的集体荣誉感强，主动报名参加长跑比赛。不论结果如何，这种敢于拼搏、为班集体争光的品质是值得赞扬的。为了班集体的荣誉，他每天都坚持早早地来到学校练习长跑，精神可嘉。

潜移默化、因势利导，让他在集体中改变自己。在学校的拔河比赛中，由于他是我们班最重的，而且关键时刻会全力以赴，于是，他顺理成章地成为我们班的拔河队长。果然，这次的拔河比赛，我们班战胜了六年级，获得了高年级组优胜奖。老师的信赖、同学的支持使他的态度发生了很大的转变。课上他不再有与老师敌对的情绪，课下也能和同学们积极交流，倾听同学们给出的意见和建议；回到家里，他和爸爸妈妈也有了很好的交流，能把班级活动或校园生活和他们分享。

▶ 案例分析 ✐

通过平时多留意观察他的情绪变化，经常与他沟通交流，深入了解他的内心世界，我了解了他的成长背景，也清楚了他的心理需要，因此投其所好、寓教育于娱乐。这一过程所用的教育方式不是抽象的、枯燥的，而是生动的、形象的、伴随着审美愉悦进行的。它不似知识的灌溉、道德的说教、行政命令等，从外面强加于人，而是像和煦的春风一样吹拂着，让人自觉自愿地在娱乐中接受教育。老师要善于挖掘学生身上的闪光点，充分发挥教育作用，利用其长处给他们提供表现的机会，增强其自信心。学生的课余生活，是教育实践的大课堂。这个成功的教育案例就是最好的例子之一。尤其是在留守儿童越来越多的农村，家庭教育的缺失应该由学校教育来弥补，故学校应该成为当代教育的主战场。让我们共同努力，让"合作对话"的春风吹绿校园。

▶案例反思 🖊

在流动的生命中，有一种永恒的快乐，它能让心灵宁静，那就是用爱用情用心做教育。爱是世界上最平凡的一种感情。当你用爱去浇灌一个个幼小的生命时，一定会收获意想不到的感动。雨果曾说过：花的事业是尊贵的，果实的事业是甜美的，让我们做叶的事业吧，因为叶的事业是平凡而谦逊的。我想，教师所从事的就是叶的事业——平凡而伟大。

有智慧的教育者懂得利用"合作对话"的基本工具——尊重、民主、责任、科学。为了更加深入地了解学生，班主任需要先搭建与学生平等"对话"沟通的桥梁。今后，我会继续践行"合作对话"教育教学范式，让学生在合作中成长、在对话中收获，做学生引路人。

（作者单位：北京工业大学附属中学十八里店分校）

第二章

尊　重

　　传统教育教学更关注知识累积式的增长，即使突出学生中心地位、训练学生思维能力，也是以学生知识累积作为主要衡量标准，知识生产能力是其副产品。教学组织形式一般为讲授式、小组合作学习式、探究式等。而"合作对话"式教育，不仅把学生放在中心地位，而且更关注学生生产知识的能力和人格的塑造。因此，"合作对话"式教育既实现了学生知识的累积，也更好地契合了学生未来培养生活素养和开发潜能的需要。

读懂新时代青少年成长与发展

——"合作对话"让教育真实发生，实现共同成长

罗金玉

▶ **案例背景** 🖊

　　在"合作对话"式教育中，学生处于核心地位，教育发生要素之间的关系是"合作"而不是"对抗"，师生在平等、尊重、合作、对话的氛围中形成"合作成长共同体"。

▶ **解决问题的过程描述** 🖊

　　回顾 10 多年来的教育生活，我接触了不同性格的学生。通过对"合作对话"教育教学范式理论的学习，我想教育的真正意义是将"尊重、民主、责任、科学"根植于学生的心里，在教育的发生过程中，让"灵动能力、生命修为、情志追求、意志品性、合作要件、批判思维"促进"教育共同体"的成长，实现学生有独立追求、有审美情操、懂得养控自制的良性生长。身为教师，我必须与学生一起构建"合作成长共同体"，从知识、心灵层面润化他们向阳生长，在这一过程中也实现自我的超越。

一、借力理想教育文化引领下的学校评价机制——美美学分银行，发掘学生成长内驱力

　　学分银行设立了品行、智慧、健康、艺术、合作五个分行，将常规育人、环境育人与活动育人紧密联系在一起，通过手机 APP 这一创新技术手段，多方面、多角度地对学生进行多元化的立体评价，最大限度地尊重了学生的个性差异，给了他们自信，为他们搭建了适合的舞台，将每个人身上的个性光芒融合到学分银

行这一评价机制的正向引领上来，更深刻地践行了"合作成长共同体"以人为本的教育理念，让每一个孩子都拥有自己的精彩。

学分银行的评价体系是"五育"并举的全面性评价体系，在"合作对话"的基础上，从尊重学生个性差异的角度出发，从班级管理到课堂常规，从习惯养成到落实实效，从课内教育到课外活动，真正实现了教育的适时激励、引导与家长及时得到反馈的闭环，使学生的个性展现在集体的规范行为中，最大限度地得到了保护与发挥。在学分银行的体系中，每个学生都能找到自信点与能力展现的舞台，学分商城更是他们的"哆啦A梦"。在商城里，他们可以得到他们最喜欢的学校吉祥物——美美，他们可以和自己喜欢的老师共进午餐，他们可以来一次万众瞩目的荣誉奔跑，他们可以得到老师手里神秘的文件夹，他们可以看一场精彩的电影……在学分的积攒中，他们不断完善自我，规范自我行为，在一次次学分兑换中找到成功的喜悦感，开始由他律转变为自律，因此，不管是老教师还是新教师，在班级管理与教育品行引领上都因为学分银行这个平台而变得得心应手。

记得一年级时，学校举行了武林大会，学校提出评比优秀的班级的学生每人可以得到100学分。听到这个好消息，孩子们个个都铆足了劲，眼中闪着坚定的光芒。课下，很多孩子都自发开始练习太极拳、广播操，他们都憧憬着自己的"哆啦A梦"，果不其然，在评比中全班拿到了优秀。当得知每个人一次性得到了100学分时，他们激动地为自己欢呼鼓掌。那一刻，闪耀在他们心中的是自豪的光辉，收获的是梦想实现的甜蜜。

果果是班里一个比较内向的女孩，爸爸因工作忙时常不在家，妈妈因为照顾妹妹对她也是力不从心。她平时对自己的事情比较迷糊，作业也偶尔拖沓。就是这样的果果，却是一个称职的好姐姐。她平时很会照顾妹妹，凡事都会谦让妹妹。在妈妈凶妹妹时，她会牵起妹妹的手来支持与安慰妹妹。有一次只有她和妹妹在家时，电饭锅着火了，她赶紧带着妹妹出门并敲邻居的门去寻求帮助。当我从果果妈妈嘴里听到这个消息的时候，我很是心疼这个孩子，同时我更深刻地感觉到品行是教育内容当中最重要的部分，只有心中充满爱与责任才能让人更强大。所以，当天我就在班里开了一个简短的班会，并在班会上表扬了果果的勇敢行为与担当，同时给了果果很高的品行学分。当时全班同学都对果果投去欣赏的眼光，并为她热烈鼓掌。果果当时脸上的微笑与闪亮的眼睛，远远超出了所得学分的意义。第二天，果果交齐了所有的作业。我想，学分多少不重要，重要的是它是对学生的鼓励与肯定，是尊重与平等的合作，是理解与认可的对话。

还有一件事让我感受到了"合作对话"引领下学分银行作用的强大。

二年级时，班里重新进行了学分银行行长的竞选。当时有很多学生积极地参与了竞选，说明大家很看重学分银行行长的职位。最终，学生推选出来的行长正是他们心目中品学兼优的之之。当时我随机访问了几位学生，他们都不约而同地从品行、智慧与集体合作方面说了之之在班级里的良好表现。由此可见，学生对他人的评价变得全面了，这也说明他们对自己的认识、内省也更加深刻了。

其实，在我看来，学分银行就是一个创新的"合作成长共同体"，它是根据教师的一线经验和家长的期待而设立的评价机制。教师可以时时处处发现学生的美，学生可以时时处处发现他人的美。学分的获得既有个人的独特魅力，也有群体合作的贡献；既有对学科能力的肯定，也有对艺术特长的欣赏；既有对健康习惯的关注，也有对体育活动的督导……家长可以及时全方面地了解到孩子的在校情况，因为家长可以看到学生各学分银行分行的柱状分析图。这样有利于家校之间更好地协作，使学生能够得到有针对性的关注与帮助。学生在一次次的与学分"合作对话"的过程中，培养正确交往的社会能力，树立对自己及他人的责任意识，感受到付出与收获的美好体验……学分银行在实现自我对话、生生对话、师生对话、时空对话、家校对话的过程中，创造了尊重与民主的教育环境，达成了家校之间的教育合作认同，让师生、生生、家校在"合作对话"中彰显了灵动能力、情志追求，实现了"教育共同体"的向阳生长：因为在这里，不以成绩定天下，却有人品顶呱呱；学分多少不重要，重要的是与昨天的自己挥别，为今天的自己加油……

二、借力理想教育文化下学校的仪式教育活动，彰显尊重与赞赏，让自信的阳光洒满心房

在理想教育文化理念的引领下，学校开展了很多有意义的具有仪式感的"合作对话"教育活动，意在让学生感受到被尊重与珍视，感受到成长的意义，让每个学生自信闪光。从一年级的入学仪式"跨越与交付"到六年级的毕业大戏"走向未来"，从游学、研学归来的"欢迎回家"仪式到尊重学生付出与收获的"荣誉奔跑"，都是为了适时地抓住教育契机打造学生的高光时刻。仪式教育活动体现着"合作对话"对学生成长的关注与引领，肯定他们的成绩，激发他们的潜能，在他们心中种下自信的种子，让他们感受到努力付出带来的喜悦与自豪感。

就拿"荣誉奔跑"来说，学生凭借自己的荣誉、学分兑换等方式获得"荣誉奔跑"的机会。他们小小的身躯带着骄傲与荣光奔跑在属于他们的路上，与老师们击掌的那一刻，那份感动抑或泪目，抑或惊喜，抑或爱意满满……老师们的每

一句加油，都带着美好的期许。那一刻，赞许的目光与祝福的掌声点燃了当下，照亮了未来。主席台前学生那震耳欲聋的宣告，彰显出坚不可摧的力量。

三、在理想教育文化理念的感召下，教学相长，用丰富多彩的主题活动助力学生向阳生长

在学校打造"合作成长共同体"活动的启示下，我在自己的班级中也开展了许多教育活动：进行班级凝聚力对话，利用班会时间，开展"我的班级榜样""班级荣誉我参与""感动的瞬间"等班级管理活动；进行文化自信对话，利用学科主题日，开展"诗词大会""故事大王""非遗体验""共话传统节日"等学科主题活动；进行责任对话，开展周、月、学期总结，评选"时间管理达人""卫生先进标兵（个人、小组）""学习标兵"等班级榜样；进行健康对话，利用大课间活动，组织"闪电侠（跳绳）""飞毛腿（50米跑）""蚂蚁军团（小组游戏，合作荣誉）"等课余活动……学生在一次次的"合作对话"中，实现了对自我的超越，扬起了自信的风帆；我在陪伴学生成长的过程中收获了被爱戴、被尊重、被认可、被理解的幸福。

▶ 案例分析 🖊

教师，肩负"传道受业解惑"之责，就应该做学生心中的一盏明灯，时刻指引他们前行，让他们在各种"合作对话"中感受到追逐生命价值的美好，让他们知道越努力越幸运。学生也在一次次活动中，树立起正确的价值观，建立起强大的自信，形成良好的人格，努力成为自己，成就自己！

（作者单位：北京市星河实验学校国美分校）

依托"合作对话"教育教学范式提升班级凝聚力

陈银苹

陈银苹

▶ 案例背景

　　教育文化带来的惯性正影响着教育改革。理想教育文化以培养具有"尊重、民主、责任、科学"素养的最佳公民为目标，关注社会主义核心价值观、学生发展核心素养以及减负三个方面的落地。在"合作对话"式教育中，教师需要加强对社会主义核心价值观的认同、提升学科素养和教育素养、注重时空情境构建。对于班集体的建设，"合作对话"教育教学范式起到了关键作用，学生在合作中成长，在对话中不断获得成功。

　　星级班级评价和幸福宝贝激励性评价一直是我校有特色的评价机制。本着对学生的思想、学习、身体、特长发展四个方面的培养，学校制定了"幸福欣欣""幸福思思""幸福笑笑""幸福贝贝"的奖励机制。评价的根本目的是在尊重学生成长规律的基础上促进学生生动、活泼、自主发展。在学校推行星级班级评价和幸福宝贝激励性评价机制下，我明显感受到学生体验到了学习的成功，发现了自己的潜能，更加激励自己，获得了发展过程中必不可少的内部动力。这种评价模式，既尊重学生发展的个体差异性、主体性和主动性，又赋予了教师创造性，这与素质教育的要求是十分吻合的。

▶ 解决问题的过程描述

　　作为一名低年级班主任，我深知低年级是学生养成良好的行为习惯、拥有健全的人格的重要时期，所以我在班集体建设方面，结合学校的星级班级评价和幸福宝贝激励性评价机制，通过"合作对话"教育教学范式，制定了适合一年级学生的"六星榜"评价标准，来促进学生良好学习习惯的养成。

一、在合作中制订标准，在对话中完善标准

根据学校安排，我和一 2 班的孩子们组成了温暖的大家庭。看着这些刚刚从幼儿园走出来的小不点，我感到了身上那份沉甸甸的责任。为了让孩子们尽快适应，养成良好的行为习惯，在进行班级管理时，我采用了以"六星榜"为抓手从而助力学生习惯养成的策略。

新的学校生活，要求孩子们树立严格的集体和时间观念，遵守学校和班级纪律。良好的行为习惯的养成不是一两天便可一蹴而就的，孩子们对这些要求似懂非懂，自觉性和自控力都比较差，即使懂了也难以坚持，需要我做耐心细致的思想工作，并且对他们进行反复的训练。

所以，在开学第一周的班会课上，我向孩子们介绍了"六星榜"，在和孩子们对话的过程中，产生的六颗星分别是：准时星、倾听星、卫生星、光盘星、健体星、整理星。确定好六颗星，我们开始共同制订标准。

六星榜	评价标准	对应粉笔的颜色
准时星	每天都能在 8：00 前准时进教室	黄色
倾听星	上好每节课，认真倾听老师和每个同学的发言	红色
卫生星	每节课间都能主动低下头检查自己周围地面是否干净	蓝色
光盘星	珍惜粮食，不浪费	绿色
健体星	眼操认真，体操用力	粉色
整理星	自己的东西自己能够收拾整齐	白色

二、在合作中完成记录，在对话中及时评价

接下来，就是请聪明伶俐的孩子们通过合作互相监督和完成登星统计工作。由于孩子们小，又是第一次接触，所以需要我和孩子们共同完成。

每天放学前的半个小时，是我们共同总结、记录以及分享的时间。我们会根据每个同学所得星的颜色进行分析：今天哪方面做得比较出色？哪方面还需要再努力？个人反思总结完以后，我们会评出当天得星多的前五名同学。刚开始的三周，我的主要任务就是在不同时间段内提醒全体学生要检查的内容，以及一遍一遍地重申评价标准。可想而知，刚开学的前三周我似乎什么"正事"也没干，但却忙得不亦乐乎。到了第四周，我明显感觉到孩子们的自觉性强了很多，在倾听、

回答问题方面有了很大进步。

三、在合作中发现问题，在对话中及时调整

在学校评价机制的引领下，在班级"六星榜"评价的推动下，我们的小集体越来越好，但同时也有新问题的产生。根据每天进行评价的六颗星，我们评选出的每月得星多的前五名同学会直接成为班级的"幸福欣欣"。个别同学为了得到"六星榜"中涉及的六颗星，只在这六方面表现出色，而忽略其他方面习惯的养成。这样的现象引发了我的思考：学生这么小，我该如何引导他们全面发展呢？只有对"六星榜"中的六颗星不断调整，才能促进学生全面发展。经过师生的共同思考，我们发现大家在光盘星和健体星这两方面做得都很好，而课上回答问题的积极性不高，声音也不够洪亮。所以，孩子们和我通过"合作对话"，又重新整理出"六星榜"中的六颗星。

六星榜	评价标准	对应粉笔的颜色
准时星	每天都能在 8：00 前准时进教室	黄色
倾听星	上好每节课，认真倾听老师和每个同学的发言	红色
卫生星	每节课间都能主动低下头检查自己周围地面是否干净	蓝色
发言星	对于老师提出的问题，能够积极举手回答问题	绿色
声音洪亮星	每一次的发言，班级里的每一位同学都能听清楚	粉色
整理星	自己的东西自己能够收拾整齐	白色

四、在合作中优化评价，在对话中细化细节

在学校评价机制的引领下，在不断优化评价内容的前提下，我认为班级评价标准应该进一步细化。更新后的"六星榜"在弥补前一版的不足之处之外，还应在六颗星的评价标准上不断完善。

比如，在倾听星方面，我和孩子们共同进行了以下的细化：

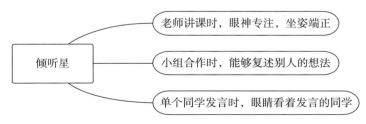

细化后，针对课堂上不同形式的学习方式，倾听星都有显而易见的标准。例如，在老师讲课时，只要眼睛始终专注地看着老师，并且坐姿端正，学生就能得到这个环节的倾听星；如果是在小组合作学习交流分享的过程中，学生能够复述别人的想法，就能得到这个环节的倾听星；在点名发言的过程中，眼睛始终注视着发言的同学，也就代表他能得到这个环节的倾听星。

有了这样对细节的细化，任课教师们都表示学生听讲的状态非常饱满，积极性也很高，上课时和老师的眼神交流也明显增加了很多，学习效率提高了不少，同时班集体的凝聚力也在不断加强。

五、在合作中树立榜样，在对话中争当"幸福宝贝"

榜样教育是现代教育乃至现代社会中的重要部分，对学生的价值观念形成起到了潜移默化的作用。它能规范学生的行为，影响学生的思想和情感，同时对学生的道德标准也有一定影响。

以"六星榜"为抓手，学生不管是在学习方面还是在生活方面都有了很大进步。为了让学生更清楚应该如何养成好习惯，我开始在班级中树立榜样，引导更多的学生向幸福宝贝们看齐。

每周一次的班会课，是孩子们最喜欢的课之一。因为在这节课上，孩子们能"当家作主"。在每月评选出"幸福欣欣"之前，我们每周会评选出本周的幸福宝贝，对本周的幸福宝贝进行合影留念，将幸福宝贝的照片张贴在宣传栏上，这样能引导更多学生向榜样学习。

六、家校合作，共同评价

鲁迅先生说过：谁塑造了孩子，谁就塑造了未来，不仅是自己的未来，还有孩子的未来、民族的未来。孩子的成长离不开家校合作，只有家长和老师并肩作战，孩子的未来才能越来越好。班级"六星榜"评价的开展，离不开一2班家长的配合。在与孩子们共同制订出"六星榜"评价标准后，我就将信息发布到班级群中，希望得到家长的支持和配合。家长们都表示一定配合学校、老师的工作。但只在学校进行评价是远远不够的，所以我将一部分评价权也交给了家长。

第（　　）周		学号：
姓名：　　（一周当中，每天完成情况都好，画√）		
准时星	不用父母叫醒，每天都能准时起床	
倾听星	父母对自己说话，眼睛看着对方，能耐心听完并虚心接受	
卫生星	自己的房间自己打扫，自己的内衣裤自己洗	
发言星	和父母对话时，要积极进行回应	
光盘星	珍惜粮食，不浪费，并注意荤素搭配	
整理星	自己的东西自己能够收拾整齐，包括学具、衣物等	

　　每周一学生会上交表格，对上一周的自己做个简单的评价。久而久之，孩子们的好习惯就慢慢建立起来了。

▶案例分析 ✎

　　一年多的时间，我欣喜地看到了孩子们不管是在行为上还是在心理上，都有很大的变化：晨读时书声琅琅，课堂上积极发言，课间活动时秩序井然……

　　今后，我会继续通过"合作对话"教育教学范式，让学生在合作中成长，在对话中不断获得成功，通过评价的导向作用，在学生中形成一种良好氛围，引导学生积极进步，创建更有凝聚力的班集体。

（作者单位：北京市朝阳区实验小学福源分校）

"合作对话"式教育中的班级管理模式

崔芊芊

▶ 案例背景 🖋

随着社会的不断发展，新时代的学生与以往大不相同。新时代的学生接受的教育多元、内容丰富，他们的眼界开阔。在网络信息时代成长，学生获得信息的渠道增多，接触的信息广泛，他们从小就有多样的兴趣爱好。在新时代环境下成长的学生，更加独立地思考问题，他们会对于问题提出自己的见解和想法，他们注重团队合作，但他们需要学会倾听他人的意见。

▶ 解决问题的过程描述 🖋

一、平等"对话"搭建沟通桥梁

有智慧的教育者懂得利用"合作对话"基本工具——尊重、民主、责任、科学——进行班级的管理，创设一个平等和谐的教育氛围。为了更加深入地了解学生，班主任需要先搭建与学生平等"对话"沟通的桥梁。为此，我在我的班级内设置了一个盒子，给学生介绍时为它赋予了许多名称——崔老师不知道的秘密盒子、内省盒子、真心话盒子、解忧盒子等。班级里的孩子每周可以在盒子内投放纸条，上面写着想对老师说的话，老师每周查看一次并相应地解决盒子里的问题。我为盒子上了小锁，让孩子们知道自己所写的话足够保密，只有老师能看得到。

在这个活动之中，盒子里有两张纸条令我印象深刻。有一张纸条上写着：上周的语文听写，我太想全对了，所以我有一个字不会写时翻看了语文书，我再也不这么做了。这虽然是一件小事，但让我深受感动。我想，只是上周的一次日常听写，这件事当时也没被发现，孩子自己不提没有人会知道，但她能通过这种方式承认错误并且做出保证很难得。正是我在班级管理中为学生提供了一个这样的平台，才让学生对自己之前不正确的做法提出了质疑。质疑自己也是一种成长，达到了使学生内省的目的。在这种师生之间互相尊重、民主的环境中，学生才会愈发互敬互爱，敞开心扉，对自己的所作所为负责，建立责任成长体系。

另一张纸条上写着：今年9月我就要离开学校了，我不想走。看到这张纸条时我的内心十分伤感，我与孩子们共度了四年美好的时光，我们已经产生了深厚的感情。孩子通过真心话盒子的方式将这件事告诉我，向我表达了不舍。我想正是这种平等的对话方式，让学生感受到被尊重，愿意敞开心扉，主动说出自己的小秘密。之后，我与写下这张纸条的孩子进行了深入的谈话，回顾过去几年我们共度的学校生活，提出对她到新学校的希望，让她相信无论身在何方，我们的情谊是永远的。

班级盒子的设置，为学生和老师之间搭建了一座平等"对话"沟通的桥梁，让师生之间有了更加了解对方想法的渠道，师生之间互敬互爱，我们之间的关系也可谓亦师亦友。

二、构建自由的时空，培养学生的责任意识

"要记住，你不仅是给学生教课的老师，也是学生的教育者、生活的导师和道德的引路人。"著名教育家苏霍姆林斯基的话时刻提醒着我。这就要求我们新时代的教师必须内外兼修、与时俱进。教书育人的指导思想一定要突出时代性，培养社会主义现代化建设所需要的人才。我始终相信孟子的性善论。孟子认为人性本善，人之为善，是他的本性的表现。我想我们的孩子不断地向善，其中教师起着至关重要的作用。习近平总书记提出，要在学生中弘扬劳动精神。北京市星河实验学校国美分校依托唤醒校本课程体系，设计了"劳动教育"的多元课程。我的班级在劳动课程的基础上开展了"守护蜗牛，敬畏自然"的活动，旨在引导学生在守护蜗牛中感知集体，体验劳动，经历实践，砥砺品质，得到人生的启迪。接下来，我将分享孩子们在守护蜗牛过程中的收获与小波折。其中有快乐、有烦恼，让我看到了孩子们的纯真与善良。

（一）制订规则，明确要求

兴趣是个体积极行为的内驱力，是教师可以开发利用的宝贵的教育资源。只有在学生的兴趣点和关注点上开展教育活动，学生才有主动探索的学习动机，才

能获得发展。起初，学生对这些刚刚来到班级的小成员充满了兴趣，争相来围观它们。接下来，学生自由分配小组，每个小组认养两只蜗牛，给它们起名字，同它们一起合照，一系列的仪式感让学生对于今后喂养蜗牛的任务更加信心满满。今后的三个月，孩子们将担当起守护蜗牛的责任。在具体实施的过程中，班主任的引导必不可少。

没有规矩，不成方圆。为了今后活动的顺利进行，我倡导学生共同制订守护蜗牛的规则并遵守。同学们分小组进行激烈的讨论，每个小组派一名代表发言，群策群力，讨论出"四5班守护蜗牛计划书"。计划书内容详细，里面有着关于喂养蜗牛的细节和规定，其中包括在具体什么时间同学们为自己组的蜗牛喷水换菜，在周二、周四午休前为蜗牛清洗它们的家。大家共同约定：（1）为了蜗牛的健康，除喷水换菜和洗盆外，不把塑料盖子打开，不用手触碰蜗牛；（2）为了我们自己，上课前1分钟把蜗牛放回纸箱中，不因为蜗牛的事耽误学习、作业、上操等。在计划书的基础上，同学们分组填写分工表，确定每天谁负责蜗牛的喂养、每周末谁负责将蜗牛带回家，都想为守护蜗牛出一份力。

（二）在经历中不断完善和丰富活动

蜗牛们的到来，让孩子们经历了从开始喂养时的兴趣高涨到渐渐失去兴致，对它们有所遗忘，再到真正"走进"蜗牛，和蜗牛朋友们建立深深的情感联结的过程，理解了生命的意义。整个过程对我和孩子们的成长产生的影响，远远超过活动开始时我的预设。

（三）互相理解，团队合作，激发兴趣

第一周时，同学们按照分工表积极地完成了自己的任务。下课时，同学们就围在蜗牛的家旁观察蜗牛的日常，对蜗牛的一举一动表现得十分好奇。可是仅仅两周后，不少孩子失去了喂养的兴致。我发现，有的组认养的蜗牛一整天都没有喂食或是蜗牛的家好几天没有清洗。那么，如何树立学生的责任感？如何激发学生的持续性兴趣，促进进一步的探究，进行深度学习呢？我们班级开展了以"责任"为主题的班会，明确组长的职责，让他们从内心感受到自己肩负着重大的责任：他们有组织协调小组工作的职责，他们的用心牵动着一个个小小的生命。我让他们以小组为单位讨论他们是否负责对蜗牛的影响。经过发言，大家认识到自己的举动关乎蜗牛的健康和生命。通过班会，学生知道了小组是一个团队，团队之间要互相理解，互相补位，才能让自己的小组越来越团结，将蜗牛照顾得更好。

在激发学生的兴趣方面,蜗牛观察日记带来了新的启发。孩子们用文字和作品表现出了他们的积极和愉悦。他们专注用心的状态让我感到他们对蜗牛产生了真正的兴趣。孩子们在与蜗牛互动的过程中不断拓展能力、累积与深化经验,从而激发了内在的学习动机,生发出更多有意义的学习。

（四）感悟生命

在整个守护蜗牛活动中,令我印象最深刻的是"叉烧"风波。记得有一个中午,我刚刚从学校食堂回到班级,看到好几个孩子泪眼婆娑,从他们的争论中我得知有一组的蜗牛朋友"叉烧"的身体变干变黄,已经三天没从壳里出来,孩子们怀疑它已经离开世间了。这个组的孩子十分悲伤自责。小泽说:"是我周末没有照顾好它,它是死了吗?"说着便哭得更伤心了。在如此接近死亡的时候,我发现他们变得茫然不知所措。他们的伤心引得其他组的孩子也赶紧去关心和观察自己组的蜗牛,生怕自己组的蜗牛出现问题。我立刻请来了学校的科学老师,让他判断一下"叉烧"的情况,给孩子们一个科学的解释。万幸"叉烧"没有死,只是皮肤感染,今后一周每天需要有人在它皮肤上涂抹盐水消毒。

在接下来的一周,孩子们成了小医生,看护着"叉烧"。风波过后,孩子们更加用心照顾蜗牛了。这一次的"叉烧"风波向孩子们传递了生命的意义,我以这件事为契机开展生命教育,帮助孩子们更好地面对死亡,同时也希望唤起孩子们对身边的动物朋友的珍惜与关爱,真正做到守护生命、敬畏自然。

▶ 案例分析 ✐

在解忧盒子、守护蜗牛等一系列的尝试后,我更加深刻地理解了平等合作空间的重要性。"合作对话"的教育理念让学生学会独立思考和解决问题,在一系列的活动中实现师生沟通、生生沟通,对话自然。我希望在平凡的教育岗位上能让每个学生都用自己的方式发光。

▶ 案例反思 ✐

在守护蜗牛的活动中,我感受到孩子们内心的善良以及对生命的尊重与热爱。从科学的角度出发,这一活动让孩子们更加了解身边的动植物,努力与动植物建立和谐、友好、积极的关系。在活动的过程中,孩子们更加敬畏生命、敬畏自然。这一活动不仅助推了孩子们的成长，带给教师新的收获，也潜移默化地影响了家长们的教育观念。教师通过活动育人，通过开展有意义的活动支持儿童的发展，验证教育的力量。

（作者单位：北京市星河实验学校国美分校）

"英" 你精彩　静待花开

刘　彤

▶ 案例背景 ✎

"不是一番寒彻骨，怎得梅花扑鼻香。"一朵花的绽放必然要从种子开始，经历扎根发芽、生长绽放的过程，在风雨洗礼中顽强生长。一名教师的成长同样如此，需要付出默默的努力和辛勤的汗水。教育教学是教师的天职，"合作对话"提出"以最佳公民培养准最佳公民"。我们常说"学高为师，身正为范"，这就要求教师首先需要具备尊重、民主、责任、科学的素养。在这种理念的引领下，我深耕课堂，不断探索实践的方法和路径，为学生逐渐掌握独立、追求、养控、审美的个体成长方法奠定基础。

▶ 解决问题的过程描述 ✎

一、点滴小事能浸润

在三年级的课堂上，小王总是管不住自己，喜欢手指乱动，经常乱拿同桌的东西或跟他人说话，打扰同学学习。其实，小王人很聪明，思维敏捷，但就是好玩、爱说话。开学初，班主任经与多科老师沟通，将他的座位进行了调换。现在他随意说话的现象减少了很多，但是上课还是不专注听讲，做事提不起兴趣，缺乏学习积极性，办事拖拉，书写速度慢，字迹也不工整，久而久之便成了学习吃力的孩子。随着年龄的增长，小王出现逆反情绪，学习态度也不够端正。于是我经常利用课间找他谈话，给予他更多的关注与关心。

对于三年级上册教材第六单元有关整十的英文表达，在小组讨论时，我单独了解了他的想法。一开始，他没有直接说英语，只是在纸上写出了答案。我开始用中文询问他如何得来，没想到他解释得头头是道，中文语境和有趣的题目使他觉得轻松有趣。于是，我借机夸奖了他一番，还引导他用英语表达出来。在随后的分享答案环节，我鼓励他举手回答。他虽然说得磕磕巴巴，但与之前相比确实很有进步，我就立即夸奖他，并鼓励他要继续保持现在的状态。接下来的一节课，小王竟然非常认真地听讲，在兴趣的驱动下，他渐渐有了积极性和自信，最后更是自己出了几道题，并用英语表述、解答出来。由此我更加意识到了尊重的重要性，要尊重学生认知发展规律、尊重学生身心发展规律，将尊重意识融入教学组织与实施中，语言亲切，循循善诱，尽可能多给学生发言机会，给予恰当的点评与鼓励，慢慢打开学生封闭的内心。

二、营造时空促转变

还有一次，我发现小王在课堂上又拿出纸想要画画，我本想严厉地制止和斥责他，但突然意识到这样只会让这个孩子对英语学习更加没有兴趣，甚至会厌恶这一门学科，于是指向黑板上的课题，先后用英文和中文提出：请同学们帮助老师画一画你眼中的四季，先画春天。学生们展开了小组对话，我单独走到他面前，询问了他眼中的春天的样子，并鼓励他也可以尝试在黑板上画画。对话结束，我对全班同学说："今天我们采用接龙画画的形式，每人画一部分并用一句话描述。"孩子们上前接龙，不一会儿一幅生动的春天图就画好了。

这时，我看到小王跃跃欲试的样子，于是我开始鼓励他走向黑板。不到两分钟，夏季图的一部分就画好了，我鼓励他用英语简单描述夏季。"I can see green leaves and the blue sky." 我边指边告诉小王，他很勇敢地张嘴跟着我重复。后来，其他同学继续接力，完成了夏季图、秋季图、冬季图的绘画。我鼓励小王多次参与接龙画画。每次结束，我都让同学们给小王热烈鼓掌。当小王在掌声中走回自己的座位时，我发现他脸上洋溢着开心的笑容，变得越来越自信了。接着，我便教授有关四季的单词，我发现他读单词非常认真，还能积极举手发言，在小组竞赛抢读环节他表现得更加出色。我借势让小王来教读这些单词，扮演小老师的角色，效果很好。

这节课的灵活改变，让课堂的突发事件很好地服务于课堂教学，使之成为课堂教学的有机组成部分。这样的做法，不但避免了伤害学生的自尊心，也营造了一种轻松、民主、和谐的学习氛围。

三、播撒希望待改变

后来，经过了解我才知道，小王在家里做错事情时，家长总会大声训斥，却不告诉孩子如何纠正行为，也从不夸奖孩子，久而久之造成小王几乎失去了学习的积极性。因此，在接下来与他的接触中，只要是他有进步的地方我都予以适当的表扬，孩子慢慢地变得积极起来，上课变得认真听讲，对课堂任务也及时完成。

在后续教学中，我采用了英语教育戏剧范式。我们一起学习了中华优秀传统文化绘本《司马光砸缸》(Sima Guang Breaks the Vat)，通过教育戏剧范式，达成师生、生生、学生与环境、学生与自身的多时空"合作对话"。小王对此非常感兴趣，也积极参与其中，特别是在最后探讨如何拯救落水男孩时，他甚至尝试使用科学手段，理性分析，提出了很多宝贵的方法与建议。

一段时间后，他在听讲、行为习惯方面都有很大改变，虽然偶尔有管不住自己的时候，但是总体来说，进步是明显的。

▶案例分析 ✎

每个班上总有一些基础不好的学生，课堂上总是不听讲，对学习也提不起来兴趣，他们没有自信但同样想得到老师的关注。只要给这些学生多一点的关注，让他们的"闪光点"发光，使他们感到老师时刻在关注他们、陪伴他们，不吝惜赞扬之词，及时处理问题，及时表扬进步，就能激发他们强大的学习动力，增强他们的信心。"合作成长共同体"的核心在于成长，教师要在"合作对话"中引导帮助学生完成自我的"建构"。教师要善于发现学生的"精彩"，发扬学生的"精彩"，让花成花，让树成树。

（作者单位：北京市朝阳区实验小学福源分校）

"多元评价"养成最佳公民

肖 瑶

▶ 案例背景 🖋

　　王世元先生在《教育文化构建的人性基础》一书中提出："人类生命个体成长为公民，意味着生命个体应该具备了某种素养，并能够独立承担人类社会组织团体的责任。"他所倡导的最佳公民素养包括尊重、民主、责任、科学。这些素养既独立存在又存在关联。要想培养具有以上素养的最佳公民，教育者本身也需具备以上素养或者是努力具备以上素养，并以此为途径培养受教育者。在本文中，我将以现实经历为素材，以案例分析的形式，交流教育过程中的一些拙见。

▶ 解决问题的过程描述 🖋

　　八年前，带着美好的教育憧憬，我与自己的第一批学生见面了。转眼间，孩子们已经毕业，但初次相见的场景我至今难忘。还记得家长们远远地望着孩子背着小书包走进校园的背影，有看到孩子成长的欢喜，也有看到孩子离开的失落，而更多的是对孩子的校园生活充满希望。我不禁想起那句话："今天清晨，我交给你一个欢欣、诚实又颖悟的小男孩。多年以后，你将还我一个怎样的青年？"每个孩子身上所承载的不只是家庭的希望，更有若干年后他们对社会的回馈。

　　随着校园生活的开始，孩子们在展现他们的天真、稚嫩的同时，也反映出了需要及时纠正的问题，比如上课听讲不认真。很快，一个名叫默默的小男孩就在班级"初露头角"。刚下第一节课，语文老师就急匆匆地找到我："肖老师，咱们班的默默可要重点关注呀！你一讲课，他就跟着你说。你看他不说话了，肯定是手里玩上了。"还没到下午，品德老师也找上了门："肖老师，你们班有个小男孩，真是值得好好教育！犯了错误，还没批评他，他先不承认！"到了下午放学前，体育老师也来和我"唠家常"："咱们班有个小男孩，真有意思，自己表现不好，还见不得别人被表扬。这样可不好！"

作为班主任，我被扑面而来的"状子"诉得面红耳赤，自然也就戴上了有色眼镜开始观察他。果不其然，就连在我的数学课上他也毫不收敛：用直尺和铅笔搭飞机模型，趁我不注意和同学窃窃私语，甚至在课上公然和同学吵了起来。看到他这种种"挑衅"，我很恼火。"默默，你看大家都在干什么？""默默，你知不知道现在在上课？""默默，你有什么事非要课上说？"一节课下来，重点似乎就变成了"默默"。

冷静下来思考，愤怒的背后更多是自己无措的焦虑。最佳公民的第一素养就是"尊重"。当教育者给了学生如此反馈时，学生是否得到了应有的尊重？从其他孩子的角度思考，他们没有犯任何错误，却要一同在这样紧张的气氛中学习与生活，他们又得到尊重了吗？严厉的批评只能解决暂时的问题：默默停下手里不该做的事、收起不合时宜的话。可是他那游离的眼神告诉我，人的思想是不受控制的。

▶ 案例分析 ✏

人类生命个体若要实现最大化地追求生命最优，就需要社会群体具备最佳公民素养，即尊重、民主、责任、科学。这要求教师对学生某一过程的学习、品德、行为进行实事求是的评价，关注学生的阶段发展过程，以学生素质的全面提高为最终目的。基于理论学习与学校"全方位、立体化"的教育理念，我意识到自己可以尝试以多元的语言、多元的视角以及多元的机制展开评价，引导学生在评价中体会尊重与民主，在评价与被评价中感悟责任与科学。

评价语言应该是多元的。善意提醒、高度表扬是学生体会尊重的直观媒介。

又是一节数学课，同学们精神饱满地坐直等待上课，只有默默拿着手中的抹布甩来甩去。我悄悄地走到他身旁，说："孩子，你是负责后柜值日的组长吗？老师特别高兴选你做组长，看到你这么负责，把柜子擦得那么干净，一定用了很长时间，影响了你做课前准备。但是，老师觉得选你做组长选对了。"话音未落，他便低下了头，歉悔地说道："肖老师，抹布是用来擦桌子的，我不应该甩着玩，下次不这样了。"我对他的表现大吃一惊，我也立刻加以肯定："老师相信你能够做到！"此番对话结束后，可喜的现象发生了：他立刻拿出数学书，而且在课上表现出了前所未有的专注。

见此情景，我也毫不吝惜自己的表扬："看默默的坐姿多挺拔！两手放在课桌上，双脚并拢平放在地上，眼睛一直盯着老师，相信你一定会在这节课收获满满！"听到这样的评价，他更是把桌上刚用完的铅笔也收了起来，似乎在为自己的改变排除一切障碍。这样的评价不仅是对默默同学改变的肯定，也向大家传达了规范坐姿的标准。学生们听了我的表扬也都像他那样，调整自己的学习状态。看到默默的变化，其他同学也都悄然行动起来，对规范自己的行为有了更高的要求。与之前每天的怨声载道相比，我也体会到了多元评价语言带来的成就感。

学校组织的"西部温暖送爱心""秋季运动会""个人才艺展示大赛"等活动，更是为我开拓了多元评价的视角。左、右手各拿一大袋子棉衣，准备送给山区小朋友的是一个爱心满满的默默；在运动场上，竭尽全力驰骋的是一个阳光男孩默默；吹起萨克斯，让音符舞动的是一个音乐家默默。是呀，一个孩子有这么多方面，我怎么总盯着课上不放！学校评选的"幸福宝贝"作用不同："幸福欣欣"倡导同学们在德育上知行统一，"幸福思思"鼓励同学们在智育上四基兼顾，"幸福笑笑"希望同学们在体育上扬长补短，"幸福贝贝"引导同学们全面发展。学校从德、智、体、美等多个方面进行评选的初衷，也正是希望教师对学生进行多角度评价。

就这样，我抛开了偏见。这个每次看到我就躲着走的小家伙，也主动与我亲近起来："老师，我现在特别喜欢被别人说。"我疑惑地问原因，他骄傲地答道："因为大家现在都在说我好呀！我爸爸说我有进步，同学们还说要向我学习呢！您不是也表扬我坐得直吗？"我明白了，原来他在乎身边每个人对他的评价，这样的评价给他带来了尊重，让他感受到了公民应享有的权利。其他同学是不是也有这样的需求呢？

初期取得了一定成果后，我便尝试建立多元评价机制，采用自我评价、同伴评价、教师评价和家长评价相结合的机制促进学生习惯的养成。每月初，学生和我一起明确本月的进步方向、完善评价标准。每月末，我们一起对本月的努力进行多元评价，并确立下个月的成长目标。

10月，依托朝阳区学习习惯评价标准提出的普适性习惯，我把"学会倾听""善于表达"确定为习惯培养的重点。结合学生开学以来存在的问题，在倾听方面，我定的评价标准为两点：（1）认真听老师讲课，不随意说话，不走神；（2）认真听同学发言，不打断他人。在发言方面，结合学校提出的"三大表达"培养重点，我将评价标准定为以下三方面：（1）课上大胆发言，主动举手，自信勇敢；（2）大声说话，声音洪亮，让教室里的每一个人都听清楚；（3）大段表达，说话完整，围绕问题表达观点。学生认为自己表现出色，就画五颗星；认为自己表现还算满意，就画四颗星；认为自己还需努力，就画三颗星。

心理研究表明，人天生就有不愿听从别人指挥的意愿，而更愿意遵从自己的想法。班会时间，我便带着学生们参照评价标准进行自我评价。在这样的自我剖析与肯定中，默默学会了正确认识自己，接纳自己的进步与不足。比起之前的一言堂评价，他更乐于接受这种人人参与的形式，也因此形成了进一步提高的内驱力。令人欣喜的是，其他学生也能客观评价自己：面对自己的优异之处，他们会画上充满自豪的五颗星；面对自己的不足之处，他们也能毫不姑息地只画三颗星。显然，这样的评价过程就变成一个学生主动参与、自我反思、自我教育和自我发展的过程。

民主是我们的班训之一，同伴也是重要的评价人员。评价人客观公正、实事求是、有理有据地对同伴进行评价，因为他们知道作为评价人自己肩负的责任。被评价人对评价的结果有质疑可以提出，全班一起对问题进行讨论，在这里尊重又一次得以体现。在这样的集体活动中，默默不但了解了他人眼中的自己，也学会了用欣赏的眼光发现别人的优点。在此过程中，我将尊重的对象从默默扩散到了全班——人人有权评价，人人享有被评价权。

作为集体的一员，我乐于参与其中，孩子们更是愿意得到老师的评价。在评价中，我与各科老师进行沟通，了解学生们的课堂表现。我既充分肯定学生的进步，尽量发现其闪光之处，也指出其成长过程中的不足，为其指明努力的方向。结合班级每位同学的评价结果，我将孩子们的阶段表现以家长信的形式给予反馈。

在我们的多元化评价体系中，家长也是评价中的重要力量。正如一位教育家所说："没有家庭教育的学校教育和没有学校教育的家庭教育，都不能承担培养人这个艰巨而复杂的教育任务。"结合孩子的在校表现，以及自己对孩子的期许，家长进行最终评价。当家长被邀请作为评价人时，我发现家长由质疑、拒绝转变为了主动参与与支持。这应该就是家长得到尊重的最佳体现吧！

一个学期后，我欣喜地发现默默不再是之前那个小动作多、做错事不承认又不会欣赏他人的小男孩了。同学们会因为爱心活动想到他，家长对他的评价也从调皮、淘气转变成了有进取心、明事理。老师们依然找我"唠家常"，但内容已经改变："默默现在简直变了个人，课上听讲专心多了！""今天课上我提醒默默书写姿势，他特别乐意地接受了！"

不只如此，其他同学在校各方面的表现也得到了各科老师的高度评价。在接下来的几年，我们班被评为朝阳区先进班集体、北京市先进班集体、全国优秀少先队中队等。我欣喜地发现，最佳公民的养成需要以最佳公民素养为目标。

▶案例反思 🖉

　　回顾教育的过程，其实每次评价前我都要查阅信息，做好功课，做到心中有数。评价后，我将评价单收集起来，分析孩子们阶段性的进步与不足，了解家长们对学校教育的需求，确定下一阶段的工作重点。一年级的孩子识字量少，对于一些还分不清字的正反的孩子来说，完成这样的评价确实困难。对于最初的几次评价，我总要用投影仪把评价单展示在白板上，一字一字地指给孩子们解读，带着他们找到相应的位置，完成评价。每每完成评价，足足需要一节课，自己讲得口干舌燥。看到有些老师用班会时间讲讲课堂常规，还能留出一些时间完成教学任务，我也着实羡慕，甚至质疑自己的做法是否真的有价值。

　　但是，当我看到评价给默默带来的可喜变化，给班级管理、家校关系带来的助力，甚至毕业两年后他依然会在节日给我发祝福短信，将快乐与不开心和我分享时，我终于坚定信心：一切都值得！反思教育的过程，当尊重、民主、责任、科学运用到受教育者身上时，这些素养也自然在他们身上生根发芽。只有通过多元的语言满足学生被评价的需求、通过多元的视角健全学生的信任感、通过多元的机制驱动学生自身发展，才能帮助学生把外部的评价转化为自身的动力。

　　充满好奇心与求知欲而又尚不成熟的学生每时每刻都在变化，作为教师，我们有责任更有义务加以观察，并对他们进行及时评价。多元评价在帮助学生获得适合自己的教育的同时，也帮助教师建立了适合自己的工作模式。因此，在通往最佳公民的道路上，准最佳公民值得被最佳公民尊重、引领与陪伴。

（作者单位：北京市朝阳区实验小学福源分校）

慢下来，与他进行心与心的对话

孙晓丽

▶案例背景 ✎

　　教育不是雕刻，而是唤醒。人的学习若不触及心灵（内心、灵魂），就会沦落为个体的生理活动，至多只是心理活动，而不是一个活生生的、有思想的、有灵魂的、具体的人的活动。只有那些与学生心灵相通的教师才有可能唤醒学生的心灵，启发学生用心学习。因此，学生的学习是一种社会性的活动，学生关心什么、能够养成怎样的习惯、达到怎样的精神境界，与他的老师、同学有关，与他每日的经历有关，与他所处的社会环境有关，与正在进行的沸腾的社会生活有关。教育的目的，绝不仅是培养一个只有小情小爱的、偶然的个体。理想教育文化倡导"为唤醒的教育"，是要唤醒学生对国家、对社会、对自己的公民意识和责任，造就能够进入伟大的社会历史实践进程的、具体的、社会的人，有历史感、有爱心、有责任感、有担当精神的人。

　　如何引发学生的兴趣，使学习成为一件富有吸引力的事情？如何激发学生全身心地投入有思想、有感情、有创造力的活动？我借助"合作对话"教育教学范式认知策略中的工具与技术，创新特色评价机制：学生集齐教师奖励的字母来组成新单词，单词可兑换 DIY 设计的词卡，学生自己制作词卡作为学习工具——小字典，教师也会适时地运用学生制作的词卡作为教学工具，这对于学生是一种莫大的肯定。制作 3 个 DIY 词卡，就可兑换免写作业券一张，3 张免写作业券可兑换大礼包或盲盒。运用这样的方式，既符合学生的手工水平，让学生制作彰显个性的 DIY 词卡，又将枯燥的背单词变得有趣味，抓住了小学生的心理特点与成长需求。这样用心巧妙的评价设计，激发了学生学习英语的兴趣。也是因为这样的技术创新，我与班中的豆豆同学有了心与心的对话。

▶解决问题的过程描述 ✏️

　　豆豆同学是学校里出了名的"奇葩"学生。在我刚轮岗到新学校，接任三2班英语教学工作时，我从不同学科老师的口中多次听到对他这样"高度一致"的描述，也从他同班同学的口中多次听到安慰的话语："老师，他一直都这样，您习惯就好。"通过近一周的观察，我发现他确实有些"与众不同"，我注意到他课上从不听讲、从不发言，只干自己的事情，他也不影响别的学生学习。于是，我抓住他的这个优点，用来教育那些偶尔不自觉、随意说话的学生，我会说："我们豆豆同学课上从不影响别人学习，这一点就值得你们几位不遵守纪律的同学向他学习。"同时，我会奖励豆豆同学一个字母，表示对他的肯定。放学后，我主动与豆豆妈妈沟通，表扬他今天赢得了一个字母，让她也多鼓励他。豆豆妈妈说她看到豆豆的笔袋里有一个字母，但豆豆没有告诉她原因。我告诉豆豆妈妈这是英语课的奖励，他妈妈表示会积极配合老师的工作，让豆豆留存好得到的字母。我从此事侧面了解到豆豆是个内向、腼腆、不自信的小男孩，推测可能是他之前对学习没有兴趣，学了也记不住，没有成就感而导致的。于是，我开始挖掘他身上更多的闪光点。快一个月过去了，他依然上课不听讲、不发言、不影响别人，但我每次课会照旧奖励他遵守纪律的字母。功夫不负有心人，欣喜的小变化发生了：他开始按时交英语作业了！我把握住机会，及时地表扬他。我用同样的方法来教育那些没有按时交作业的学生，我说："我们豆豆同学今天的作业能够按时交，就这一点而言，就值得你们几位没按时交作业的同学向他学习。"让我意外的是，全班同学不约而同地为他鼓起了掌，腼腆的他脸红地低下了头。

　　当天晚上，我与豆豆妈妈沟通，表扬他今天又赢得了一个字母，让她配合我多鼓励他。豆豆妈妈说，今天豆豆一回家就说要先写作业再吃饭，她还纳闷呢！我跟他妈妈表示，会努力帮助豆豆逐渐参与到课堂学习中来，但需要她的帮助。比如，每天早起洗漱时、早饭时、上下学路上、晚饭时、睡觉前，要利用所有零散时间给豆豆播放英语课文音频来磨耳朵，不用问听到了什么、说的内容是什么，让豆豆没有压力地听。我向豆豆妈妈说明了原因，也得到了她的大力支持。

　　十一放假回来，学习新课文时，学生轮流读新单词纠正发音。轮到豆豆了，以往大家都是自觉地把他空过去，这次他竟然主动站起来，准确地读了出来，全班同学都很惊讶，大家都欢呼起来，我也为他高兴不已。正在隔壁班上课的班主任以为是课堂乱，赶过来正要"整顿"纪律，孩子们赶忙把这个好消息分享给班主任。大家都为他的进步而高兴。课后，有几个同学走到他身边问他，他却云淡风轻地说他天天都听，早听会了。放学后，我又把这个好消息分享给他的妈妈，让她晚饭给他"加鸡腿"。豆豆妈妈很感激能够看到孩子的进步，我也感觉到很幸运可以见证孩子的成长。其实，这正是教育双向奔赴的结果。接下来的日子，豆豆妈妈坚持每天打卡，给我发豆豆放学后回家读课文的视频，我也坚持第一时间就进行细致的点评。一分耕耘一分收获，一个学期过去了，豆豆的成绩也逐渐地提升了不少。

在三年级的第二学期，由于对他们有了充分的了解，我进行了科学分组：采用组内异智、组间同智的方法实施分层教学活动，并根据男女比例、和谐程度进行适时的微调。我运用了奖励机制，宣布上学期的字母结余这学期仍有效，延续不变。不同的是，我加入了惩罚机制：本组内有 1 人本节课未发言，下课每人扣除 1 个字母；未完成作业的惩罚也是一样的。豆豆在组长和其他组员的带动下，也能够承担组内课文角色扮演的任务了，因为读课文早已不是他的障碍。每节课我都会设计分层的任务，在学习完课文内容之后，学生可以尝试用英语转述课文内容；或者根据课文创编新的对话；或者声情并茂，加上肢体语言表演课文对话。当然，奖励的程度与挑战的难度系数是对等的。这大大地调动了学生们的参与积极性，许多同学期待着这一环节，在家就提前准备，也会利用上节课的课间几人凑在一起提前演练。豆豆也被"卷"入其中，最初他只承担最简单的部分，到后来，他也可以挑战有难度的部分。全班同学与我一起见证了他的蜕变。我在课上多次表扬豆豆同学，夸赞他朗读流利是因为放学后他都在练习，并会进行朗读打卡。没想到，豆豆同学的这一举动，引发了朗读"打卡热"，我也因此建了一个打卡群。他们在群内开展朗读挑战，相互督促提醒，相互帮助纠正发音，相互欣赏。起初我会带带节奏，后来我退居到了幕后，只是偶尔会出来缓和一下他们激烈的争论。

量的积累达到一定程度就会有质的飞跃。豆豆同学在一次单元测试中取得了非常好的成绩，我为此写了一封信给他。这也是我从教 16 年以来第一次给学生写信。这封信大概是距离我的轮岗结束仅剩 3 个月时写的。临近期末，由于他模考成绩一直很稳定，我送了他一副磁力象棋（他的爱好），作为给他的一个特殊的告别礼物。豆豆的改变也启发了我，我用他带来的蜕变力量激励其他的孩子：相信自己坚持不懈的付出，会像豆豆一样遇见那个更好的自己。我的认真负责、用心教育也得到了很好的回报——三年级朝阳区抽测成绩高出平均分 4.44 分。在结业式那天，我依依不舍地与我可爱的孩子们告别，还意外收到了家长们送来的锦旗，为我的全职轮岗画上了圆满的句号。

▶案例分析 🖋

　　学生虽有缺点，但在不断努力变得更好；他虽稚嫩，但在努力地成长。慢下来，唤醒他，是对学生成长为一个更好的人的期待；与学生进行心与心的对话，学生会感受到老师为此而做的种种用心的努力，感受到老师对他的爱与关怀，会唤醒他做有爱心、有责任感、有担当的人。

　　苏格拉底的父亲是一个著名的石雕师。在苏格拉底很小的时候，有一次，父亲正在雕刻一只石狮子，善问的苏格拉底观察了好一阵子，突然提了一个问题："怎样才能成为一个好的石雕师呢？"父亲一边指着眼前已经成型的狮子，一边回答："就以这只狮子为例吧，我并不是在雕刻这只狮子，我是在唤醒它！""唤醒？""对！狮子本来就沉睡在石块中，我只是将它从石头监牢里解救出来而已。"苏格拉底的父亲用"唤醒"替代了"雕刻"，他的意思是石狮子并不是没有灵魂的死寂石块，它只是被石头这一僵硬沉重之物拘禁了。他通过"雕刻"的方式将石狮子从冰冷的世界中唤醒，让它重新拥有自己的灵魂。这是一个极具想象力的回答，说明了他不是一个只有技术没有思想的石雕师，而是一个有天赋的艺术家，有着艺术家的思考力和想象力。

　　教育虽然是与灵魂相关的事情，是对人的灵魂教育，然而，它并不是通过雕刻来唤醒灵魂，而是以唤醒的方式完成对灵魂的雕刻。

　　"为唤醒的教育"将学生的灵魂视为等候被唤醒的"种子"，教师需要为种子的唤醒做好充分的准备和酝酿，提供适当的土壤、水温、营养等条件。一旦时机成熟，种子自己会破土而出，长出自己的理想模样。教育的方式，不是直接用各种激素等催发种子，而是为它创造适合生长的条件，以唤醒其内在生长力的方式，让灵魂的种子自己长出来。这样长出来的幼苗，才有坚韧的生命质感和强大的内在力量。

　　我们追求的唤醒灵魂的教育，努力唤醒的是人的丰富的、不可测度的生命潜能；唤醒的是学生对真、善、美的渴慕，对知识、公正、希望和爱的追求；唤醒的是丰富、改变和提升自我的精神品质；唤醒的是对最佳公民的自我要求。

　　苏霍姆林斯基曾说过：教育者应当深刻了解正在成长的人的心灵。教师是灵魂的工程师，每一个灵魂都是鲜活的、独一无二的。促进青少年心理发展、情感发展和身体成长，需要慢下来，需要唤醒，与他进行心与心的对话，用一棵树摇动另一棵树，用一朵云推动另一朵云，用一个灵魂唤醒另一个灵魂。

（作者单位：北京市朝阳区实验小学福源分校）

挥动手臂，为自己画一个更大的圆

洪明玥

▶ 案例背景 ✎

　　理想教育文化提出，教育者以最佳公民素养与学生共同建构"成长共同体"，采取"对话"的方式，就某个（类）问题进行探讨或内省，以此建立或完善共同体成员的认知体系和价值体系。在此过程中，教师要构建尊重、平等的互动交流氛围，以爱心呵护童心，以尊重、民主等理念唤醒学生的独立与追求。

▶ 解决问题的过程描述 ✎

　　"哼，真烦！"静悄悄的教室中传来了一句刺耳的抱怨。站在讲台上的我，一瞬间愣住了：怎么会这样呢？小Y可是个十分优秀的孩子呀！她上课开小差，我给了她两次复述别人发言的机会，可是她都回答不上来。我好心好意请她下课找我来单独辅导，但她却是这样的一个态度。

　　回到办公室，我忍不住和其他老师说起这件事。在同组老师你一言我一语中，故事的全貌渐渐清晰：小Y来自一个对教育高度重视的家庭，她的父母对她一向要求严格，凡事都要求孩子力争优秀。在孩子的认知中，她是不能犯错误的。五年级是孩子的第一个叛逆期，开始注重面子，她又一直是班长，比同龄的孩子更渴望得到他人的尊重和关注。说到这里，我忽然意识到：那声"真烦"的背后，是孩子对自己"犯错"的自责和恐惧。同时，她把我让她复述的行为，误解为我想让她在全班同学面前"犯错"，让她感到没有面子。

　　下午，我给大家发了上周的课堂练习卷。小Y仅仅得了个"良"，小脑袋耷拉着，看上去垂头丧气的。于是我趁着讲评试卷的机会，用热情的眼神看着她，鼓励孩子们遇到问题可以私下找我聊聊，我相信小Y一定能够读懂我的心意。

果然，下课后小 Y 犹犹豫豫地找到了我。我意识到和她打开心结的机会来了，用尽量温柔、舒缓的语气询问她有什么想法。她把卷子递到我眼前，委屈地说："我……我没考好。"

"来，咱俩一块儿看看。你觉得是哪儿没考好？"

听完这句话，她更委屈了："我连计算都错了。这个题是书上的例题，我也错了。还有这个题，您讲过类似的……"

她越说越着急，越说越自责，眼里闪着泪光，两只小手不安地放在卷子上，想用手指挡住那个红色的"良"。

我没有急于批评她今天在数学课上的表现，因为我知道，犯错误是孩子成长的必经之路，她应该得到尊重。此外，更要鼓励孩子坦诚看待自己每一次犯错的经历，吸取教训，因为这也是孩子习得尊重自己、尊重他人的过程。

于是我安慰她道："我们谁都会犯错误，这是一件很正常的事。但只有面对自己的错误，找到问题的根源，我们才能成长。这可不是一件容易的事，它需要你有特别大的勇气。你有多大的勇气，能不能比比看？"

她直直地望向试卷上的那个"良"，顿了顿，伸出小手，用手指画了一个小小的圆。

人的肢体动作在不经意间会流露出真实的情绪和想法。透过这个小小的圆，我看到了她直面错误的那份小小勇气，虽然小，但也是孩子迈出的第一步。于是我鼓励道："自信点！"

她想了想，目光仍旧停留在那张卷子上，接着转动手腕，比画出一个更大的圆。看到孩子愿意拿出更大的勇气来面对错误，我的心中也暗暗为她欣喜。可除了成绩，我更希望她能尊重自己，勇敢地接纳犯错的自己。于是我再次鼓励道："你从小学习书法，我知道练书法有多辛苦，但你能一直坚持到现在，这是一件多勇敢的事呀！再想想，再给你一次机会！"

她抬起头望向我，眼神中若有所思。过了一会儿，她挺了挺后背，又抬起手。这一次，她挥动手臂，为自己画了一个大大的圆。我知道，她已经准备好去接纳那个犯错的自己。于是我问道："好，现在再看看这张卷子，它还那么刺眼吗？"

她摇了摇头，坚定地告诉我："没有了。"顿了两秒，她又说道："老师，我会改正的，您相信我！"

我拍了拍她的肩膀，轻声说："老师尊重你的想法，那我们就按你说的来，我陪你一起努力！不过今天课上你说的那句话，你觉得恰当吗？"她的脸一红，羞愧地低下了头……

▶案例分析 🖊

2021 年 4 月，习近平总书记在清华大学考察时强调："教师要成为大先生，做学生为学、为事、为人的示范，促进学生成长为全面发展的人。"所谓"大先生"，就是要把立德树人作为教育的根本任务，肩负起为中华民族伟大复兴而培育下一代的伟大使命。育人、育才，都离不开"热爱学生"这一教师职业的厚重底色。

我曾有幸拜读过理想教育文化的有关图书，认真学习并践行着其中有关"生命个体生长"和"教育教学"的两个方法论。"尊重、民主、责任、科学"是一名教师必须遵循的基本法则。我工作的小学一直以"尊重"为核心办学理念。在我看来，"热爱学生"的核心正是"尊重"二字。教师要尊重学生的发展规律，给予学生犯错的机会，不因学生的一次失误而全盘否定其成长。

犯错误是学生成长中的必然，好学生也是需要关注的。我们必须站在学生的角度和立场分析问题的原因，引导其不断修正。要尊重他们在成长过程中出现的形形色色的小问题，因为那是学生拔节而生的起点。入职半年，我深深感受到，教育是一场与学生的美丽的遇见，更是一场温暖的修行。在这条前行的路上，教师只有读懂学生，接纳学生的全部，走进学生的心灵，与学生组成相互守望的"成长共同体"，才能做学生成长路上的"点灯人"。

（作者单位：北京市朝阳区白家庄小学珑玺校区）

接纳学生　尊重生命
——关于座位分配的"合作对话"实践

肖文霞

▶ 案例背景 ✎

　　接纳学生的声音和意愿，是构建尊重、民主与生命共同体教育环境的核心。在这样的教育场域中，教师不仅是引导者，也是参与者，与学生共同营造一个积极合作的对话平台，从而促进教育目标的有效实现。"合作"理念在此被提升至一个新的高度，它不仅是个人之间、群体之间互动协作以达成共同目标的过程，也是一种基于平等互信的生命共享。

▶ 解决问题的过程描述 ✎

　　高一下学期，由于学生面临选科，班级进行了重组，我成了高一3班——历史班的新任班主任。接手之初，我根据原班主任提供的信息独立编排了班级座位，期望能平稳过渡。然而，不久后，班级部分同学提交了一份"联名书"，他们倡议重新分配小组和座位，以便与熟悉的同学共同学习，更好地适应校园生活。面对这一突发情况，我并未急于做决定，而是选择了开启一场"合作对话"。

　　我召集了几位发起倡议的同学，开诚布公地询问："能否详细阐述一下你们认为的自主选择小组和座位的优势？只要你们的理由充分合理，我会考虑采纳。"

　　他们满脸惊讶而又欣喜，其中一位代表回应道："老师，如果我们能按照自己的意愿组合，首先，我们可以实现优势互补。比如，尽管我和ZZ同学在数学上稍显薄弱，但QQ同学数学成绩优异，她乐意帮助我们提高。其次，熟悉的伙伴在一起参加班级活动时，合作更为默契，执行效率更高。最后，日常生活中的相互照应也会更为便捷。我们相信，其他小组也能通过这种方式达到互补互助的效果。"

对于我的担忧，即担心他们过于熟络影响课堂纪律的问题，他们也给出了郑重承诺："老师，请您放心，我们会严格遵守课堂纪律。如果您发现我们因过于熟悉而影响教学秩序，您有权随时将我们调开。"他们的回答透露出坚定的决心。

经过这场深度的"合作对话"，我最终采纳了他们的建议，采取民主、自愿的方式重新分配小组和座位。尽管过程中偶有因过于亲近而产生的小插曲，但在明确的班级规则约束下，管理变得相对容易。这种创新的方式不仅提升了学习效果，也在班级各项活动中促进了同学们之间的默契配合，为营造和谐的班级氛围打下了坚实的基础。

后来，在一次学校活动中，我意外看到了这组同学对我的执教方式的评价。他们写道："肖老师最让人敬爱之处在于她尊重每一位学生的个性化需求，愿意倾听并采纳我们的意见。在当前严峻的升学压力下，许多老师倾向于以严肃的形象维持班级纪律，而肖老师却以亲和力和包容心赢得了我们的尊重。例如，她允许我们自由组合分组、分配座位的做法，在许多班中几乎是难以想象的。肖老师能接纳我们的意见，倾听我们的心声，而不是单方面决定一切，这就促成了如今令大家满意的座位分配方案。肖老师的开放态度激发了班内的积极向上之风，也让我们的校园生活更加愉悦。她的倾听与尊重精神，在众多教师中实属难得。正所谓'越优秀，越懂得尊重'，肖老师便是这样一个优秀的典范。"

▶ 案例分析 ✎

通过这场"合作对话"以及后续实施的举措，我得到了学生的深深认同，也见证了班级的稳步成长。接纳学生意见是尊重生命价值、倡导民主教育的重要体现，它让我与学生展开了一次深度合作，拉近了师生关系，使我们的日常互动更为和谐，更进一步推动了班级的整体进步。接纳并非软弱，而是理解和珍视每一个生命的权利，减少不必要的内部冲突，消除消极情绪，从而搭建起教育者与受教育者之间坚实的、基于尊重与合作的桥梁，共同构建一个生机勃勃的生命共同体。

（作者单位：北京市三里屯一中）

践行适合教育文化　赋能时代少年成长

李　玮

▶案例背景 ✎

在这个多元化的时代，青少年的成长是一个多维度的过程，受到多种因素的共同影响，家庭、学校和社会的关注与培养对他们的健康成长至关重要。学校除了着重培养他们的适应性、创新能力和社会责任感，还需关注他们的心理健康和价值观培养，通过这样的引导，积极推动他们健康成长，为社会的发展注入新的活力。学校是青少年的重要学习场所，学校教育在他们的成长中扮演着重要角色，优质的教育资源对学生的全面发展起着积极的推动作用。

义务教育课程坚持以习近平新时代中国特色社会主义思想为指导，全面贯彻党的教育方针，落实立德树人根本任务，反映时代特征，遵循教育规律和学生身心发展规律，突出全纳性、全面性和基础性，发展素质教育，培养德智体美劳全面发展的时代新人。

《教育文化构建的人性基础》（王世元著）指出，要努力寻找适合人类生命个体理想的教育文化。作为管理者的我们，带着学习的收获回到学校，思考如何开展学校教育工作。

▶解决问题的过程描述 ✎

北京市星河实验学校国美分校是一所小区配套小学，生源差异较大，家长学历也有差异。家庭对教育的投入和关注的差异化，使得学生入学后很长时间存在学习能力和学习基础的差异。经过深入的调研分析和反复论证，学校确定了"适合的才是最好的"的办学理念。基于学校教育是为国家培养人——社会主义建设者和接班人的终极目标，我们对"适合"进行了界定，即针对学生个体差异，尽可能提供丰富的、可供学生选择的教育方式和路径，以满足不同学生不同阶段的发展需求，更好地促进培养目标的达成或使学生朝着正确的方向持续发展。通过十几年的教育实践，学校的办学理念得到了社会的高度认同，培养的毕业生也得到了上一级学校的高度认可，同时也促进了学校的发展。

一、育人文化落地的工具

2017 年，学校成为朝阳区理想教育文化课题组第一批实验校之一，课题的"一个价值观，两个方法论，十二种教学策略，实现三个真正落地"的体系，"合作对话""成长共同体"等理念引领着学校的发展，带动了学校立德树人、办学治校的全面进步，促进了育人质量的进一步提升。尤其是核心的"合作对话"教育教学范式的理论，为"适合教育"提供了落地的工具，让教与学以"合作成长共同体"的关系存在，并以"合作对话"的方式充分关注到对生命个体的尊重、对个体差异的包容以及对个体发展阶段差异化的有效引导，指导了学校对办学理念的深度思考，从管理理念到管理方式全面助推了学校的快速发展。

二、育人文化落实的路径

（一）教师管理文化——彰显平等，激发活力

1. 管理观的定位

管理观取决于一个组织的人性观（好人假设、坏人假设），适合教育以尊重为出发点，以"合作对话"为路径，以平等为基础，促进学校管理从制约人逐步向引领、推动生命向好而转变。

2. 管理文化的完善

学校在原有目标管理体系（教师、干部的管理目标）的基础上形成了教师管理的"333"导引路径：

（1）团队文化三荣：责任、荣誉、奉献。

诠释：我代表学校，我有责任以爱育生；我忠诚于团队，随时为荣誉而战；我奉献，成就团队就是成就自己。

（2）行为文化三步。

教师层面：人人为我，我为人人。

骨干层面：领跑 30 米（教师团队年轻，需要骨干的引领）。

干部层面：无边界管理（意在清晰管理职责但适度模糊管理边界，避免推诿）。

预期目标：彼此帮助、互相支持、共同成长。

（3）教师管理三导：给予尊重，享有职业尊严；梳理思想，寻求职业意义；创建时空，享受职业幸福。例如，对于教师的管理更多的是基于尊重展开的对话行为，如"对话新人"——书记与新入职教师为期两年的"合作对话"（每周一篇周记对话）、"彩虹心桥"——干部团队与每个年级组团队的"合作对话"。干部群体与年级组群体、干部个人与教师个人、干部集体与教师个体的多维度对话，这种以平等、尊重为基础的管理行为赢得了教师的认同。在专业提升方面，对于普通教师而言，学习什么、研究什么取决于自我成长的需求，有意愿的参与远比强制参与有效。因此，学校培训本着"尊重教师意愿，提供发展指导，回归教育本质"的基本思路展开，促进教师专业技能的提升和育人观念的优化。如学校建立了理想教育文化课题组，从自愿参加开始，不固定参与人数。随着课题活动的深入，教师人数不断增加，学科从数学、科学到语文、英语、美术不断增加，课题研究组也在这一过程中成为教师被指导的需求而非任务的存在，从而提高了研究的实效性以及指导的被接纳性，带动了教师队伍素质的整体提升。在区级骨干、优青的评选中，学校的骨干率稳步提升。

（二）课程文化——包容差异，唤醒觉知

义务教育在坚定理想信念、厚植爱国主义情怀、加强品德修养、增长知识见识、培养奋斗精神、增强综合素质上下功夫，使学生有理想、有本领、有担当，旨在培养德智体美劳全面发展的社会主义建设者和接班人。国美分校以课程文化为核心，着力发展学生的核心素养，引领教育教学改革不断深化。

1.课程文化理念体系

价值观：成为自己，成就自己。

办学理念：适合的才是最好的。

儿童观：爱你的不同，爱不同的你。

课程理念：只为你的春暖花开。

课程体系：基础课程＋唤醒课程。

2.高质量实施的课堂教学管理

学校提出了基于适合教育的"合作对话"课堂行为方式，教师要模糊身份（学习共同体）、明晰方式（导学促研）、追求高效（减负提质），学生要自主探索、参与合作对话，教法上要尊重个体发现、引导群体研究。"合作对话"课堂教学

流程包括教师的"扰启—发现—梳理—点拨—迁移"和学生的"质疑—实践—内省—思辨—提升"。

（三）课程体系重构体现"合作对话"的基础——尊重

我们尊重孩子眼中的世界，深信它决定着孩子的未来世界，因此以唤醒课程体系为基础重构了四大校本课程体系：唤醒生命觉知的行走课程体系、唤醒性别差异的男女生课程体系、唤醒运动潜能的球类课程体系、唤醒成长感悟的年级必修课程体系。选修课的设置体现了学生个体与课程对话的自主性，个体选修和年级选修体现了学生群体与课程对话的适应性。通过丰富的课程，学校回应生命的群体需求，关注学生全面发展的需求。

（四）空间文化——聚焦成长多维设计

着眼于青少年的发展，聚焦空间与人的对话关系，学校设计构建了物理空间、人文空间，同时向学生的心理空间延展。我们努力接纳差异——关注成长的不完美，助力生命的主动向好。

1. 依托物理空间建构人文空间

在育人环境方面，学校依托物理空间建构了人文空间，努力丰富学校的对话资源，设计了：鸟语花香区——调动嗅觉、听觉、视觉参与孩子童年的记忆，澄园空间——体验轻松自在的阅读感受，校园朗读亭——读给爸妈听（连接家长手机端），时光隧道——拓展行政走廊功能而建成的光影校史馆，等等。我们让置身其中的孩子能够与空间、与同伴、与资源，甚至与过去、与未来进行对话，从而实现空间育人的最优化，即时时育人、处处育人。

2. 依托人文空间延展心理空间

著名教育社会学家谢维和教授在指导我们开展"合作对话"时说，减负很重要的一点是不是被动地去减，关键要延展儿童的心理空间和成长空间……"合作对话"的深化是倾听，要有时间倾听儿童内心的想法……这也正是适合教育落实的要义。我们尊重每个生命的独特性，如设计了校园盒子项目，帮助孩子构建健康的心理空间。

（1）校园盒子——构建健康的心理空间。

一位二年级的小同学称它为欢喜盒子、解忧盒子，它会接纳全校学生用信件投递的故事、情绪甚至求助。每封署名的信件，我们都会落实。

一支由教学干部、心理教师、任课教师、学生信使等组成的队伍实施着"合作对话"，让教育更有温度和针对性，帮助学生减轻心理负担，减少成长中的困扰，服务并引导学生的成长。

（2）小草计划——赋能"特殊学生"以心理支撑。

"特殊学生"（存在纪律、习惯、性格、心理等问题的学生）越来越多，造成的原因不尽相同，如原生家庭、社会环境、个体特质等。他们本身和他们的授课教师都是减负的主体。学校带领全校教师梳理各学科的"特殊学生"，分析归因。心理教师开展学习动机诊断测验，重视学生的倾诉表达，进行团体辅导、沙盘游戏治疗……我们努力激活学生的内在动机和自我能量，让心理教师进行专业分析与提出建议，这对最被"重视"也最容易被"放弃"的学生和任课教师来说既是减负也是赋能，真正落实了适合教育。

（五）活动文化——促进广度，延展深度

教育是一代人对另一代人施加影响的过程。学校是为国家培养人，在拓展学生的心理空间后，要在精神平等的基础上，实现在认知、人格上的引领，从而延展教育的深度。

例如，设计晕染底色的仪式对话项目（感恩、责任、担当、自信）。

一个社会主义建设者和接班人的底色如何晕染？一个优秀公民的底色如何渗透？可以说小学六年是人生命启智的最好时光，我们通过系列仪式教育方式予以晕染。

新生第一课：感恩仪式，尊敬父母（对话主体：父母与孩子）。

责任第一课：誓师仪式，建立信念（对话主体：生与生、群体与个体）。

行长第一课：就职宣誓，责任担当（对话主体：生与生）。

激励第一课：荣誉奔跑，成就自己（对话主体：师与生、生与生）。

每日第一课：琴声回响，艺术自信（对话主体：与自己、与同学）。

▶ 案例分析 🖊

我们所追寻的教育，无论是在哪个阶段，都指引着人们向往未来，创造完整且富有价值的人生。在"成为自己，成就自己"的教育定位指引下，学校致力于培养既对社会有益又拥有幸福生活能力的个体，着力构建契合时代需求的教育文化体系。

在我们的价值观念里，成为真实的自己、实现自我价值是核心。我们坚信，只有找到适合自己的，才能达到理想状态。我们运用一个核心理念、两个关注点、三个维度和四个支撑来构建办学体系，具体包括制定办学目标、育人目标以及培育良好的学风、人际关系风格等。在办学理念上，我们高度重视尊重人性，包容差异，关注每个人，强调个体发展，因材施教。

国美分校深信，孩子眼中的世界决定着孩子未来的世界。作为一所专注于基础教育的小学，通过提供与青少年成长相契合的教育，促使他们在自我发展的道路上持续闪耀光芒。适合教育让孩子遇见成长中不断向好的自己。我们的使命是为在这个时代成长的少年赋予能量，确保他们实现成长的目标，蜕变成无愧于时代的优秀少年。

（作者单位：北京市星河实验学校国美分校）

"合作对话"以文化人

——"合作对话"教育教学范式引领班级文化建设的实践之路

李慧敏

▶案例背景 🖊

　　王世元先生在《教育文化构建的人性基础》一书中用 12 个词（即理想教育的 12 个要素）勾勒出理想教育文化模型和未来教育文化建设的方向。理想教育从社会角度看体现在人们具有尊重、民主、责任、科学的精神，并以此为核心素养造就最佳公民。这与义务教育课程方案和课程标准（2022 年版）对国家要求"培养什么人"的阐释所强调的"正确价值观、必备品格和关键能力"不谋而合。

▶解决问题的过程描述 🖊

　　每个人都有被尊重、被肯定的愿望。教学中尊重学生的个体差异能更好地发挥学生的主体性与主观能动性，助力学生实现自主学习与自我管理。让学生在成长中逐步学会尊重自己、尊重他人，进而学着尊重社会、尊重自然、尊重知识，这样才能更好地为学生铺就成长之路，为教育发生造就成长契机。我常听老教师们教导"补课先补心"，足见有效且真实发生的德育对于高质量教学成绩的取得具有极其重要的作用。"合作对话"教育教学范式指导我们，只有尊重学生的人格、尊重学生的基本权利，才能在师生相互尊重的良好生态中逐渐构建出"师生成长共同体"，实现教育最大化。但尊重学生不等于放纵，对教育过程中学生出现的问题教师必须及时纠正。在不断实践求索中，我决定尝试利用班级文化进行正确引导。

在"合作对话""美好教育"的启发和引领下，我开始探索以"尊重"为核心的班级文化建设之路。结合班情，我创建了"螺钉文化""京韵文化""向日葵文化"，并在班级文化建设中逐步探索出了一些能够与学生真实"对话"的有效途径。接下来我将以"螺钉文化"为例具体阐述。

一、以精神文化内涵"对话"灵魂

班级的精神文化是班级文化的核心和灵魂。它主要体现班级全体成员认同的价值观念、价值判断、价值取向、道德标准和行为方式，它是班级全体成员的群体意识、舆论风气、审美观念和精神风貌的反映。因此，塑造积极向上的班级精神，成为促进学生健康成长、达成班级育人目标的紧迫环节。

基于学校美好文化、"合作对话"教育教学范式的引领，以及培养符合"时代新人"标准的美好少年的育人目标，结合我班学生内敛、审慎、浮躁、不勤、缺乏自信的特点，我将"能吃苦、会做人、有自信、懂谦虚、善学习"定为学生成长目标。我希望班级里的每一位同学都能展现特长、自信成长、学会融入，最终成长为有温度、会思考、懂分寸的美好少年。

于是，根据班级培养目标，经过学科教师、家委会和班委会的资料查阅、层层甄选、多轮投票，最终我们选定"螺钉"作为班级精神文化的具象物，并创建了"螺钉文化"体系。

（1）螺钉寓意：身躯虽小，力量却大；各有用途，缺一不可；融入环境，扎根岗位；刚直坚硬，百折不挠。

（2）班级精神。"螺钉文化"的核心具体阐释为八个字——刚正、融容、扎根、务实。具体内涵为：刚正——知行合一，刚毅坚卓；融容——海纳百川，兼容并蓄；扎根——博学善思，深耕钻研；务实——专心笃学，脚踏实地。围绕着这八个字，我们确定了班训和班级目标等，具体为：

1）班名：小螺钉之家。

2）班训：知行合一，刚毅坚卓；海纳百川，兼容并蓄；博学善思，专心笃学。

3）班级目标，即一个中心、两个基本点、三个学会，具体阐释如下：一个中心——以学习为中心，两个基本点——纪律和卫生，三个学会——学会做人、学会学习、学会处事。

4）班徽展示如下。

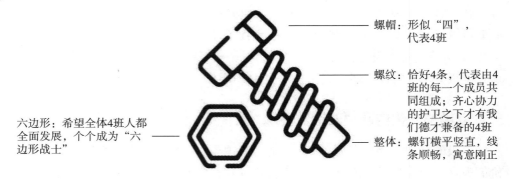

螺帽：形似"四"，代表4班

螺纹：恰好4条，代表由4班的每一个成员共同组成；齐心协力的护卫之下才有我们德才兼备的4班

六边形：希望全体4班人都全面发展，个个成为"六边形战士"

整体：螺钉横平竖直，线条顺畅，寓意刚正

5）班徽文创包括徽章、班旗、班牌等。

二、以物质文化硬件"对话"情感

苏霍姆林斯基说：无论是种植花草树木，还是悬挂图片标语，抑或是利用墙报，我们都将从审美的高度深入规划，以便挖掘其潜移默化的育人功能，最终连学校的墙壁也在说话。教室是学生学习、生活、交际的主要场所，是教师育人的阵地，是师生情感交流的地方。因此，班级文化建设首先要抓好硬件——教室的环境布置。对于构建美好的班级物质文化硬件，我们自初二下学期就开始规划设计，具体从以下几个方面入手：

（一）注重板报的文化输出

首先，在形式上，板报注意了与教育环境的和谐，注重了对称美和结构美，并且力争做到与黑板上方的标语搭配，相互映衬。其次，在内容上，板报的设计更是注意了对学生的影响，做到不流于形式。例如：我们每月更新板报内容，每次主题除了契合学校文化之外，由负责板报的小组自由发挥才艺和施展才能。

（二）关注壁报的风采展示

我努力让每面墙壁都说话，都能微笑，都能育人，催人进步，让整个教室洋溢着文化的气息；我努力让教室的每面墙壁都散发出孩子们朝气蓬勃、积极向上的气息，创设极具人性化的教室环境。因此，我结合学生的年龄特点，在教室的每面墙壁开设一个个充满情趣的小栏目，不断激发学生的求知欲望，增强学生的自我约束、自我管理能力。小栏目包括：

（1）"学海泛舟"作品栏——把学生优秀的习作、漂亮的图画、精心制作的手工等成果展示出来，使学生体验到成功的快乐，作为展示他们才能的一个小舞台。

（2）"我最牛"评比栏——激发学生的上进心，促进良好班风的养成。

（3）"我们齐努力"光荣榜——把学生获得的荣誉展示出来，让优秀的学生带动其他学生不断进步，形成一种浓浓的竞争、向上的氛围。

（三）精心装点教室每个角落——图书角、生活区

图书是知识的海洋，我为学生专门设置"图书角"，选派专门的图书管理员，进行捐书、统计、建库、建档、借阅管理等，营造一个充满情趣的书香班级，激发学生读书的愿望，让图书伴随学生的成长，成为学生的精神食粮，成为学生的知心朋友。我还在班级设置"生活区"，配合各种活动不断增加设备，慢慢让教室真正充满"家"的气息。

三、以行为文化体系"对话"品格

"以学生为主体、教师来主导的真正有效的教育必然是在活动中发生的。"我想，带班育人也是如此，因此我带班育人最行之有效也最长久坚持的方略就是"活动育人"。围绕着"螺钉文化"，我根据育人目标创建了一系列活动，下文呈现"全面发展的人"的品格培养整体构建，以感恩系列、书香系列为例具体展开。

初一时的整体构建例子如下图所示。

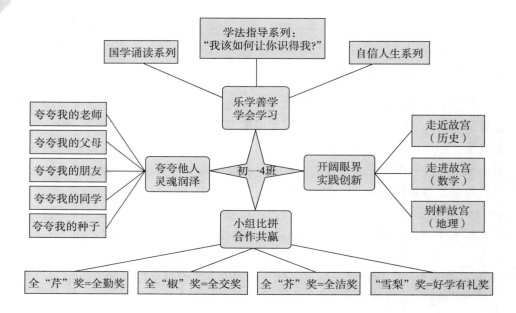

1. 感恩

班级通过"感恩"系列主题活动来实现文化浸润、精神引领的目的，走有自己成长特色的路，创设和实施班级独特的品牌活动，逐步形成独具特色的"有温度"的阳光4班。

根据这个年龄段学生的敏感、叛逆等整体情况，以及班级个别学生认为家长的辛劳理所应当、对老师的教育置若罔闻的"扎心"实际，结合班级精神文化内涵，我创设、开展了以"感恩"为主题的班级特色系列活动，希望学生的心灵在充满"感恩"的氛围中接受洗礼，使学生潜藏于内心的爱能被激发、唤醒，希望他们能有情感、有爱心、有责任心、知恩报恩、敬畏生命。

（1）感恩父母。

为了感谢父母的养育之恩，借家长会之际我先让家长给孩子写写"心里话"，之后召开一次"感恩与成长"主题班会并在大量情感铺垫后倡议学生给家长写一封感恩信，根据实际情况践行一次感恩行动（洗一次碗、打扫一次卫生等）。

（2）感恩老师。

为了感谢老师的教诲之恩，9月班级开展了向老师献真情活动，学生自选"八个一"（写一封信、谈一次心、做一张贺卡、献一束鲜花、提一个建议、表一个决心、送一句话、写一首诗歌等）来表达对老师的感激之情。

（3）感恩生命。

为了感谢自然界的赐予，全班学生开展了爱护自然、爱护环境活动。每个小组的学生商议后主动养一盆花或者种一种菜，自觉爱护环境。在植物陪着学生完成初三的蜕变和成长的同时，学生也见证着植物的成长和变化。

（4）感恩社会和祖国。

除此之外，我还将"感恩"活动迁移到爱社会、爱国上。比如让学生积极参加学校开展的爱心捐赠活动、"爱国观影"活动等，以此来增强学生的社会责任感和爱社会、爱国的情怀，并在活动后及时让学生通过文字、绘画、音视频等表达所感所悟。将文化艺术融入"感恩"活动中，旨在让学生从中受到熏陶。总之，营造浓厚的"感恩"氛围，使学生去亲身体验、感悟人生、领悟真理。

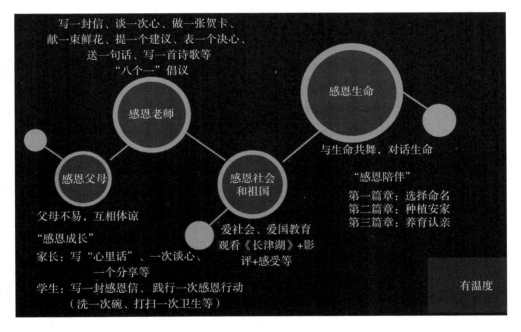

2. 书香

另外，根据"图书角"活动产生的良好反馈来看，后续班级还会继续开展"书香"系列主题活动来推动学生向着"懂分寸、会思考"的方向发展，目前计划开展的活动有"手留余香"捐书会、"墨香沁心"读书会、"书香班级"好书推介会等，意在给乏味的初三生活增添乐趣，让学生减压放松并增加他们的阅读量。

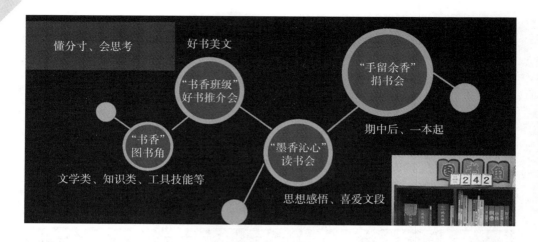

四、以制度文化机制"对话"规则意识

　　班级围绕"螺钉文化"，创建制度文化（班级公约制度、班委会制度、卫生自查制度、值日班长制度、个人档案制度），配合打造物质文化（图书角、生活区、壁板报）。同时，在"人人有事干，事事有人干"的总体班委会构建导向下，我班又设立了制度文化的执行机构，负责制度实施的监督、评价和反馈。

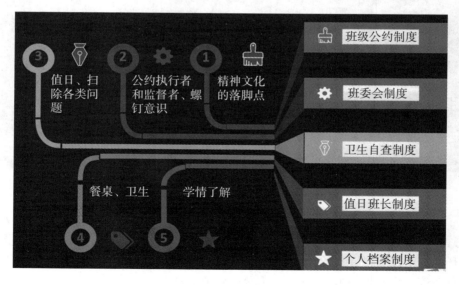

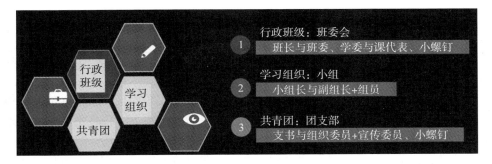

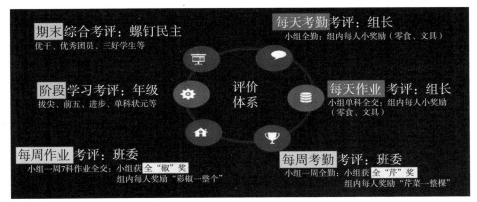

▶案例分析 🖊

　　我通过"小螺钉之家"的班级精神文化、物质文化、行为文化、制度文化建设去"对话"每一个灵魂，本着尊重之心在活动中让一颗颗小螺钉能正确认识自己、他人、集体，并不断成长、闪耀、发光、发热，积蓄能量、释放能量，最终成长为一个永不放弃的人，能够有能力感受爱（学会被爱）、传递爱（学会爱人）、创造爱（发光发热、温暖他人），从而逐渐向着"有温度、懂分寸、会思考"靠近。在"合作对话"教育教学范式引领下，4班全体师生通过班级文化建设同心协力攻坚中考，学生高中上线率超过95%，教师自身也获得成长，荣获多项德育奖等。可见，我们取得了各自领域的成长硕果，即我们最终已在悄然之间形成了"师生成长共同体"。

▶案例反思 🖊

　　"2035年社会的中流砥柱，现在就坐在我们的教室里。"因此，教师的责任是为国家、为社会、为人民培养合格的建设者与可靠的接班人。教师责任重大，为了学生将来能很好适应社会，需要自身拥有足够扎实的专业能力和优秀的品格去塑造和培养他们的正确价值观、必备品格和关键能力。以班级文化建设作为"对话"途径去构建"师生成长共同体"可作为一种探索和尝试。

总而言之，立德树人是我们永恒的目标和追求，我们要把学生培养成德智体美劳全面发展的社会主义建设者和接班人。在以后的道路上，我将不断学习，取长补短，在"合作对话"教育教学范式的继续探索中把班主任育人工作做得更好，尽自己最大的努力把班级文化建设做得更细，我也将继续带着我的学生们扬帆远航，驶向理想的新时代。

（作者单位：北京市陈经纶中学分校望京实验学校）

第三章

责　任

　　"合作对话"式教育为教育教学规定了基本范式。教师与学生要构成"成长共同体"，因此，不管学生在学校时空中出现什么"问题"或"现象"，教师都要以"成长共同体"一员的角色与其"合作对话"，而不是简单指责和批评。其实，如果教师有意识地与学生构成"成长共同体"，不仅能凸显教师教育主导者的角色定位，而且当学生与教师关于"问题"或"现象"开展陈述性对话时，教育生长者——学生已经在生长。

追逐"合作对话" 沐浴理想教育

曹思维

▶ 案例背景 🖉

　　随着社会的高速发展，教育文化带来的惯性正影响着教育改革。在拜读王世元先生撰写的《理想教育文化建构："合作对话"教育教学范式的理论与实践》一书时，我深受启发。理想教育的提出为"育人"指明了方向，"合作对话"式的教育方式更是为我们教师提供了实践方法。理想教育文化以培养具有"尊重、民主、责任、科学"素养的最佳公民为目标，关注社会主义核心价值观、学生发展核心素养以及减负三个方面的落地。"合作对话"式教育是让理想教育文化落地的新途径。"合作对话"式教育重新界定了学校范畴内的师与生、生与生、师生与时空的关系。孩子是一张白纸，需要教师不断引导、鼓励、支持，尊重他们的想法，帮助其成长。教师要多给孩子自主权，引导其建立责任感，以优秀人物为榜样。孩子们的成长离不开班主任的关爱，班主任的成长也离不开孩子们，师生是合作成长的共同体。

▶ 解决问题的过程描述 🖉

　　在"合作对话"式教育中，教师和学生形成了成长共同体，两者处于合作、对话的状态。在这种新型育人模式中，培养最佳公民的目标就会逐渐实现，于是我便把"合作对话"式的育人模式运用到了平时的班级教育管理中。

一、理想教育文化，引领教育观念

　　老师虽然没有太阳的耀眼，但是能给孩子们带来温暖；虽然没有鲜花的芬芳，但是腹有诗书气自华；虽然没有铠甲般的刚强，但是是孩子们最坚实的港湾。教育教学工作者在思想上必须严格要求自己，以理想教育文化为引领，建立正确的育人观。"亲其师，信其道。"老师的一举一动都潜移默化地影响着孩子们。身教胜于言教，要求学生做到的，老师先做到。班主任首先要搞好班级工作，管理好学生，为班级树立正确的积极向上的班风。车尔尼雪夫斯基说：教师把学生造成什么人，自己就应当是这种人。在班级常规管理中，老师首先要尊重学生的成长，通过"扰启、内省、质疑、实践"的方式促进学生的知识生长，在教育教学过程中培养学生的独立个性，使学生成为有追求的一代新人。师生在校园生活中，构成充满理想教育文化的时空情境。

二、"合作对话"育人，引领班级管理

（一）"合作对话"课堂，提升学科素养

秉着对每个学生认真负责的态度，认真备好每一节课、上好每一节课是我工作的宗旨。身为一名数学老师，我始终以学生为主体，以"培养学生主动发展能力"为中心，提高教学质量，优化教学方法，认真钻研教材，积极参加朝阳区数学中心组活动，研究学习区教研员的教材分析并且认真记录。我创设了"合作对话"课堂，围绕教学主题和目标设计了以下几个环节：对话唤醒、活动对话、知识建构、实践拓展、布置作业。我经常会采用生活中的真实情境来唤醒学生，还会通过主题和次主题的设计与学生进行对话，进而使学生完成知识建构。在备课时，我会认真设计板书与教学环节，为学生创造更多小组合作的活动时间。

在课堂上，我会细心关注每个学生的状态，注意调动学生的积极性，充分培养学生新课标引领下的"三会"核心素养。例如，借助有趣的小游戏进行互动交流，利用精美的板贴吸引学生的注意力。通过"合作对话"，我不断深入了解、理解学生的所思、所想、所为，及时调整"合作对话"主题、深度与方向，在课堂上实现"成长共同体"的教育目标的完成；同时，借助鼓励性点赞机制以及多元评价方式，激发学生的学习兴趣，让学习成为他们的需求，做到学中有发现、学中有乐趣、学中有收获。

（二）"合作对话"育人，实践笔墨润心

写好汉字，是每个中国人的必修课。"端端正正写字，堂堂正正做人；写端端正正的字，做堂堂正正的人"，写一手好字是一门艺术，也是一种能力，更是

一种人生态度。写好汉字能培养学生严谨细致、一丝不苟的品质，而且交出一份工工整整的手稿也是对学习的一种尊敬。于是，我在班级里提出了"提笔即练字"的要求。为了让每个学生能够写一手好字，每每判作业的时候，我手里便会准备一块橡皮，只要遇到不工整的字，首先会与学生沟通，了解是什么原因导致的，再加以指导。学生之间设立合作小组，组员互相合作，探索如何才能写出更优秀的字，各自建言献策。起初，学生的课桌上全是修改时留下的橡皮屑。坚持了几个星期之后，橡皮屑越来越少，我拿橡皮的次数也越来越少，一手好字便跃然纸上。我想这看似一点小事却能够让孩子受益一生。王羲之之所以成为"书圣"，离不开他的勤奋刻苦，以至一池湖水尽染墨色。

（三）"合作对话"育人，赋予精神内涵

在"合作对话"教育教学活动中，要培养学生积极主动、持之以恒的学习兴趣和坚韧不拔的意志，仅靠物质奖励是远远不够的。我借助创新奖励制度，帮助学生树立志向，找到强大的内驱力，让学生感受到被尊重、被关爱，达到自我实现和获得成就感。采用"阶段迷你奖状奖励""收集鼓励徽章""我们一起夸夸他（她）""正能量贴纸"等方式，表达对学生的认可与肯定，在形式上公开透明，能辐射到更多的学生，激发了学生的积极性，塑造了积极向上的班级文化氛围，对于提高班级凝聚力起到了不可忽视的作用。

（四）"合作对话"育人，发挥"榜样"作用

心理学家说："人类的大部分行为是通过观察榜样而学到的。"班上优秀的同学率先树立好榜样，吸引其他同学向他们学习并从各方面优化自己的言行。王世元先生曾经说过，教育的关键是师生关系，好的师生关系不应该是对抗的，而应该是合作的。我们的教育应该是"合作对话"式教育，师生应该是"合作成长共同体"。于是借助班会的时间，通过座谈，我们对班里岗位设定进行了讨论，并对大家的需求进行了细化。例如，为了能够做到节约能源，设立了"节能岗位"，帮助负责班里的空调、灯与电脑的开关工作。仅此一件小事，就可以帮助培养学生的班级责任感。我还赋予班干部权力，例如安排组内的值日岗位，培养学生的领导能力。久而久之，在这个过程中，学生与学生之间的关系更加和谐融洽，老师与学生之间亦师亦友的关系逐渐形成，整个班级的凝聚力与日俱增，一个团结奋进、蓬勃向上的理想班集体在大家共同的努力下形成了。

三、理想教育文化，引领多元活动

（一）理想教育文化，育人于微

教育不是育分，而是育人。班主任首先要成为一个有温度的、热爱生活的人，才能成为一名有温度的、阳光而富有正能量的老师。离开校园，初次接任班主任工作时，我幻想自己成为一名严师，因为"严师出高徒"，但是经过慢慢的学习和总结经验，我感悟到，教育要先学会育人，再去传授知识。于是，我找到了温柔与严厉的结合点，对待学生不仅要要求严格，同时也要给予足够的心灵的沟通，了解学生的真正需求。正如林文采博士所说："如同种子一样，生命原本就在其中，但是如果没有阳光、空气和水，藏在其中的生命就无法展开！人类也一样，我们的生命有无穷的能力，但是如果没有生理营养，身体就不会健康；没有心理营养，心理的巨大能力也就无法实现。"

育人于微，如挚友随行，为孩子们创造点滴的"小确幸"。例如，将剪辑好的《为小寿星集体献上生日歌》的视频送给学生留作生日纪念。教师节来临之际，采用"对话"的方式送祝福，带领孩子们给老师们送祝福信。通过"送给妈妈一封信""××，我想对你说"等活动，教育学生要常怀感恩之心。和孩子们相处，犹如朋友一般。每一届学生就像礼物一样出现在生命里，我们相逢的意义在于彼此照亮，互相陪伴，互相温暖。每逢初次接班，我与孩子们之间都会进行一次深度心灵沟通，以面对面交流或是书信形式。虽然我们天天见面，但是文字的力量不可小觑，至今有的学生还保留着老师写的信。孩子们每日的校园生活约占一天的三分之一时间，中高年级的学生正处于身心发展、个性形成的关键时期和最佳时期，知识和经验不足，阅历也不够丰富，理性思维发展水平还不够高，对生动的、形象的、新颖的东西更容易接受，更容易在大脑中留下烙印。这就决定了教育者必须按照学生年龄特点和成长规律去展开班级中丰富多彩的小活动，通过活动丰富学生的精神生活，满足学生不同层次的精神需要。

（二）理想教育文化，成就集体

理想教育文化作为一种教育文化理念，需要老师投入教育管理实践。老师可借助"合作对话"教育教学范式，培养学生的自信心与责任心，通过鼓励学生积极参与学校的各项活动，发掘学生的禀赋、特长，促进身心潜能的挖掘和自由充分的发挥，使学生成为充满自信，有健全人格、完善个性的人。同时老师也要带动学生积极参与学校的各项集体活动，增强学生的集体意识，促进班集体的形成，增强班级凝聚力。班级是学校教育工作的基本单位，班级活动是班主任组织、培养、教育班集体并通过班集体教育影响学生个体的一种有效的教育手段，也是学生进行自我教育的一种重要方法。

每当学校、年级组织各种活动时，我都注意抓住一切机会，与学生一起积极参加。在学校组织的拔河比赛中，运动员们在场上奋力拼搏，场下有众多的学生加油呐喊，使学生的集体荣誉感油然而生，集体责任感也更是倍增。我组织班级趣味运动会，带领学生练习合唱、排练舞蹈与开展现场书法活动等，培养学生的合作意识与责任意识，同时进行理想教育文化的渗透，引导学生感恩中国共产党，热爱自己的祖国，感受我们中国的伟大。也正是这份正能量才使我拥有每天充满阳光一般的生活。孩子们就像天使一般带给我力量，让我更加努力、热情、充满正能量地去工作。

▶案例分析 🖊

理想教育文化具有无穷力量，在教育的旅途中犹如万丈光芒！于黑暗，光是明亮的希望；于生命，光是辉煌的未来。于学生，理想教育文化即是光，即是前行的希望。于是，我们带着逐光之幸前行。我很幸运，能在与学生追逐探索"合作对话"式教育的旅途中沐浴理想教育！

（作者单位：北京明远教育书院实验小学）

拓宽对话渠道　促进共同成长

解月彤

▶案例背景 ✏

　　为实现学生德智体美劳全面发展，规范管理校外培训，减轻学生负担，中共中央办公厅、国务院办公厅于 2021 年 7 月印发《关于进一步减轻义务教育阶段学生作业负担和校外培训负担的意见》。为响应"双减"政策，回应家长关切，学校成立课后服务工作领导小组，研读文件，明确目标，按照上级要求制定课后服务工作方案，以坚持公益属性、公开透明、自愿申报、遵循规律为原则，构建"全覆盖、普惠性、多样化、高质量"的课后服务体系。课后服务工作领导小组下设统筹协调、课程建设、应急处置三个工作组，每个组均有相关干部、部门主管任组长，责任到人。同时，横向推进年级干部负责制，每位中层干部都进入年级组，有力推动按方案扎实开展课后服务工作，确保工作落地。

　　在课后服务实施过程中，一些问题逐步浮现：学校教师授课课程较为单一，不能满足学生多样化需求；校外资源服务价格较高，超出学校预算；教师负担较重，职业幸福感下降；等等。基于以上问题，学校结合"合作对话"教育教学范式理论，尝试新方法，探索课后服务课程建设新路径。本文将"合作对话"应用到家校社协同育人之中，以课后服务为抓手，尝试通过"对话"的方式，让学生、学校、家庭和社会形成"成长共同体"。

▶解决问题的过程描述 ✏

一、"对话"准备

　　学校秉承"'五育'并举，统筹资源，家校社携手共育幸福学生"工作思路，通过召开全体教师会、党员会等方式，让校长为教师解读"双减"政策背景及落实课后服务的重要意义。全体教师均表示愿意发挥自己的特长，助力学生幸福成长。学校同时就课后服务工作进行家长需求调研，家长 100% 参与调研。结果显示：90% 以上的家长表示学生参加课后服务取决于学校课后服务内容；80% 以上的家长表示愿意参与到学生课后服务中；65% 以上的家长有意愿利用自己的职业特长为学生开展专题讲座，丰富学生课后服务课程。学校主动联系所在街道、社区，汇报学校课后服务工作，建立良好关系，为基于"对话"的家校社协同育人课后服务课程设计奠定了良好的基础。

学校还以促进学生个性化发展为原则，充分与学生进行"对话"，深入学生当中开展调研，通过召开学生代表座谈会、少先队干部收集本班学生意见并讨论汇报等形式，倾听、关注、收集学生对课后服务的课程需求，提升服务与需求的匹配度。

二、"对话"过程

为丰富课后服务资源，学校"五育"并举，统筹校内外资源，尝试构建"1+N"课后服务课程体系："1"即课业辅导、答疑，"N"即科普、文体、艺术、劳动、阅读、家校社实践课程等。

（一）学校与教师"对话"，挖掘校内资源供给

在学校课后服务工作方案的指导下，各年级组长牵头、全体教师参与，结合前期调研结果、本年级学生年龄特点和兴趣、教师自身特长进行课后服务课程设计。在第一时段，由数学、语文教师分层进行课业辅导、答疑，教研组长牵头制订课程计划，语数教师默契配合，提前逐层确定学生名单，帮助学习潜能生查漏补缺的同时让学有余力的学生得到提升。在第二时段，开设科学阅读、音乐鉴赏、手工制作、英语表演、硬笔书法等课程，形成本年级周一、周三、周四和周五的课后服务选课菜单后，连同课程教案一起提交学校课程中心审核，审核通过后向全体学生和家长公布，学生自主选课，教师走班授课。每周二下午，学校统筹校内资源设计水彩画、科学观察、篮球、书法等多种课程，学生打破班级、年级界限自主选课。第三时段为延时服务，组织学生开展体育运动、技能游戏。

为进一步丰富课程资源，满足学生发展需求，学校决定引入软笔书法、合唱、京剧、儿童画、美术、拉丁舞、围棋、打击乐、管乐、小记者等符合学生成长规律的特色课程。确定课程后，学校考察了多家资源单位。经过对比，学校选择了

资质完备，教师、课程水平较高的非学科类社会培训机构参与课后服务。确定资源单位后，学校对即将入校授课的教师进行相应培训，并对其教师资质进行严格审核。

（二）学校与家长"对话"，丰富校外课程资源

学校通过各级家委会、家长座谈会，充分挖掘家长资源，如引入在中央民族乐团就职的家长志愿者，在经过学校课程中心对其专业资质和教学设计的审核后，每周二下午课后服务第二时段在四年级开设民族打击乐课程。

同时，以班级为单位，广泛征集家长资源。班主任与家长有效"对话"后在班级课后服务时段开设"家长课堂"，由家长自愿报名并提交课堂设计与实施方案。学校课程中心审核通过后入校开课，由班主任进行对接，并对家长的教学过程进行监控、检查和评价。课程有"牙膏的成长故事""城市的起源""月球奥秘""探索细菌世界""与情绪共舞""初识京剧""急救知识"……一次次家长课堂在拓宽学生视野的同时，也为家校架起了一座座沟通对话的桥梁。

（三）学校与社会"对话"，探索区域教育资源

为进一步实施"双减"举措，加强区域社会资源统筹，丰富课程资源，优化课后服务，让学生享受区域内优质教育，探索学校教育与社区教育有机结合，形成共建社区、共享社区资源的良好态势，最大限度地优化整合利用资源，学校积极探索，与所在的左家庄街道、三源里社区开展共建，共同服务学生。

学校邀请街道、社区领导到校开展"助力 共赢 未来"座谈会，携手左家庄街道发布区域教育资源征集函，面向所在街道、辖区企事业单位，寻求区域内优质教育资源供给，如科技、体育、文化、劳技等，能够为学校课后服务、家庭教育、学生实践活动提供支撑和平台，如接待参观、送课到校、专场报告等，力求实现区域社会资源统筹，共建共育促进学生的全面发展。经过征集，在街道办事处的协调下，消防中队、社区卫生服务站等多家单位有意合作，学校在逐一考核其资质后逐步将其融入学校课后活动，结合实际情况将"请进来""走出去"相结合，让学生在体验与感悟中增强社会责任感、塑造良好品格。

▶案例分析 ✎

通过学校与学生、学校与教师、学校与家长、教师与家长、学校与社会的"合作对话"，学校课后服务工作的分层个性化设计保证了每个班级的学生周一至周

五都能有不同种类的课后服务课程，满足了学生多样化、个性化的学习需求。学生课后服务周一至周五平均参与率达到 90.8%，得到学生和家长的认可。今后，学校将继续通过"对话"，动态调整课后服务工作，让学生回归校园，让教育回归本真，办好人民满意的教育。

（作者单位：北京市朝阳区实验小学福源分校）

共建班级新时空　打造成长共同体

沈　媛

▶案例背景 🖊

在新时代背景下，随着教育理念的不断更新和社会的进步，传统的班集体管理模式已难以满足当前学生的全面发展需求。为了促进学生的健康成长，我们需要构建既关注学生成长，又强调家校沟通和班级文化建设的新型班集体。在合作对话引领下，本文探讨在新时代如何共建新型班集体。

▶解决问题的过程描述 🖊

班级管理是教育的重要组成部分，它关系到学生的学习环境、身心健康以及成长发展。"合作对话"在班级管理中的应用一定要依托于活动，在活动中通过生生对话、自我对话、家校对话及时空对话等多种方式，从而构建和谐的班级氛围，引导学生主动参与，培养其责任意识、团队合作意识，提升其解决问题的能力。

一、让班级文化引领发展

"合作对话"的首要前提就是双方都有诚实、透明和可靠的意愿，愿意沟通，建立合作关系，让家长认同学校文化、班级文化。只有达成了学校文化、班级文化、家庭文化为一个成长共同体的共识，才能真正地实现"合作对话"，才能培养最佳公民。

信任的建立可以依托学校活动、班级活动，在活动中实现"合作对话"。每次活动，班主任都要就活动的教育意义展开，并找到整个活动中适合班级文化的教育点，活动后在班级内建立"合作对话"的时空，实现老师与家长、学生与学生以及师生间的"合作对话"。

"合作对话"的活动可以以班会、访谈、心情日记、夸夸卡等多种形式开展。以访谈为例，在轻松的环境中，老师可以让学生舒服地坐着，创造一个放松的时空，让学生自由地表达自己的想法，沟通中多倾听、少评价，真正与学生展开心灵对话。依据对话，老师适时地引导，从而在师生对话中渗透班级文化、学校文化，使学生获得班级认同感、自我价值感。

访谈也要尊重学生的差异和特点，满足个性化需求。在学校的适合教育理念下，对于一些需要特殊关注的学生，一定要做懂得欣赏的教师，去发现活动中学生的闪光点，并善用学生视角去放大，提升他的自信，有时候站在同伴视角的对话，肯定能给学生带来更多的班级归属感。

在活动中，让每一个学生都有"合作对话"的实践，都能体验美、感受美、践行美，让每一个学生都做到阳光自信，促进班级整体的和谐发展。

如何利用活动建立家长和老师的"合作对话"？例如在全员运动会、实践活动之后，我会在班级内组织一次全员"合作对话"，在班会中一般抛出一些符合班级教育点的问题，如"你最感谢谁？最欣赏谁？最大的收获是什么？最想分享的快乐是什么？"等对话活动，主要渗透班级文化、学校文化，促使学生内省，也让学生对活动有更深刻的认识，在回家后能与家长进行有意义的"合作对话"。

我也会将相应的信息同步转发到班级群内，利用好微信群这个时空，建立与家长的对话渠道，让家长了解活动的教育意义，从而渗透班级育人文化。

与家长的"合作对话"，是渗透学校文化、班级文化的过程，从而实现家校共育，实现喜悦共分享、失败齐反思。

调研也是一种对话模式，通过调研可以清晰地知道家长对于学校活动、班级文化建设的了解情况，后期可以据此强化沟通，达成更有效的"合作对话"。在三年级期末我对家长做了一次调研，看看他们对学校活动、班级活动的了解情况，以及对我们班级文化（团结勤奋、心中有爱、乐学善思、阳光自信）的认识，从结果来看家长产生了一定的共鸣。

在多次活动中，不断引导学生认同班级的文化价值观、目标和规章制度，强化学生对班级的归属感和认同感，同时也增加家长对学校的信任与认同，这是进一步进行"合作对话"的前提。

二、培养责任感，遇事敢担当

责任感是班级管理中的重要指标。班主任要让学生明确自己的责任和义务，树立正确的价值观和道德观。例如，可以让学生参与班级纪律的维护、卫生清洁等日常管理工作，以培养学生的责任感和自律意识。同时，还要积极进行对话，及时给予评价，肯定学生的付出和成绩，让他们在实践中获取经验，激发学生内省，进行自我对话，提升内驱力。

在一、二年级的时候，我们班的班级文化以"团结勤奋"为核心，要求学生有责任心，教育学生勤奋的核心就是自律，但他们对勤奋、自律这样的词语一知半解。我当时每天都在说责任和自律，并把它们打印出来贴在班级的墙上。我会观察哪个孩子能够自觉完成作业、完成任务，给他贴"自律""责任"的标签。孩子们也都以我说他们自律、有责任心为最高级别的表扬，这影响了学生的自我对话，增强了学生的责任意识，学生学会了自我管理。三年级的时候，傅校长走进我们班说："你们这么多人留下补课。"孩子们说："我们不是补课，是留下来自愿学习的。"可以看到在"合作对话"的模式下，学生的学习成长更具有内驱力。

三年级学期期末考试前，宣传委员组织学生自发地利用好后黑板，带动班级整体学习的氛围。宣传委员为什么会做这件事呢？这是因为我在班里给学生创造了更多的自由时空，他们拥有了独立意识、责任意识，所以当期末大家都在辛苦学习时，宣传委员就要思考怎么给大家鼓鼓劲儿，也就有了这样的一幕。

在整个班级建设中，不断地发生师生"合作对话"、生生对话、内省自我对话，也就提升了学生的责任意识。

三、对话我参与，团队共成长

团队合作是现代社会的重要特征。班主任要培养学生的团队合作意识，让他们学会相互尊重、协作共赢。

开展各种小组活动，实现学生个人与团队对话。在学生工作中或多或少会有冲突，需要通过"合作对话"引导学生学会处理团队中的冲突和问题，提高他们的协作能力。在班级内有各种部门，如宣传部、学习部、纪律部、扫地部、黑板部等，还有很多活动小组，如魔方组、阅读组、数学游戏组、花园组、记者组等，我都会在小组建立初期为学生录制视频等。通过录制视频实现学生与团队对话：一是尊重学生的个性化选择，让学生感受到我的认真和重视，这也是一次有意义的师生对话，加强了信任和尊重。二是为了和家长对话。很多时候家长会质疑学校，会焦虑，会把孩子的学习问题转嫁到质疑教师教学能力上等，这都是源于对学生在校的一日生活不了解，对学生的实际情况认知不清楚。通过视频，以第三方的视角展开集体与家长对话，能够让家长了解学生的校园生活是多姿多彩的，很多人学有余力并能参加学校的学生会、记者团、班级的各种社团，从而让认识不足、不信任学校的家长更好地认识到孩子自身的问题，加强对学校的信任，了解到学校的育人理念以及学校是怎么开展适合教育的。

团队合作还可以利用学校提供的平台，如学分银行、荣誉勋章等，基于学校整体"合作对话"活动，实现集体与学校对话。在这样的对话活动中，学生会认识到维护集体利益是他们自己的责任。借助这样的平台，还可以让团队与荣誉对话。班级最大贡献者可以去主席台领荣誉勋章，并将之挂在班级门口，拍照记录，既能增强仪式感，也让他们有意识地从外在管控到内在养控，实现学生与班级荣誉的对话。

概而言之，我们可通过这样的班级团队建设、学校提供的平台，以学生与团队对话、集体与家长对话、集体与学校对话、团队与荣誉对话来增加学生在"合作对话"中的参与度，提升学生的团队意识。

四、合作促和谐，问题共解决

在班级管理中，班主任要关注学生的问题，如生活琐事、学业困难等。班主任建立班干部团队，引导学生通过小组讨论或班会等形式，让学生学会主动面对和解决问题。对不同生命个体，班主任要运用不同的培养方式。

（一）"合作对话"促进学生领导力的培养（班干部）

领导力是现代社会的重要技能。班主任平时也要关注学生的领导力培养，让学生意识到班级是他们的主战场，老师是他们的得力助手、教导员。班主任要为学生创设领导和组织的时空，让学生在实践中获取经验，学会领导他人、协调团队、解决问题，提升自己的领导力和组织能力，从而满足学生的不同生长需要，尊重不同生命个体的不同生长方法，培养最佳公民及其追求幸福生活的能力。

（二）对话规则，提升学生解决问题的能力

以制定班规为例，我想各班都有自己的班规，制定清晰明确的规则和制度是实施"合作对话"的重要步骤。这些规则和制度应该包括公平公正的考核和评价制度、参与决策的程序、冲突解决的程序等。为了确保这些规则和制度的执行，并确保每个学生都了解并遵守这些规则和制度，规则和制度的制定应由教师与学生通过"合作对话"完成，这样可以增强学生对规则和制度的认同感和执行力。

　　师生共同制定并关注各项规则、制度的落实，对于出现的问题及时调整。班主任要关注问题的解决过程，及时给予学生指导和帮助，确保问题得到圆满解决，从而实现学生与规则对话、学生与问题对话、老师与学生对话，提升学生解决问题的能力。在对话中寻找问题并进行适时调整，在整个过程中不仅制定了规则，同时学生的关注点也会从问题转换到解决问题的思路上。"合作对话"的目的是有效解决问题。

▶案例分析 🖊

　　"合作对话"在班级管理中具有重要意义。在尊重、信任的前提下通过建立"合作对话"，促进师生互动，提升班级凝聚力，强化学生的责任感，增强团队合作意识，提升解决问题的能力，培养学生的领导力，班主任可以更好地实现班级的有效管理，促进学生的全面发展。

　　共建新时代新型班集体是一个长期而艰巨的任务。只有关注学生成长、加强家校沟通、注重班级文化建设，才能为学生创造一个和谐、健康、积极向上的成长环境。在未来的工作中，我将继续努力探索和实践新型班集体建设的路径和方法，为学生的全面发展贡献力量。

（作者单位：北京市星河实验学校国美分校）

逐"合作对话"足迹
寻"理想教育"真谛

杨玉芹

▶ 案例背景 ✎

  北京工业大学附属中学十八里店分校的前身是北京市朝阳区十八里店小学。2019 年 4 月 18 日，学校正式更名为北京工业大学附属中学十八里店分校。温家宝、刘延东等于 2011 年"六一"前夕曾到校和学生一起上篮球课和排球课，学校在后续发展中因体育特色突出而声名远扬。

  2018 年，学校参与了朝阳区诊断式督导教师教育教学评价实践研究课题的实践，进一步推动了学校深入研究课堂，推进了提升师生核心素养的内涵式全面发展。在各位专家的一路扶持、引领之下，学校师生心怀"理想"，在幸福的课改之路上正一步步笃实前行。

▶ 解决问题的过程描述 ✎

一、躬身入局，主动寻道

  学校参与的课题研究的核心是进行教师教学评价的实践研究，因此课堂教学是研究的关键部分。我们积极投身教学研究，从备课、上课、教学反思等多个环节入手，努力体现理想教育文化。学校在实践初期主要借助"两个抓手"来践行理想教育文化的理念：一是关注单元备课，构建教学体系；二是践行核心理念，构建理想课堂。教师们从一开始懵懵懂懂地接触"一个价值观，两个方法论，十二种教学策略，实现三个真正落地"，到一次次的课题活动，对"理想教育文化"

有了阶梯式的新认识与新理解。

2019年初，课题组又进一步引领教师们把"合作对话"当作工作的思维与操作的"立法"。实践初始，教师们认为"合作对话"式教学就是对于学生需要探讨的内容，在课上让学生进行小组讨论学习就可以了，这种想法也体现在丰老师的靶子课"倍的认识"中。课后，王世元先生第一时间就"合作对话"对教师们进行细致辅导：在"合作对话"中师生合作应该是最真诚、最主动、最和谐、最深刻的；每一次"合作对话"都需要有明确的目标；确定"合作对话"的主题要关注深度、宽度与广度；筹备"合作对话"活动时要把对话内容分解成不同的任务，设计层次分明的活动来支撑活动主题任务的完成；组织实施"合作对话"要根据年度、学期、月度、周等，同时抓好"基本单元"对话主题的落实……

课题组专家刘延革老师以"倍的认识"一课为例，从"什么是倍""这里有倍吗""你能创造倍吗"这三个具体的次主题，将"倍"的来龙去脉以剥洋葱和"合作对话"式的方法与教师们进行现场互动。在王世元先生和刘老师深入浅出的引领下，处在"庐山"中的教师们对"合作对话"式教学渐渐有了感觉。

为了进一步厘清概念、抓住本质，课题组专家涂桂庆老师又为学校教师们开展"合作对话"式教学的专题培训。涂老师以"践行理想教育文化，推动课堂教学方式变革——谈'合作对话'式教学"为主题，从理想教育文化的内涵、何为"合作对话"式教学、"合作对话"式教学对教师的要求、"合作对话"式教学学科课堂样态等方面，从上位到下位，由浅到深，层层剖析，为教师们呈现了完整的教育理念。涂老师还以科学课堂样态为例进行生动剖析，让教师们清晰把握何为"合作对话"式教学。教师们在领略名家风采的同时，对"合作对话"式教学有了较为清晰的理解和认识。

二、实践叩问，践行理念

通过专家带领教师进行每月一次"靶子课"的深入实践和研讨，教师逐渐体会到"合作对话"在课堂中产生的魅力，对主题和次主题的设定越来越有自己的想法，也渐渐理解了为什么要进行"合作对话"式教学："合作对话"教学范式对学生而言更加凸显逻辑、抽象思维与抽象概括等能力的培养。

在实践中，首先，教师要以最佳公民素养（尊重、民主、责任、科学）与学生建构"合作成长共同体"，即充分运用最佳公民拥有的工具，着眼于课堂教学设计；其次，教师要依据教学内容、教材、课程标准、教师参考书、学科资料，确定教学目标、重点、难点以及主要方法；再次，教师要确定教学主题和次主题，承载教学内容与活动；最后，教师要充分运用教学内容呈现的认知策略"实践、问题、方法、工具、技术、表述"和非认知策略"灵动能力、生命修为、情志追求、意志品性、合作要件、批判思维"，拟定能够唤醒学生"对话"意愿的话题或者活动，同时依据教育教学方法论（扰启、内省、质疑、实践）和生命个体生长方法论（独立、追求、养控、审美），拟定学生的"合作者""对话者"，即开展"师生对话""学生间对话""学生与实践对话""学生与实验对话""学生与学习资料对话""学生与自身对话"等。

"合作对话"理念在朱雅迪老师的"数字编码"和丰雪老师的"集合"这两节数学课中得到了很好的落实：教师能给学生足够的空间和时间进行思考、交流疑问，让学生自己去发现问题、解决问题，在层次丰富、逐步深入的互动话题中学生学习的主动性、积极性明显提升了。课后，刘延革老师在充分肯定教师快速成长的同时，继续结合实例给大家做深入指导：在"数字编码"这节课的核心内容"简洁、规范、唯一"中，如果只允许写一个特点，你要写哪个？在"集合"这节课的第二个环节中，集合还有什么样子？与第三个环节——"你能找到集合吗？"相比如果只能留下一个环节，你要如何取舍？在刘老师的指导下，教师之间再次进行了交流与反驳、质疑与纠正，逐步找到了课程的核心内容。在讨论中，刘老师更进一步指出，对于主题与次主题的设定要因课而定，不要盲目地追求模式，此时教师们对课题的认识也豁然开朗起来。

突如其来的疫情打破了原有的正常教学活动，学生回归到家庭，回到了自己人生的第一任教师——父母的身边，但是学校对于理想教育文化的研究却一直没有停歇，在专家的指导下，教师们继续探讨"合作对话"式教学在居家线上学习时的有效策略。在师生+时空的构建方面，没有了师生面对面的交流，而是转变为网上的沟通，缺少了原来的学习氛围和状态，于是教师倡导学生将书房变教室、将客厅变操场、将厨房变实验室，充分营造学习的氛围，让家长变成自己的同学。学生不是局限于听网课的被动输入性学习，而是转变为参与式、合作交流的主动输出性学习。学生更愿意展示自己的学习成果，在与父母游戏、答疑互动中，将自己的想法说清楚、讲明白，既践行了课题倡导的"合作对话"的生生互动，又促进了自己在有意义的学习中快乐成长。

三、踏石留印，奠基人生

从接触课题到现在，每一次研磨，每一次同行，在不断追求卓越的路上，我们耕耘着、收获着。正是这个课题的引领，给学校、教师和学生搭建了一个更为广阔的平台，学校在"变"，教师在"变"，学生在"变"。

在学校方面，课题的核心理念深深植入每一位教师，"扰启"大家在充分"尊重"原有文化的基础上逐步完善学校文化理念，学校文化逐步以"实文化"为内核，筑成才梦、家庭梦、教育梦、中国梦，从而践行理想教育文化。在"实文化"的基础上学校又提炼出"夯实基础 幸福绽放"的课程理念，从品德与社会素养、人文与语言素养、体育与健康素养、艺术与审美素养、科学与实践素养五大领域出发，建构起由润德崇实课程（道德与法治）、启智明实课程（语文、英语）、健体尚实课程（体育、心理）、育美求实课程（音乐、美术）、探索笃实课程（数学、科学、信息技术、综合实践）构成的"五色石（实）"课程体系。在课程实施中，理想教育文化理念的落地又让课程真正绽放生命的光彩，夯实了学生未来的幸福人生之基。

▶案例分析 ✎

在教师方面，最突出的一点就是教师教学理念和行为发生了很大的转变。具体体现在与学生相处方面，就是无论是课前还是课中，教师都能做到融合在学生当中，尊重学生，有效沟通，构建了师生学习共同体。具体体现在教学方面，就是教师在课堂上更加注重学生学习方法的选择，能创设有效情境，激发学生学习的热情，通过科学的扰启，灵活调控教学要素，经过内省提高学生的理解水平，同时学生的质疑、探索、消化、吸收又与实践浑然一体，从而使每次课堂教学变得更有意义和价值。

学生方面的变化更为明显。学生在课堂上的表现变化尤其突出。他们敢于质疑，敢于提出自己的见解，独立思考意识增强，投入状态有了明显改变，思维、表达、合作等能力也都有了大幅提升。学生连续参加朝阳区抽测成绩均高于区平均分，实际获得感满满。

下一步，我们一定会更加努力，乘课题之风不断追求卓越，伴着专家精准、深刻、用心的引领，携着每一位教师，初心如磐、深入钻研。虽道阻且长，然行则将至。

逐"合作对话"足迹，朝着理想，让我们携手前行！

（作者单位：北京工业大学附属中学十八里店分校）

传统文化与现代中队建设融合

刘 畅

▶ 案例背景 ✎

在当代学校教育中，以中队为基础单位的文化建设对于中队培根铸魂是非常重要的。中华文化博大精深，培养文化自信是教师育人的一部分。我将传统文化与现代中队建设融合起来，让教育即刻"发生"。

▶ 解决问题的过程描述 ✎

在中队建设中，重在培根铸魂，但做出成效谈何容易。除了一般意义上的建设，例如中队文化建设、环境布置等，我采取了借用中国古代先贤作为中队的灵魂并加以命名的方式，让传统文化与现代中队建设碰撞"对话"，达到了一定的创新效果。例如，中队以中国古代先贤——"张衡"为中队灵魂，构建起一座新世纪通向远古的辉煌桥梁，见证队员们崇尚科学，迸发创意，创造的一个又一个中队奇迹；也让队员们迸发出新的活力，勤于动手动脑，开阔视野，发展智力，习得张衡不畏困难、勇于探索的精神；以学古代经典为载体，传承中华国粹，育人文精神，与智者"对话"，奏响时代强音。

一、管理多极化，健全中队骨骼

正所谓"无规矩不成方圆"，每一个优秀的中队都会有一套核心的管理理念、适合中队发展的管理策略。我们的中队采用多极化的管理，职责到个人，以人格独立为根本，每人有责任。中队队员人人负责中队的一部分工作，例如班级设立专门的"图书管理员""植物小专家"等，让每一个队员首先主动独立认领责任，如劳动、建设、互助、督促，再由中队的队干部统筹负责，形成自下而上的管理多极化体系，充分发挥队员的力量。

中队专门设立了"责任小当家"，充分听取队员的意见，不定期征求队员建议。你别看是一群小萝卜头，集体的智慧可大着呢！通过倾听队员意见和建议，不断更新和完善中队管理体系，让管理方法更适合本中队的特点。设立的"调解员"在处理好问题后可填写"事故单"，这表明调解小组已经能够独立解决中队中大大小小的问题。

中队还委派优秀的中队管理干部走出中队到学校各处，联系各学科老师、各年级老师，听取他人的意见，与学校保持密切的联系，开展校班活动，队员们积极踊跃，整日活跃在校园的各个角落，帮助他人，服务学校。捡起地上的纸，浇灌校园的树，带领低年级小队员学习各种知识，等等，已经成为稀松平常的事。在日常生活和学习中，学生不仅学习张衡的事迹，感受张衡的人格魅力，也学习张衡的求真精神，完成生生对话，以促进个体发展，成为准最佳公民；学生之间在活动中坚持互相尊重、平等相待。

除了管理的岗位化、多极化，中队还形成了具有特色的平级化互助小组。少则两人，多则四人，无须太多队员，形成互助小组，队员之间取长补短，在学习和生活各个方面都能从别人身上学到东西，并且常常轮换小队，合理分配，这既有利于队员的成长，也能让每名队员看到自己的不足，不断完善自己。队员们每周填写中队日志，记录中队生活的点点滴滴，每周汇报，找出问题，提出方案，解决问题。

除此之外，我还利用理想教育的六种认知策略——实践、问题、方法、工具、技术、表述——来建设中队文化。与中队普通建设不同，文化建设不是即刻能够体现出来的，而是需要坚持，需要长时间的发展、巩固而使班级朝着一个稳定的、积极的方向进步。建设中队文化的目的，就是建立属于自己中队的文化场，从让学生初步建立观念雏形，到培养行为习惯，形成氛围，让学生能够自觉地受到中队文化的约束，最终让学生发展真正落地。

为了更快地影响到学生内心，中队围绕"张衡中队"当中的"衡"进行了深入的思考，将"heng"的读音取前面的"he"，创设了 HE 文化。为什么采用拼音的"he"呢？因为拼音更具有可延展性，它可能是"合"，也可能是"喝"。学生自己创立它，就会更有主人翁意识。因座位排序，为方便管理，中队共分为五组。学生依次选出了"和""合""河""核""禾"这五个字作为自己组的精神，分别寓意"和平""凝聚""生活如渡河""核心""成长"。中队文化建设使学生在对话中不断质疑、内省、创建，也让班规真正内化到每个学生内心，影响到每个学生。

二、传承文化源，中队灵魂闪耀

本中队取名为"张衡中队"，既想要继承张衡刻苦、勤奋、探索的精神，也想要借助古代先贤的力量，学习古代思想，激发队员的科学思维。张衡最为人知的成就就是发明了地动仪，这一发明在今天仍然有着不可磨灭的功绩。一个伟大的发明创造可以影响世界的进程。中华文化博大精深，我们有幸站在巨人的肩膀上，力争攀登得更高、看得更远。

张衡被后人称为"科圣"，除了显著的天文功绩之外，其实他还是一个集文学、书画等成就于一身的全才。我们仰望这位巨人，不断仿效这位巨人。中队开设了有意思的创意角，队员们的奇思妙想都可以尽情地在这里展示。中队还开设了丰富队员知识的图书角，队员们阅读大量的图书，有科技的、文学的、史学的，等等，开阔自己的眼界，充实自己的储备。还有数名队员到张衡博物馆去亲身体验。他们带回的一个又一个体会，书写的一篇又一篇感想，画下的一张又一张小报，使中队的张衡魂熠熠发光。这些都在潜移默化中，培养了学生的审美能力：体验美、感受美、践行美。

除此之外，中队队员还参加了各种各样的课程，如单片机课程、车模航模课程、小制作课程，并努力将学到的知识应用于实践。队员们自发地走到社会中去，与长辈们互动，进行了一个又一个精彩的科研项目。至今，中队已经有多名队员获得若干各级各类的奖项。"星星之火，可以燎原"，队员们迸发的点滴科技灵感，完成的每一项制作，都为中队的灵魂画上了灿烂的一笔。

当然，中队部委的建设也尤为重要。教师拟定活动内容，放开手，让中队干部去操作、去组织，让学生监督、写评价表，你来我往之间就可以逐渐锻炼中队干部的能力。在课余时间里，对中队干部的培训也是必不可少的。培训可以让他们明确自己的职责。同时，中队内还结合学生的兴趣建立起了有趣的各兴趣部，例如艺术部、外联部、执法部等，让学生在实践中获取经验。教师转变角色，从管理者变成引导者，扰启唤醒，激发学生内生动力。

三、快乐伴成长，有笑声有进步

要知道，"最浪费的日子是没有笑声的日子"。中队一直奉行着"快乐至上"的原则，每项任务都是队员自愿去完成，让队员从每项任务中获得快乐。但这种"快乐"不是盲目地追求欢乐，我教导队员要有大爱，有爱心的人才会是快乐的人，斤斤计较、不思进取的人不会获得真正的快乐。充实自己的知识储备是快乐，亲自动手操作是快乐，走出校园参与社会实践是快乐，为中队贡献力量则是最大的快乐。

"虽然我只是这里一名普普通通的队员，但是中队会因我而多彩，我会因中队而快乐。"队员如是说。你常常会看到中队辅导员与队员们争论得面红耳赤，但时常还会爆发出欢快的笑声；你常常能看到队员们长时间埋头苦思，但最终会以一个灿烂的笑容结束一段苦想；你常常会看到几个队员因为一个小制作的结构争论不休，但最终完成后大家会互相拥抱，投以最真挚的笑容。当真正出现"焦灼"问题的时候，中队的"以 he 为贵"小队员就会主动帮忙调解，最终达成双方都满意的结果。

快乐，是中队发展的源泉，有快乐才有不断的进步。当我们把快乐的种子播撒出去时，世界就变得光亮起来。维克托·伯盖曾说："笑是两个人之间最短的距离。"队员们互相拉近了彼此，我们亲如一家，共同进退。学生主动"合作对话"，在问题中质疑，在实践中成长，学生正成长为具有生命修为、情志追求、批判思维的新时代少年。

四、民主和自主，促进身体力行

本中队进行 HE 文化建设已经一年有余。在不断的修正中，中队有了明显的改观。毛主席在带领人民打天下时曾说过："星星之火，可以燎原。"一点一滴的改变最终汇聚成长足的进步、看得见的成果。

中队队员分别明确了自己的责任，能够越来越好地践行自己的责任，主人翁意识愈发强烈。中队队员在文化熏陶下逐渐明白了自己小组 HE 的含义。例如：中队中发生小争执，"和"小组成员能够上前规劝队员要以和为贵；中队成绩不理想，"河"小组成员能够激励队员把一次失败变成成功的动力；当中队之间互相比赛时，"核"小组成员尤其迸发出前所未有的热情，能够带领中队组成一个坚不可摧的集体。

中队的文化建设有着超乎想象的魔力，这不是点石成金那样的魔力，而是一种细水长流的魔力。HE 文化的建立，有泪水，有笑声，有悲伤，亦有欢愉。中队队员们逐渐能够正己身、助他人、长相帮、共进退。中队的文化建设将继往开来，将这种文化的魔力发挥到极致。

▶案例分析 ✏

如果说我们是相亲相爱的一家人，那么这一家人又各有特点、个性十足。21

世纪的主人不是温室中的花朵。中队队员们个个身怀绝技，有着自己的喜好与特长。中队推行民主政策，让每一名队员都不能躲到他人身后，而是要站到中队的最前沿，自主发展，自主创新。张衡的事迹震撼着队员们，队员们虽然现在只是在学习他的一些皮毛，"照猫画虎"，但是终有一天可以独当一面。队员们独立管理自己，也可以借助集体的力量，但是解决问题要依靠自己的能力。

正所谓"没有最好的中队，只有进取的中队"，我们欢欣于取得的点滴进步，但我们不骄于取得的点滴成就。我们"对话"张衡，认真、谦逊，不断发挥潜力；依靠自己，进取、创新，不断创造辉煌。

（作者单位：北京市星河实验学校国美分校）

"合作对话"以美润心

梁　静

▶ 案例背景 🖉

　　从心理角度来看，四年级孩子正处于自我认知阶段，对自己和周围世界的认知有了大幅度的提高。但由于自我认知水平有限，孩子不能准确地理解自己的感情状态。有时候，孩子对"喜欢"和"爱"这两个感情状态之间的区别认识不足。孩子们在成长的过程中，无法避免这样的情况。

　　针对这种情况，我将"合作对话"教育教学范式引入学生教育之中，通过开展生生"合作对话"、师生"合作对话"、家校"合作对话"，引领学生转变错误认知，形成正确的价值观。"合作对话"作为一种精神引领，不仅仅局限于常规管理，更可在其内容上进行有效的扩充，让体验的范围更有助于增强对话的深度。优质的班级生态，不仅关注学生的发展性，也关注学生的开放性。达到优质的班级生态，需要有效的班级活动作为支撑，所以做好德育的关键在于搞好活动。

　　"合作对话"式管理是一种激励学生的有效方法，它强调学生参与，并引导学生在对话中完成每一步学习任务。"听见的容易忘记，看见的容易记住，亲手做过的才真正理解。"通过丰富多彩的班级活动，优化资源，挖掘各科潜在的价值，我赋予班级管理新的生命，将枯燥的、死板的日常管理变成学生们生动活泼的讨论、深入细致的钻研思考、积极主动的探索及大胆创造，鼓励学生人人参与、互相合作。

▶ 解决问题的过程描述 🖉

　　午饭后，我跟着孩子们一起在操场上走走，放松心情，聊聊天。突然有个小姑娘说："老师，您知道班里最近都在说些什么吗？"我摇摇头。小姑娘说："最近都在说小 A 喜欢小 B，小 B 也喜欢小 A。还有人说他们是男女朋友。"我听到后，并没有感到吃惊，因为孩子们已经到了对男女性别认识感兴趣的年龄了。于是我装出惊讶和感兴趣的样子说："快说说，我想听听，还挺有趣的。"这个女孩开始描述她知道的事情："小 B 给小 A 写纸条，说：我喜欢你。小 A 给小 B 回：我也喜欢你。他们还相互送礼物。下课他们总是在一起聊天。"

▶ 案例分析 ✎

一、生生"合作对话"——论喜欢

小 A 是美籍华人，汉语表达不准确。小 B 是一个学习成绩一般的小男孩。我大概了解了情况后，为了能够让孩子们正确认识"喜欢"，并且积极引导孩子们面对别人表示喜欢自己应该说什么，我决定开一个"'喜欢'与'欣赏'"的主题班会。为了让孩子们放松心情，创造温暖、友好的环境，第二天班会课，我先在黑板上写下了"喜欢"这两个字，问学生：看到这两个字你想到了什么？

"我喜欢我的爸爸和妈妈。"

"我喜欢我的礼物。"

"我喜欢老师，也喜欢这个老师的课。"

"我喜欢我的小猫，每天都想见到它。"

"同学们都说了自己在生活中对人和物的喜欢。大部分同学的喜欢往往是针对家人、老师和宠物，是寄托一种情绪。最近，我听到有同学在班里说某某某喜欢某某某等这样的话，而且不是一两个同学说，而是一半的同学都在说。"全班都安静了下来，有的同学低下了头，有的同学偷偷地笑。"就像刚刚同学们说的一样，我们都有喜欢的人和物。喜欢是一件很美好的事。如果有人大声对我说喜欢我，我会感到很高兴。但是大家相互传话式地说喜欢，过多地关注别人，这是不正确的。我鼓励大家说出自己喜欢的人或物，因为刚刚同学们表达的'喜欢'其实就是'欣赏'。"我边说边将"欣赏"两字写在黑板上。

二、师生"合作对话"——谈欣赏

"在学校举办的各类活动中，我欣赏某某同学的认真，我喜欢她这种认真的态度。我喜欢某某同学的书写，欣赏她在每次作业中对自己的高要求。"听完这段话，同学们好像有了更多的思考。"就像刚刚说的一样，喜欢是一件很美好且值得高兴的事。我们在表达喜欢的时候可以大方地说出来并且可以告诉别人自己喜欢的是哪一点。"同学们受到启发，好像有了新思考。"那么，谁愿意大声说一说你喜欢和欣赏谁？喜欢和欣赏的是他的哪一点呢？"

班级安静了一分钟，同学们左顾右盼，小 A 居然举起手，她用不利落的中文说："我喜欢小 B，因为他总是帮助我学习，我有不认识的字时他都会帮助我。"此时同学们看着小 A 沉默了，小 B 也举手说："我也喜欢小 A，因为班级里有同学总是说我成绩不好，只有小 A 信任我，问我一些作业题。"这时候同学们纷纷举起手大胆地谈论起来。"我喜欢小军，他跑步跑得特别快，写字也好看。""我喜欢小李，他说话特别幽默，老能逗得大家哈哈大笑，是班里的开心果。"不少同学听完后表示极大的赞同，小李也格外惊讶，想不到原来"调皮"的他也有着被喜欢的地方，他不好意思地摸了摸头，嘴角微微一笑。"我喜欢小泽，他虽然有时候有点调皮，但是每次和别人有矛盾，他都会主动说对不起，我欣赏他这一点。""我喜欢小源做值日时候的认真、不计较。每次我们组做值日，他都会认认真真地拖地，从来不觉得辛苦，为他点赞。"

这时候我知道我该上场啦！"同学们，欣赏一个人是指对一个人的品质、能力、行为等方面给予肯定和赞赏，认可他的价值。这种欣赏表现为对他人的尊重和认可，可能包括对其个性、特长、言行、优点和成就的赞美和鼓励。在日常生活中，欣赏一个人可能表现为在他们面前感到开心，享受与他们的交往，并从他们身上看到美好的品质。总之，欣赏一个人是一种积极的情感体验，是对他人的一种正面评价和认可。"孩子们恍然大悟。

三、家校"合作对话"——正心态

这件事过后，我又跟家委们进行了一次沟通，跟他们了解了一下家长们了解的情况和家长们对此事的看法，也跟家长们总结了处理这类事情的方法。

我请家长们摆正心态，不要过于焦虑。这个时候孩子跟异性交往，可能只是因为欣赏、仰慕，甚至只是普通的同学交往，如果家长反应过激，可能会引发孩子的逆反心理，弄假成真。我建议家长做到两点：第一，构建和谐的亲子关系。多制造跟孩子相处的机会，比如说，一起看书、一起运动、一起逛街、一起旅行、一起看看这个精彩的世界，开阔孩子的视野，提升孩子的格局，在潜移默化当中渗透爱与责任的教育。第二，保护孩子内心对爱的美好憧憬。孩子慢慢步入青春期，开始对异性产生欣赏、仰慕之情，这是很正常的，同时也要恭喜他们慢慢长大了，最重要的是需要引导他们学会把这份欣赏和仰慕化成成长的动力、学习的助力。

▶案例反思 🖊

对话是沟通、互动，对话双方是相互依存、相互作用的。班主任在工作中要多注意创设多种条件，设置多种场景，激发学生的兴趣，通过多元对话为学生提供发展个性的可能和空间。

在整件事的处理中，我遵循了以人为本的理念，换个角度去引导孩子，将"一场风波"变成了"一次教育"。相信只要我们始终把孩子放在教育的中央，抓住教育契机，运用教育智慧，多从孩子的成长考虑，就能够帮助孩子更好地成长。

教师要引导家长树立正确的异性观念。小孩子刚刚入学时就会谈论喜欢自己的同桌，想要拥抱自己的同桌，父母要知道孩子在这个时候心智是未成熟的，没有准确辨别是非的能力。父母在教育孩子时，要以孩子的视角来看待问题。孩子的思想、情感比较单纯，在孩子想要拥抱、亲吻异性的小朋友时，父母不要把问题过度成人化，父母要教导小孩，在想拥抱、亲吻别人时，要先经过别人的同意才可以做，否则是不可以的，让孩子懂得与异性之间如何进行正确的交往，引导孩子树立正确的异性观念。

班级是一个大家庭，是由学生、老师、家长共同参与组成的。要给学生提供丰富的课程选择和多样的教育体验，使其中所产生的心灵上的对话有效地促进家校关系和师生关系的和谐。多样化的评价体系和坚持不懈的班级行动，使班级所有成员有着美好的共同努力方向与积极的生命状态，班级每一个成员都能成为最优秀的自己。

（作者单位：北京市陈经纶中学分校望京实验学校）

"合作对话"式育人　助力孩子成长

沈　颖

▶案例背景 🖉

　　"合作对话"重视在对话和决策过程中进行开放、尊重的沟通，积极倾听和相互理解。在此过程中，教师更像是伙伴，牵着学生、家长的手在漫天星空下探索，充分调动学生已有的内驱力、整合已有的资源，从而培养必备品格和关键能力，让师生间、生生间、家校间形成"成长共同体"。

　　或许是因为家长缺少适当的教育方法，在日常工作中，我经常会听到家长说这样一句话："老师，您说孩子，他就听您的，我说什么他都听不进去。"每每听到这样的表达，我一方面感谢家长的信任，另一方面也深深地知道，邀请这类家长当教育的同盟军对孩子的成长来说是多么重要，因此我经常陷入思考：随着年龄的增长，尤其是到了小学高年级、初高中，向师性逐渐减弱之后，到底是什么秘诀使学生看起来像只听老师的，再确切点来说只听某个老师的？通过观察和访谈我发现了其中的奥秘：师生关系是合作式的，也是对话式的。如果是对话，就需要双方站在一个平等的角度，有问有答，保持交互关系，不是简单的你说我听，当然也不是互相争吵。

　　小林（化名）是个五年级的男孩子，一至四年级学习一直都很棒，五年级上学期成绩开始有下滑的迹象。小林父母很是着急，本想让小林利用暑假加紧学习，弯道超车，没想到一周过去了，小林非但没有按照父母的期望加紧学习、努力赶超，反而天天在自己的房间打起了游戏，父亲也终于在一再忍让后爆发，父子两人大吵一架，父亲夺门而出，母亲哭着打来了电话："老师，我实在是没办法了，您快说说他吧！他就听您的。"

▶解决问题的过程描述 🖉

在简单地了解了事情经过后，我先安抚了小林母亲的情绪，并告诉她我想把他"听我话"的绝招偷偷告诉她和小林的父亲，但是我有个条件，那就是在今天的饭后散步或者家庭娱乐时间要召开一次"家庭会议"，我来担任会议的主持人。

约定好的时间到了，因为还在暑假中，所以我通过视频参会。会议第一项是请家庭中的三位成员依次真诚感谢除了自己以外的两位家人，而且要做到感谢到具体的事件上，准备时间为1分钟。我说完后，刚开始还有些不耐烦的氛围，忽然变得有种考试的紧张感。按照发言顺序，小林母亲第一个发言："我想感谢小林，我是第一次当妈妈，他的成长让我也正在学习如何成为一名好妈妈。"小林说："我想感谢妈妈，每天她都很早起床，给我做不重样的早餐；我想感谢爸爸，他为这个家挣了很多钱。"小林父亲认真地听着，眼眶有些湿润，也做了发言。此时的家庭有种别样的温暖，是那种隔着屏幕都能感觉到的家的温暖。紧接着我说："小林五年级成绩比原来有所下滑，暑期选择玩游戏而不是学习。对这件事情，请每一个人都谈一谈自己的真实感受。"

这一次小林父亲首先发言："五年级是很重要的阶段，看到你成绩下滑，我真是特别担心。你说如果五年级跟不上，初中可怎么办？"小林母亲说："我更看重你面对困难的态度。当成绩下滑时，你的选择不是努力而是打游戏。我看到你打游戏，火气便立刻上来了，我甚至想象你未来面对困难时是不是也这样，唉！"小林说："我……我能说心里话吗？刚开始我不敢努力，是因为我害怕我努力了成绩还是不好，你们就不喜欢我了。后来你们总是吼我，我不知道为什么就是不想努力了……"我紧接着问："要解决当前的问题，如果每个人做一点点努力的话，你会做什么？"每个人认真地思考着，交流着。

关系是在合作中变得更加紧密的，亲子关系在对话中变得更加和谐。小林懂得了原来父母想表达的是担心和不知能为他做什么的焦虑。小林父母明白了：原来小林也想学好，只不过他的经验还不足以让他一下子处理好父母的高期盼与成绩不理想带来的小焦虑；原来他在向父母寻求关注和帮助，只不过还没学会用父母能够理解的方式。

"老师，谢谢您，我好像知道了孩子只听您话的秘诀。我虽然还不理解其中的理论，但我想就是坐下来和孩子对话，和孩子的感受对话，和孩子的需求对话，和孩子的未来对话。"孩子并不是听谁的，而是希望能得到理解，一起解决问题。

▶案例分析 ✏

　　如今小林一家依然会面对孩子成长中的问题，但是当"合作对话"式家庭会议成为常态后，如何更好地助力孩子成长就成为一家人的课题，而不是孩子的问题。人是人，问题是问题，人不是问题，问题本身才是问题。

　　中国社会已经进入了一个全新的时代，最大的变化就是我们摆脱了贫困，进入了小康社会，迈进了物质丰裕的新时代。我国社会主要矛盾已经转化为人民日益增长的美好生活需要和不平衡不充分的发展之间的矛盾。这样的矛盾带来了经济发展和社会治理全新的样貌。在全新的具有挑战的时代背景下，如何做一个新时代的教育者是每个教师都需要思考的问题，或许需要方法的多样性、创新性，但是无论怎样变化，"合作对话"是不变的底色，好的关系就是好的教育，"合作对话"本身决定师生、生生、家校关系和未来，这也可以理解为"合作对话"决定着未来教育的成功以及教育的本质。

　　当我们牵着学生、家长的手在漫天星空下探索，充分调动学生已有的内驱力、整合已有的资源时，必备品格和关键能力便会如雨后春笋般长出来，学生会成为适应新时代发展的有力量的个体，成为有信念、有梦想、有奋斗、有奉献的青年，最终收获一个有意义的人生。

（作者单位：中国音乐学院附属北京实验学校）

家校一道同风雨　携手并肩铺彩虹

李　岩

▶ 案例背景 ✎

"合作对话"是一种以沟通交流为基础，强调师生、生生之间平等、协作、共同探讨和共同发展的教育理念。"合作对话"是要建立一个师生＋时空的教育共同体。在"合作对话"中以尊重为前提，建立家长与学校、家长与老师、老师与学生的信任。信任的建立并非一朝一夕之功，而是在一次次的平等沟通、对话交流中建立，从而使教育深刻发生。

故事的主人公叫小丽，她家里一共有三个孩子，哥哥和弟弟学习都非常好，哥哥考上了重点大学，弟弟在重点小学成绩优异，而小丽在学习上遇到很大困难。家里总拿她和哥哥、弟弟做对比。她的爸爸一直要求她补习，硬是期待着把成绩十几分的数学学到优秀，这对于小丽来说是难上加难。

▶ 解决问题的过程描述 ✎

一、成长节奏渐减缓——"情绪"难以控制

小丽进入初中之后，开始出现异样情况，如在班级经常趴在桌子上发呆，和同学也渐渐疏远，经常产生负面情绪。久而久之，因为学业科目增多，难度加大，她很难和同学们保持一样的学习节奏、成长节奏。

当小丽的情绪难以得到释放的时候，她就会想哭，想寻求老师的帮助。作为班主任的我，有两个班的教学任务，还要处理班级的琐碎事务。每当孩子情绪崩溃但我又抽不开身的时候，我就让她去校医室。有的时候她一哭就是一上午，我和校医努力地聆听孩子的心声，数次沟通后找到了孩子的症结。

二、心理健康突破防线——"治疗"迫在眉睫

小丽同学的症结在于她的爸爸逼迫她学习，不能接受孩子的现状。她喜欢电竞，想在初三的时候选择电竞学校，但是她的爸爸就是不接受她的选择。从初二开始，对于未来的选择家里就出现了分歧，种种逼迫导致孩子出现了抑郁情况。小丽在学校经常做出很极端的行为，比如：用笔扎自己的手、胳膊；总是觉得班级同学针对她、嘲笑她；最后严重到在学校出现幻觉，想跳楼。

▶ **案例分析** 🖊

一、家校合作走在前

学生生长的场所主要是家庭和学校，培养和训练学生生长主体意识和能力的责任主要在家长和教师。在深入了解孩子情况后，我主动将我的工作日记中每天记录的孩子情况，通过打电话或发微信和家长沟通，半个月见一面进行反馈。我们通过持续一段时间的"对话"，双方都有诚实、透明和可靠的意愿，逐渐达成一致：在家时，所有家庭成员要平等对话，营造浓厚民主氛围，体现责任担当；在学校时，通过生生对话、自我对话及时空对话等多种方式，教师要营造和谐的班级成长环境，引导学生主动参与，充分释放学生主体的活力。

二、时空育人为核心

学校在运用基本工具"尊重、民主、责任、科学"基础上，也充分关注到了小丽的心理需求，此刻"成长共同体"对小丽转变起到了关键性的作用。每当小丽情绪崩溃的时候，她就去校医室跟校医哭诉，校医不厌其烦地一遍遍开导她。校医说不通的时候她也会寻求心理老师以及她喜欢的美术老师进行沟通交流。因此，"合作对话"式育人理念实现了人与空间、人与人、人与资源的对话，实现了时空育人的最优化。

三、协同育人见美好

"合作对话"应该是有温度的。培养最佳公民，不仅要培养学生具备"独立、追求、养控、审美"能力，还要培养学生的社会责任感、参与意识。进入初三，班级挨着音乐教室，她听到了音乐老师每天中午练习唱歌，也想参与。音乐老师

教她唱歌弹琴，甚至每天自己带吃的和她分享。在老师们的鼓励和疏导下，小丽愿意主动参与班级活动，在年级做志愿服务并获得了荣誉。教师首先要以爱心育人，尊重每一位学生的人格、个性、知识基础，耐心提供资源、工具、技术支持，特别是对于"弱势"学生，哪怕是一个鼓励的眼神都有助于"对话"的延续与深入，从而构建真诚、温暖、和谐发展共同体。

经过三年的努力，小丽的爸爸妈妈接受了孩子的现状，也认同"成长比成才更重要"。在初三毕业的时候，这个孩子在班级抬起了头，越来越自信，落落大方。毕业典礼时，她制作了年级电子相册，抑郁症状也有所缓解。毕业后她选择了自己最喜欢的电竞专业，全身心地投入新的成长环境中。

▶ 案例反思 🖊

"合作对话"教育理念倡导创设平等、尊重、合作、对话的氛围，让师生等在合作的基础上形成"合作成长共同体"。"合作对话"教育教学范式也更多体现了对人的主体性的重视，把学生放在主体地位，但是学生这个主体不是一个模子刻出来的，每个学生是有差异的，在实施中要充分考虑到学生的差异性，重视学生不同的家庭文化环境、生活经历、学习风格等，重视学生的多元智能。我在今后要运用多元化的教育教学策略，坚持家校协同育人，把差异化的育人理念和个别化的指导真正地落地落实。

（作者单位：北京市三里屯一中）

"合作对话"为家校共育文化赋能

傅秋月

▶ 案例背景 ✏

对于一个个体的存在来说，小学教育是基础教育的基础。家庭是第一个课堂，家长则是孩子最初的导师。家校共育是指家庭和学校之间密切结合的教育方式，二者通过这种方式促进学生的成长和发展。家庭是最早的教育场所，学校则是孩子接受教育的重要场所。家校合作意味着有效的沟通和协作，将两个不同的教育实践领域结合起来。家校共育的核心目标是促进学生的全面发展，这需要家庭和学校的共同努力、相互补充。

为了实现家校共育的目标，需要建立良好的合作与对话机制。在理想教育文化背景下，培养时代新人是学校教育的目标。家庭教育所产生的不可替代的影响如何与学校教育形成联动？北京市星河实验学校国美分校以此为思考出发点，专注于分析家校共育的现状，努力构建一种"合作对话"式家校共育文化。

▶ 解决问题的过程描述 ✏

对于家校共育，首先要了解"成长共同体"中家长的构成与基本情况，从而建立良好的对话基础。为此，近几年来，我们对参与孩子教育的家长进行了追访与调查。

一、调研分析数据

问卷数据显示，在家庭受教育程度方面，父母一方为本科以上学历的占比情况是：2018 年为 76.4%，2019 年为 79.5%，2020 年为 78.9%，2021 年为 84.7%，2022 年为 94.6%，2023 年为 97.8%。（外）祖父母养育的占比情况是：2018 年为

2.22%，2019 年为 1.17%，2020 年为 0.3%，2021 年为 0.5%，2022 年为 0.3%，2023 年为 0.1%。另外，学校对同一项目活动的信息点击量做了统计，发现家长对学校工作的关注度比例从 2018 年的 95.32% 提升至 2019 年的 97.3%，如今已达 100%。这说明家长学历水平较高，养育主体多为父母，对学校整体工作的关注度有所提升。

同时，学校就家长对教育关注的热点问题也进行了调查。结果发现：低年级学生家长最关心的是"孩子们吃得怎么样？喝水多不多？在学校开心不开心？老师有没有给予鼓励（表扬）？兴趣爱好有没有得到培养？……"，高年级学生家长更为关心的是"某科成绩为什么不好？教育评价公平不公平？老师专业水平够不够高？……"。也就是说，低年级学生家长更关注孩子的身心健康和兴趣发展，高年级学生家长更关注成绩、升学和教育公平性。

基于以上调查结果，不难发现家校关系主要有这样几种典型的类型——配合型：学校是教育的主体，家长配合；被动型：家长处于弱势地位，怕学校老师给孩子不公平待遇；主观型：孩子交给学校，学校必须保证孩子的健康和教育。

调查结果令学校教育管理者陷入困扰：低年级学生家长不太关心学习，高年级学生家长只关注自家孩子；家校关系不对等，共识缺乏，难以实现教育的双向奔赴。

如何破局？我们认为要建立一种基于合作、有效对话、科学民主的家校共育文化。

二、"合作对话"式家校共育文化的建构

为了更好地促进家校合作，学校基于家校共育的理念对家校关系重新进行了建构。

学校认为，家校关系是一种基于认同的合作关系。学校、家庭要各负其责，学校负责在校教育，家庭负责课后教育，并在培养目标上达成共识，即培养担负使命的时代新人。学校要培养具有尊重、民主、责任、科学的意识和遵守相应行为准则的人。家校在合作方式上要聚焦于对话，要以平等对话、典型对话、增值对话等方式实现共育。

"合作对话"方式得以有效运用的基础，是双方平等的发自内心的对话意愿，是围绕尊重、民主、责任、科学意识和相应行为展开的对话。因此，学校根据家校沟通现状，针对不同阶段家长关心的问题，精心设计相应的对话。同时，为引导家长与学校形成全阶段、全过程关注的增值效应，学校积极探索育人方式和评

价方式的变革。

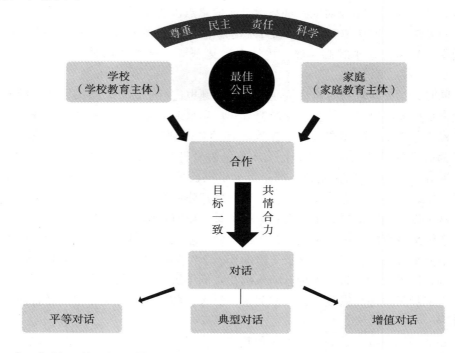

（一）基于尊重的平等对话

学校充分尊重家长作为亲人的角色，积极搭建对话平台。比如，在新生入学仪式上，学校面对面与家长进行学校文化的对话沟通。通过感谢师恩仪式和让学生感谢父母养育之恩等活动，学校和家长第一时间建立起平等对话的关系。基于幼小衔接的对话，学校设计了午餐进行时活动，在新生入学两个月后家长走进学校、班级、后厨，共进午餐，既能与学校对话并提出期望与建议，也能观察孩子的成长。

为了尊重家长的知情权、参与权，学校各部门每年向校级家委会进行工作通报，在对学校的重要工作进行评估时邀请家长参与。在大型或重要的班集体竞赛活动中，学校邀请家长担任评委等。学校抓住合适的时间节点，积极构建尊重与平等的对话关系，唤醒了家长和学校的对话意愿。

（二）基于场景的典型对话

落实教育责任，不应局限于课堂和教师。家校合作共育责任的传递，需通过创设典型对话场景来实现。学校每年会组织学生进行研学，并借此契机有效开展典型对话。在各类研学的行前培训时，学校会结合实践内容在礼仪、消防、逃生、团建等方面对学生进行培训，同时会邀请全体家长参与或观看网络直播。研学结束后，学校会组织学生汇报并对迎接自己回家的父母和老师进行谢恩，展示他们的收获，师生和家长共话成长。在此过程中，实现了教育责任共同承担的典型对话。

每年一次的全员运动会，是一种以颜色分队、人人积分的运动会，学校会邀请一年级学生家长参与，并让他们参与亲子比赛，从而加强为团队赢得荣誉的责任感。在这个参与过程中，家长得以了解学校的工作，分担教育责任，强化合作共育关系，落实对话行为。

（三）基于科学的增值对话

在课题组理念的启发下，美美学分银行育人、评价项目于 2018 年启动，2019 年试运行，2020 年正式运行。2020 年 10 月 26 日，第一任班级行长进行了就职宣誓。此外，双倍积分可激发学生兴趣，引导、激励学生。学分银行项目旨在建立一套全面育人、多元评价的体系，不以结果为价值取向，针对追踪学生在不同时间点上的学业发展、习惯养成、兴趣培养、合作能力、健康素养五个方面的情况，建构了五大分行，涵盖了德育、智育、体育、美育、劳动教育五个要素。为了与家长建立对话平台，此项目分为线上、线下两个平台。线上 APP 开设了教师端、家长端。家长可以看到本班学生每天积分最高的前三名、自己孩子每个分行积分的变化，以及学分商城里孩子的总分和可以兑换的商品（包含物质和精神方面）。线下部分是每学期每个分行习惯养成的重点，如本学年智慧行主推的课堂发言有深度、有创新。此平台的增值效应在于：老师、家长对孩子的评价不再局限于成绩，过去孩子成绩以外的各项发展情况多为印象或估值，如今能够清晰看到孩子各项素质发展的量化和变化，实现了科学地看待成长和发展的增值、增量。

▶ 案例分析 🖊

作为管理者的我们，发现这种"合作对话"引导了新生家长的关注方向，提高了家长对全面发展的关注度，也减少了家长对学校评价的误解。

1. 创新的运动会模式

全员运动会的独特赛制，让教师、学生和家长全员参与，以颜色分队、人人积分，特别是邀请一年级学生家长参与亲子比赛，增强了家长的参与感和责任感。

2. 全面育人评价体系

美美学分银行育人、评价项目的建立，涵盖了德育、智育、体育、美育、劳动教育五个要素，通过线上、线下平台为家长和教师提供了全面、科学的学生发展量化数据，改变了仅以成绩评价学生的传统方式。

3. 促进家校共育

"合作对话"式家校共育文化的建设，有效解决了家校因信息不对等或沉默信息而带来的矛盾和问题，为学校管理提供了新思路、新方式以及新途径。这种"合作对话"式家校共育文化，使得家校关系更加融洽，师生互动更具亲密性，为学校的发展提供了加速器，对于新时代青少年的成长起着积极的促进作用。

（作者单位：北京市星河实验学校国美分校）

家校进行深度沟通　合作培养最佳公民

王　濛

▶案例背景 ✎

　　良好的行为习惯是学生日后健康发展的重要基础，因此培养良好的行为习惯对于小学生来说至关重要。由于学生的生活环境是一个整体，这个整体的教育部分又由学校教育和家庭教育组成，因此，家校需要进行深度沟通、对话来培养学生良好的行为习惯，只有这样才能培育出全面发展的最佳公民。

　　培养学生良好的行为习惯，是保证他们日后身心健康发展、可持续发展和全面发展的重要基础。从心理学角度来看，6～12岁是培养学生集体行为习惯的关键时期。习惯的培养是一个老生常谈的问题，但是在新课改背景下，我们又必须以一个新的视角来看待这个问题，研究行为习惯养成的问题。

　　新课改要求培养全面发展的人，促进每个学生的生动、主动、全面发展，更要注重每个学生良好人格与性格的形成与发展。一位教育家曾说过："孩子的心灵是一块奇异的土地，播上思想的种子，就会获得行为的收获；播上行为的种子，就会获得习惯的收获；播上习惯的种子，就会获得命运的收获。"人们常说的"习惯决定性格，性格决定命运"就是这个道理。由此可见，从小培养学生良好的行为习惯对于学生的一生来说是多么重要。

　　"少年智则国智，少年强则国强。"青少年是我们整个民族的未来，他们的发展状况将直接决定整个中华民族的发展。中国当前正向第二个百年奋斗目标进军，处在实现中华民族伟大复兴的长征路上。所以说，无论是从个体生命成长的角度还是从家国情怀、社会责任的角度来说都需要我们当今的小学生们养成良好的行为习惯，让他们在成长过程中培养做人做事、学习和生活等方面的良好行为习惯，这不仅会增强德育工作的实效性，而且对于培养最佳公民具有非常重要的意义。

▶解决问题的过程描述 🖊

一、家校合作，共建规则，共同培养良好行为习惯

　　由于小学阶段学生身心发展空间大，随着年龄的增长，身心变化也突出，所以针对不同年级的学生应采取不同的规则与方式，同时教师必须与家长进行良好的沟通，让家长认识到学生已经融入一个集体，在集体中学习与生活。虽然学校要注重保留学生的个性与创造性，但是学生在集体中必须遵守集体的相应规则与规范，为将来脱离学校融入社会这个大集体做准备。因此，在学校培养学生行为习惯的同时，家长也要对学生进行相关行为习惯的培养，这样才能培养出全面发展、作风优良、德才兼备的好学生。

　　首先，对于一、二年级的学生来说，他们初步进入校园，开始了集体组织生活，所以，在这一阶段建立起大家共同遵守的行为准则是非常必要的。需要让每位学生通过背诵《小学生日常行为规范》和学校制定的《小学生守则》《小学生礼仪常规》来加快学生良好行为习惯的养成。为了使这种方法日见成效，可以要求每位学生每天朗读和背诵上述准则，并进行相应检查。检查形式可以丰富多彩，不要拘泥于文字背诵，可以采取情景剧的形式让学生判断这一行为习惯是否良好，进而引导学生学习好的行为方式，摒弃不良的行为方式。

　　对于这一阶段的学生，在家庭教育中，要注重文明礼仪与遵守规则方面的培养。在文明礼仪方面，需要引导学生遵守基本礼仪，如见到父母、教师等，不可直呼其名，要以"您"相称。要听从长辈的话，不可随意任性，与长辈意见不同时要勤于沟通。在人多的场合不可大声喧哗，追跑打闹。在遵守规则方面，要教导学生：自觉遵守基本的交通规则，爱护环境，保护建筑，不在文物古迹上涂抹刻画。外出游玩时遵守秩序，爱护公物，不折花不踏草，不穿越绿化带，不乱扔垃圾等。这些行为习惯看似琐碎，但却是一个人融入社会、融入集体最基本的要求，也是学生学习生涯中德育方面的集中体现。

　　"不积跬步，无以至千里；不积小流，无以成江海。"培养一、二年级学生的行为习惯必须从小事做起，从日常的不随地吐痰、下课不追跑打闹、不乱扔纸屑做起。在不断的日常积累下，学生的行为就会在潜移默化中发生变化。

　　其次，对于高年龄段学生来说，行为准则就要发生些许变化，因为个体在成长，高年龄段学生也在为进入青春期做准备，这时候会出现学生挑战权威的情况，其本质原因在于学生对"规则"有了自己的见解，他们不再认为所有的规则完全

适合自己，所以他们会尝试挑战旧规则。针对这种现象，最好的方式与方法就是和学生一起制定规则，然后大家共同遵守新制定的行为准则。当然，在这一过程中，教师必须占据主导位置，不能任由学生自由发展。

比如，教师在某些节点对于纪律方面可以尝试慢慢地放手，让学生之间相互监督，让学生尝试自我管理。比如，在爱国主义教育主题班会上，学校决定以班级为单位播放爱国主义题材电影。以往的经验是教师坐在前面播放电影，不允许学生私下交流。但是这次我做了一个小小的尝试，在看电影之前和学生一起商量好看电影的规则——如果有人发出声音影响了周围人看电影，就要暂停三分钟。起初有两个学生犯规，导致大家一致的"声讨"，这两个学生很自然地就认识到了自己的错误，并进行了改正。这相比之前教师的批评教育更让学生心服口服，因为这是他们自己制定的规则、自己发现的问题，而不是教师通过所谓的"威严"对他们进行"压迫"。

家长教育高年龄段学生也要随着学校一起转变方式。虽然说不管多大岁数，孩子在父母眼里永远是孩子，但是客观的事实也摆在面前：在这个阶段学生就是要慢慢进入青春期，身体和心理发育就是有了相应的变化。在一、二年级，家校的共同目标是引导学生遵守规则，养成良好的行为习惯；在四、五、六年级，目标就是要学生理解为什么要遵守这些规则，并在以后的学习和生活中自觉去遵守。因此，家长要和学校保持同步，在学校集体生活中教师和学生一起制定规则，在家里家长也要更多地去征询孩子的意见，培养孩子勤于思考、敢于质疑、积极探索、与人交流的良好行为习惯。只有这样，才能发展学生的核心素养，培养学生的科学思维和人文情怀。

二、言传身教，以身作则，引领学生形成良好行为习惯

教师和家长的行为对于学生来说都至关重要。在学校学习和生活中，教师为学生起到表率作用。学生有着一种对教师特殊的信赖感，也就是常说的"向师性"。在学生尤其是小学生心目中，教师的形象是非常高大的。学生将教师看作无所不知、无所不晓的人，所以在培养学生良好行为习惯时教师的表率作用非常重要。教师日常的言行、形表都会给学生造成潜移默化的影响。在日常生活中，家长则是学生最好的老师。一个温文尔雅的家长，培养出的孩子更可能是绅士或淑女。一个脾气暴躁的家长，培养出的孩子可能更倾向用暴力解决问题。因此，在日常的教学生活中，教师应该注意衣着、发型、化妆、言行等方面的要求，要通过自己的言行去熏陶和感染学生，要用自身的修为展现出教师的风采。家长要

通过以身作则的方式为自己的孩子起到表率作用，更多地将自己优秀的一面展示给孩子，克制并摒弃不好的一面。相信在学校和家长的共同熏陶下，在大家一起努力的培养下，学生一定会越来越优秀。

三、家校齐心，默契配合，全面强化学生行为习惯

就发展特征而言，学生的非智力因素还不完全稳定，具有反复性，而情感、意志、兴趣、性格、需要、目标、抱负和世界观等非智力因素恰恰是其智力发展的内因。研究显示，非智力因素发展良好，能够成为学生学习的动力，促进学生的智力发展，使学生端正学习态度，集中注意力，增强自制能力。因此，促进学生非智力因素的发展至关重要。教师在德育过程中要有足够的耐心，通过反复抓、抓反复的方式才能打赢这场攻坚战。同时，教师要和家长沟通，讲清其中的利害关系，争取得到家长的全力配合，在学校的集体教育环境以及家庭的个体教育环境下，家校通力配合，全面发力，一定可以全面强化学生行为习惯。

四、及时总结，善于表扬，激励学生保持良好行为习惯

在学生良好行为习惯养成过程中，对于学生的良好行为习惯要及时总结，勤于表扬。及时给予学生反馈是培养良好行为习惯的关键。从心理学角度来说，只有学生知道什么行为是好习惯，同时又得到了表扬，这一行为才能得到强化。因此，教师和家长都要善于观察学生，善于发现学生身上的闪光点，利用多种形式、从多种角度对学生的良好行为进行表扬、肯定和鼓励，增强学生的自信心和进取心。同时，教师和家长要勤于沟通，将学生在学校的优良表现告诉家长，让家长对学生进行二次表扬，进一步强化学生的良好行为。同理，家长也要将学生的闪光点告诉教师，让教师在集体中对学生进行表扬，使这种行为成为集体的典范。长此以往，学生便可养成良好行为习惯。

▶ 案例分析 ✏

生物的本性就是适应环境并生存下去，因此培养学生全面发展的良好行为习惯需要从学生的学习及生活环境做起。有些家长认为孩子的教育应该由学校负责，因此他们对自己孩子的教育并不积极。其实持有这种观点的家长是偏颇的，因为学生的生活具有整体性，学生的教育是由家庭教育和学校教育共同组成的。而家庭环境是学生的第一影响源，家长是学生的第一任老师。很多事例证实，一

个家庭环境不健康的孩子成长起来往往在人格、习惯以及心理发展方面存在缺陷。而不健康的家庭环境大多数又是由家长不具备相应教育知识导致的。因此家校深入沟通合作就显得非常必要，家长可以通过和老师的交流探讨学习相关的教育理论知识，而老师也可以通过了解学生家庭环境制定相应的教学策略。只有家校深入沟通合作，才能创造出良好的环境氛围，进而培养出学生全面发展的良好行为习惯。

学校应做到设施布局合理、环境卫生洁净，学生和教师仪容仪表得体、做事规范有序。在学校除了相应的教学外，更多的是通过集体的力量培养学生良好的集体行为习惯，让集体中的每一位学生都能够有归属感。家庭教育是学校教育的补充，因此家庭教育应该针对学生的个体良好行为习惯进行培养，比如培养学生独自做家务的习惯，培养学生观察自然、乐于探索的行为习惯，等等。

中国有一句古话叫"三岁看小，七岁看老"，说的就是小时候的行为习惯对人将来的一生产生的影响。婴幼儿时期是人格塑造的黄金时期，因此我们要抓住这一时期学生的特点，培养出能够适应未来生活的、全面发展的最佳公民。

（作者单位：北京市朝阳区实验小学福源分校）

家校合作助力孩子健康成长

刘 彦

▶ 案例背景 ✎

　　本文讲述了一个家庭、学校协同育人的教育故事。我在家校合作的基础上，指导家长运用"合作对话"理念，解决青少年成长与发展过程中出现的心理问题，帮助学生树立正确的自我认知，让学生重拾自信、健康成长。

▶ 解决问题的过程描述 ✎

　　初中三年，弹指一挥间，在临近中考的这段时间里，准毕业生们正经历着人生磨炼。这时，我接到小罗家长打来的电话："刘老师，我觉得这段时间我家妞儿有点不对劲。平时很乖的孩子，之前也很听话，但最近我觉得孩子情绪上的波动有点大，爱生气，有时候说说话就急眼了，特别敏感。我们看着孩子这样也很心疼。是不是孩子心理压力比较大才会这样？怎么才能解决呢？"小罗妈妈在电话那头的声音哽咽起来。我能感受到家长的担心和无助，作为一名班主任，我有责任在教育孩子的问题上给予积极的指导，帮助家长排忧解难，让学生健康成长。

　　我先在电话里安抚了家长的情绪，给她解释了孩子为什么会产生情绪波动："情绪是人对外界客观事物产生的态度。情绪的产生是一种自然的反应，一般人都会有情绪波动的体验。小罗现在正处于青春期阶段，这是人的一生中心理变化最激烈的时期。当面临一系列生理、心理、人际关系的问题时，缺乏理智和自我控制能力，会造成情绪比较敏感。所以孩子有一定的情绪波动是一件很正常的事情，家长无须太过紧张、担心。"

　　听了我这一番话，小罗妈妈打消了曾有的顾虑，情绪也平复了很多。但是如果孩子情绪波动表现过于强烈，就需要有效的干涉和引导，否则就会使孩子的心理失去平衡，影响正常的生活和学习。那么，班主任该如何与家长合力帮助孩子摆脱情绪波动带来的困扰呢？要想解决这个问题，必须深入了解产生这个问题的原因，从源头出发寻找造成孩子情绪波动的因素，这样才能找到有针对性的解决策略。

第二天放学后，我把小罗留了下来，关切地询问她在学校或家里有没有因功课、父母期望或是人际关系而感受到很大压力。小罗想了想，终于将困扰她已久的心事向我娓娓道来。原来小罗的父母非常优秀，都毕业于名牌大学，家里人也对小罗寄予了很高的期望，她的房间里从初一下学期开始就摆上了中考倒计时牌，父母经常给她讲一些身边励志的榜样，或是带她去北京各个重点大学参观。小罗上小学时成绩一直名列前茅。进入初中后，她的状态也比较稳定，尤其是文科，始终是她的学习优势。但是上了初二以后，小罗就感觉数学越来越难，新加的物理学科更是令她一筹莫展，曾经成绩不如她的同学都逐渐赶超了上来。现在小罗升入了初三，每每看到家里的倒计时牌，想到自己曾经的理想，都会感觉压力倍增。所以现在家长一和孩子谈到学习问题，就会出现小罗妈妈电话里反映的现象……

听完小罗的故事，再结合孩子平时的在校表现，我找到了造成孩子情绪波动的原因：小罗是个有理想抱负的孩子，但父母的过高期待使孩子承受了太大压力，才导致其出现现在的情绪波动。父母把自己的理想寄托在孩子身上，不仅让孩子的学习压力陡增，也使亲子关系亮起红灯。最后我鼓励小罗："伴随着中考的临近，每个人肩膀上的压力都与日俱增，但这是你们成长过程中必经的挑战，要学会勇敢地面对。老师建议你在紧张的学习之余，可以通过书信、日记、绘画等方式把心中的感受逐一表达出来，帮助自己宣泄心中烦闷，解除心理压力。"小罗用力点点头……事实证明，这种和自我对话的方式，在帮助孩子缓解压力和摆脱情绪波动带来的困扰方面是非常有效的。

我又把小罗妈妈约到学校，当面沟通家长在教育孩子方面存在的问题，让她明白了父母与子女之间不是占有关系，而是合作关系。家长要努力和孩子发展成为"合作成长共同体"。而这种关系的核心是双方主动参与、共同分担、互动共赢、共同成长。否则，无论外在力量多么强大，提供多么好的学习资源、多么充足的学习时间，只要没有孩子的合作，"教育"就没有效果。

与此同时，我建议家长把自己的期望与孩子的实际能力合理匹配，把着眼点放在孩子的努力上，而不是结果上。如果孩子由不及格进步到60分，孩子已做了努力，家长就要给予赞赏，而不是硬要孩子考高分才满足。家长也要帮助孩子正确面对自身期盼，因为自我要求高往往伴随着更强烈的学习动机。当孩子很努力也无法达到目标时，内心就会产生压力，让自己陷入焦虑。因此，家长要积极引导孩子，不能让自身期盼变成自我强迫。

听完我的建议，小罗妈妈频频点头表示赞同，并保证努力做出调整，帮助孩子顺利度过中考前的情绪低谷。在接下来的两个多月里，在我和小罗妈妈的共同关注和积极引导下，小罗的焦虑情绪得到了有效缓解，学习状态逐步向好，成绩随之进步了不少。最后在 2023 年中考时，小罗以超越了一模总分 30 多分的成绩考入了自己理想的高中。

▶案例分析 ✎

王世元先生曾强调，教育"发生"必须直指受教育者的变化。要获得更理想的受教育者的变化，需要采取"合作对话"。像小罗这样的青少年，之所以能走出自己内心的困境，主要得益于"合作成长共同体"理念指导下的家校共育。培养孩子需要家校的合作、沟通，而这种合作、沟通也应该是双向的、相互的。在进行合作活动时，教师应该尊重、信任家长，与家长建立平等合作的关系，然后才有可能通过教师与家长的密切配合沟通，达成教育标准的共识，建立起一致的、正确的是非判断观念，从而提高教育工作的质量。

著名教育家苏霍姆林斯基曾说过：最完备的教育是学校与家庭的合作。一名合格的班主任要具备家校协同育人的理念，特别是要经常与学生家长保持联系，指导家长树立正确的教育观念，用科学方法教育子女，让每一个孩子在家庭和学校的合力保驾护航下健康成长。

（作者单位：北京市三里屯一中）

第四章

担　当

　　教育发生的基础是"合作"，而"合作"的基础首先来自人的情感。情感上认同"合作"，行动上如何"合作"直接影响到教育发生的效率和质量。只有不断地"对话"才能确保教育内容或知识准确、深刻、高效地传递给受教育者。只有适合的"对话"才能不断揭示教育内容或知识，从而使受教育者通过"对话"解构自身原有"对话"知识系统，进而建构新的知识体系。

理想教育文化助力教师成长

陈春红

▶ 案例背景 🖊

　　著名教育家苏霍姆林斯基曾说过：真正的教育，始于一个人为理想所鼓舞。理想是一个人前进路上的指明灯，是鼓舞人砥砺前行的勇气和力量，更是一个人奋斗的目标和方向。每一个教育者都应该有自己的教育理想和情怀，王世元先生就著书两本（《教育文化构建的人性基础》《理想教育文化建构："合作对话"教育教学范式的理论与实践》），表达出自己理想的"教育梦"的美好愿景——每节课堂体现尊重、民主、责任、科学的精神，经过扰启、内省、质疑、实践，完成发展任务，培养学生具有独立、追求、养控、审美的能力，成为具有核心素养的最佳公民。

▶ 解决问题的过程描述 🖊

　　2018 年，春寒料峭，我和其他教师从王世元先生手中接过《教育文化构建的人性基础》一书，听他娓娓讲述写作这本书的前因后果，我觉得温暖的春天已经来临，随即还播撒了理想教育文化幸福的种子。这本书激荡起我心中的涟漪，给予我作为教育者前行的方向与动力。作为身处教育实践第一线的教育者，我备受鼓舞，决心坚持这一理想的"教育梦"，不断探索、描摹、勾勒自己心中的理想教育蓝图。

一、用理想教育的理念武装教师

初次接触课题时教师们还有些懵懂，但是随着一次又一次与专家的近距离接触、与王世元先生面对面的亲切交流、与文本的深度对话等，教师们逐渐对这本书、这项课题研究有了一致的看法。王世元先生用 12 个词勾勒出理想教育文化模型和未来教育文化建设的方向：从社会角度讲，应具有尊重、民主、责任、科学的精神，并以此为核心素养造就最佳公民；从学校角度讲，理想教育过程应当由扰启开始，经过内省、质疑，最后通过实践完成发展任务；从个体成长角度讲，理想教育要培养学生具有独立、追求、养控、审美的能力。我们的课堂，更多注重的是教师的教而忽略学生的学，注重学生对知识的学习而忽略其实践能力。2019 年初，课题组又进一步引领教师们把"合作对话"当作工作的思维与操作的"立法"。王世元先生第一时间给予教师们细致辅导：在"合作对话"中师生合作应该是最真诚、最主动、最和谐、最深刻的，每一次"合作对话"都需要有明确的目标，确定"合作对话"的主题要关注深度、宽度与广度……课题组专家刘延革老师从具体的主题、次主题的设计方面以剥洋葱和"合作对话"式的方法与教师们进行现场互动。涂桂庆老师以专题讲座的形式，由浅到深，层层剖析，呈现给教师们完整的"合作对话"教学范式。

当教师们对理想教育的理念达成共识、深深认可时，随之而来的就是教育思想的高度契合、教学行为的深度践行，理想教育文化的种子也在悄悄发芽、生长。

二、用理想教育的行为引领教师

通过专家带领教师们每月一次"靶子课和单元分析"的深入实践研究，活动记录表记录了教师们的快速成长。

教师们实践的第一个抓手就是关注单元备课。平时，教师们更多的是针对每一课时进行备课，教学内容比较单一，每一课时都是孤立存在的，在学生头脑中形成的是一个个的知识散点，不利于学生思维的发展。刘延革老师提出：要透过枝杈，聚焦在根和干，才能使课堂变得更有深度。例如，刘延革老师给教师们指导了四则运算——多位数运算的核心是教给学生"拆—合"，接着刘老师从"两位数乘一位数""两位数乘两位数"等入手，将小学阶段的多位数运算知识串成知识链：哪是初步认识？在哪体会强化？到哪实践掌握？在小学数学大背景下层层构建单元知识结构，刘老师引领教师们重新整合，调整教学内容和教学资源设计，让教师们形成了清晰的知识脉络，教学格局一下子豁然开朗起来。

　　教师们在专家引领下汇总了单元备课成果。每一篇分析都有上万字，经历十几稿的修改，其中不仅凝聚着专家的心血，也是教师们在课题前行的路上收获的教育财富。这些财富有助于让学生达到对于知识理解的更高境界，为后续学习打下坚实的基础。

　　第二个抓手就是践行核心理念。例如，"尊重、民主、责任、科学"是最佳公民的核心素养。研究初期教师们以"尊重"这个核心词为切入点，在课堂上借助三个"还给"做了一些尝试：将课堂的时间和空间、质疑和评价的权利、认知和习得的过程还给学生，将"尊重"落地。又如，理想教育文化课题的一个重要方法是"实践"。教师们课前挖掘每节课中可以动手实践的知识点，整理成册，组内共享；课中，为学生准备相应的材料，鼓励学生动手实践，加入手势语的表达，丰富课堂资源，锻炼学生的动手能力，让学生对知识的理解更加透彻，记忆也更深刻；课后，将课内知识与课外实践相结合，引导学生拓展知识，开展实践，解决问题，让学习延伸到课堂之外。

　　随着核心词的不断解读、践行、改进、再践行，教师们的课堂也越来越灵动、精彩，此时理想教育文化的幼苗已经开始茁壮成长。师生成长让我们喜悦、感动、感恩。

三、用理想教育的成果成就教师

　　2018 年至 2021 年这四年时间，专家引领教师们走在不断追求卓越的路上，教师们耕耘着、成长着、收获着。在理想教育文化的引领下教师们的成长可以用"日新月异"来形容。首先，教师们的教学理念发生了转变，体现在师生相处、教学方面。其次，教师们教学科研、反思能力迅速提升：多位教师的论文、研究课获奖；班主任等各级各类骨干教师数量迅速增加，占一线教师数量的50%，形成梯队。在专家们的指导下，在领导们的支持、帮助下，在教师们的共同努力下，学校连续获得朝阳区教育教学质量优秀奖、综合考核优秀奖，向我心目中的理想学校迈进。

　　2021 年，我交流轮岗到了北京明远教育书院实验小学。我深知教师是学校发展的第一资源，只有先建设教师队伍，助力教师发展，才会有学生更好更快地成长成才。我设计了三课——课程、课堂、课题，引领教师成长。坚持名师引领、专家导航，我为教师搭建学习、交流、展示的平台，引进名家资源，助力教师专业素养提升。学校新成立了特级教师工作室。由于我和原学校的师生们享受到了课题研究带来的成长乐趣，尝到了甜头，所以我把理想教育文化课题研究——"合作对话"教育教学范式课题研究引进到新任职学校，同时申报了北京市教育学会课题"新课程背景下'合作对话'教学案例研究"，不仅我在全体教师会上讲课题，还把王世元先生请到学校为教师们做培训，促进教师专业成长。

▶案例分析 ✎

苏霍姆林斯基说：如果你想让教师的劳动能给教师带来乐趣，使天天上课不至于变成一种单调乏味的义务，那你就应当引导每一位教师走上从事研究这条幸福的道路上来。我正引领教师们走在"研究"这条通往幸福的路上，为培养最佳公民奠定人才之基。

遥感于古代士大夫"为天地立心，为生民立命，为往圣继绝学，为万世开太平"的崇高信仰，我们将在领导们和专家们的引领下，继续努力践行理想教育文化。理想教育一定会成为课堂教学改革的风向标，推进朝阳教育优质均衡发展，为北京市教育优质均衡发展做出新的贡献。

（作者单位：北京明远教育书院实验小学）

践行"合作对话"范式
建构"和谐教育"文化

石 亮

▶案例背景 ✎

受王世元先生所提出的"理想教育文化"的启发，学校立足新时代教育文化即"理想教育文化"的三个支点——发展学生核心素养、培育社会主义核心价值观、尊重个体差异，让每个个体都能充分发展、享受适合的现代教育，进一步梳理学校的各方面工作，建构内涵更丰富、更具时代特色的"和谐教育"文化，使学校在"新基建"背景下，向着成为质量更高、品牌更优的教育文化示范强校迈进。

▶解决问题的过程描述 ✎

学校倡导"和谐教育"的办学理念，在教育教学中始终追求"人与人、人与知识、人与自身、人与社会、人与自然"的五维和谐。在十余年的发展中，学校通过和谐党建工作模式、一贯制管理机制、一体化德育体系、"七彩阳光"课程体系、和谐课堂教学模式、和谐教育育人模式等教育文化构建途径，打造了德才兼备的教师队伍，形成了体育、艺术、科技特色，在教育文化示范校的建设上取得了丰硕的成果，获得北京市第二批中小学学校文化建设示范校、朝阳区教育文化示范校、首都文明校园等荣誉。

学校经过十余年教育文化的探索，已成为富有特色的品牌学校，但面对全面深化教育改革，推动学校向高精尖、创新型发展和高质量跨越式发展的新要求，还应该充分发挥好朝阳区教育强区建设成果、名校长办学引领等多种有利因素，奋力推动学校教育文化快速发展，在追求教育文化示范校更高层次的创建中成就高质量强校。

一、制定研究"规划"，明确学校"和谐教育"文化办学方向

学校领导层在构建学校的理想文化时，不仅需要以培育"尊重、民主、责任、科学"的最佳公民素养为核心，还需要进行精心的顶层设计，通过长远规划来驱动学校实现最佳公民素养的教育教学实践。

为此，学校组建了专门的研究团队，制定了"十四五规划及二〇三五远景规划"发展目标，总体构建"三步四段十五年"发展规划路线图。其中，"三步"是指 2025 年、2030 年、2035 年三个大步骤。"四段"是指：第一阶段（2020—2021 年），规划内涵新校；第二阶段（2022—2025 年），打造质量强校；第三阶段（2026—2030 年），构建品牌名校；第四阶段（2031—2035 年），创生理想学校。

通过对规划的制定和梳理，我们认为，在学校建设中应践行理想教育文化。学校的育人使命是培养有竞争力的现代中国人，教育理想是让学校成为孩子一生中到过的最好地方，教育境界是让学校成为师生的精神港湾。学校将全方位构建"和谐教育"文化示范校，为培育"有竞争力"的现代中国人奠定坚实的教育文化基础。

二、创新管理机制，建设"和谐教育"管理文化

（一）构建"一体双翼两擎双部"治理机构

理想教育文化认为，现代学校应该是由校长（书记）、副校长、中层干部、年级组长、教研组长、教职工及学生岗位之间建立起的以"尊重、民主、责任、科学"为核心要素的"共治"学校，是基于"差异性的'人'"的全面发展的学校，学校教师不仅要具有"尊重、民主、责任、科学"的最佳公民素养，还要具备"扰启、内省、质疑、实践"的教育教学方法论。

为此，学校基于办学目标——将学校打造成"质量上乘、内外兼秀、社会满意、家长热衷"的卓越学校，着力构建"一体双翼两擎双部"的新管理机制。其中，"一体"是指现有学段行政分类为主体，"双翼"是指学科大学部及项目研究院，"两擎"是指高学术、高学历的高素质教师队伍，"双部"是指党支部和监督部。关于学科大学部及项目研究院的创建，其中，学科大学部确保纵向贯通，实现"九年四段"一体化管理；项目研究院聚焦于跨学科项目研究，促进横向交叉

管理。学科大学部及项目研究院共同构建了学校的"学术专家组",以完成对教学内容、教学方式、教学策略、课程开发、教学特色构建的科学探究及实践,树立"人人都是拔尖者、个个都是创新人"的学校现代治理理念。

（二）建构"一核六维"校本融合教研体系

理想教育文化是"育人"教育文化,特别关注学生的知识生产能力和准最佳公民的培养。而让学生成为准最佳公民的前提是学校的教师团体要具有"尊重、民主、责任、科学"的最佳公民素养。因此,学校要积极主动地为教师搭建成长为最佳公民的场域。学校在教学研训实践过程中,建构了"一核六维"校本融合教研体系。"一核"是指学校开展以"备课组"为核心的校本教研。"六维"的具体内容为"3+3":一是与备课组紧密相连的学科教研组的"素养聚焦的学段教研"、学科大学部的"融合贯通的主题教研"和项目研究院的"攻坚克难的精深教研"的三个维度,二是为备课组提供支撑的年级组统筹、专家组指导和监控组治理的三个维度。六个维度,共同指向学生的科学高效发展。

三、构建"问学课堂",彰显"理想教育"课堂文化

（一）"问学课堂"锚定创新人才培养

国学大师钱穆说过:一切问题,由文化问题产生;一切问题,由文化问题解决。学校通过积极参与理想教育文化的实践探索,不断吸收"合作对话"式教学的经验,着力运用"扰启、内省、质疑、实践"的教育教学方法论,建构与理想教育文化相适应的"问学课堂",使学生在"独立、追求、养控、审美"的方法论指导下成为准最佳公民。

"问学课堂"的基本结构为启问导标—自学调控—内化反馈—自主检测—总结反思—问题解决。在具体践行"问学课堂"时,聚焦五个方面:一是做"有问题"的教师,二是创"有问题"的设计,三是建"有问题"的课堂,四是育"有问题"的学生,五是探"有问题"的评价。

立足"问学课堂",教师能让学生在学科情境中发现问题甚至产生矛盾,"扰启"学生的学习灵性。通过追问,连接往昔学过的知识,课堂上学生能在最近发展区"内省",进而促进学生对以往知识产生"质疑",主动寻求与教材"对话"、与学习同伴"对话"、与教师"对话"。在对话中,学生自然会动手实践、寻求工具和相关技术、追求新知的最佳表达,最终形成对问题的深度认知。

学校立足践行"合作对话"式教学的"问学课堂",通过让教育回归本来面

目——培养人格、传授知识、开启智慧，让学生在"问学课堂"中"润品立德"，在合作交流中"丰知强体"，在接受知识的过程中实现知识与人格精神的共生，不断促进学生对非认知策略"灵动能力、生命修为、情志追求、意志品性、合作要件、批判思维"的应用，变被动成长为主动生长。

（二）"四八"行督激励学科教研

对于在理想教育文化指导下的学校教研，其中构建教师"合作成长共同体"是培养最佳公民的重要一环。学校已经为教师日常"合作对话"搭建了学科大学部这样的研训平台，但为了使学科大学部教研机制规范化、流程化、模式化，学校制定并实行了《行政督导实施方案》，以"四个阶段、八个环节"为基本流程，形成闭环管理，实现学校对课堂教学的规范管理，促进教师领导力、组织力的提升。

（三）创新作业设计与管理新样态

教育即生长，教育应该追求有"差异性的'人'"获得全面发展。为此，我们积极探索尝试"教师试做作业制度"和以"年级组"为核心的"班主任统筹作业制度"，强化作业管理、作业校内公示制度。备课组设计作业要兼顾层次性、适应性和可选择性，把作业划分为必做、选做和实践三个层次。提倡布置探究性、实践性的家庭作业，既有练习型、准备型作业，也有扩展型、创造型作业。严控作业总量、提高作业质量，除书面作业外，鼓励编制口语交际作业、综合实践作业、实验操作作业。

四、构建"七彩阳光"课程体系，丰富"和谐教育"课程文化

实施理想教育的最佳教育范式是"合作对话"教育范式。在"合作对话"式教育全过程中，学生始终处在最核心的位置。

"合作对话"式教育为学校的课程发展提供了崭新的思路。学校教师除了是传授知识的主导者，还应该是师生成长共同体的建构者，要承担起唤醒学生主动参与"对话"的责任感，而唤醒教育生长者的"对话"，关键是要唤醒教育生长者的"兴趣"。要真正唤醒学生主动参与"合作对话"，必须有使得"合作成长共同体"共同被"扰启"的对话场域。无疑，最佳的对话场域就是开发适合"合作对话"的课程。为此，学校在"合作对话"思想的指导下，逐步构建了新型的课程体系。

（一）"五五"特色课程彰显特色

学校以"尊重、民主、责任、科学"为原则，以学生实际发展需求及学校新时代的育人目标为出发点，从课后服务课程化、"双减"方向自主化、校本推进机制化、教育生态创生化四个维度破解"双减"背景下的人才培养难题，深耕"和谐育人"模式，在原有"七彩阳光"课程体系基础上，拓展创生"五五"特色课程，丰富学校课程育人体系，创设丰富的学生全面发展供给，实践以五大课程——AI课程、美健课程、戏剧课程、国学课程、双语课程为核心的、促进"五育"并举的新型特色校本课程体系。

（二）"双百"课程彰显家校共建

与家长"合作对话"、与社会广大群众"合作对话"，既是理想教育的实现途径，也是构建学校文化的重要内容。为此，学校特意创设"双百"课程，计划在"十四五"期间，吸引100名家长和100名专家走进讲堂，以促进教育生长者与社会各行各业的优秀家长们进行跨时空的"对话"，为学生提供心贴心的社会教育资源。每学期开学初学校向家长呈现课程菜单，开设包括艺术类、体育类、科技类、实践类、文化类等多门课后服务课程供学生选择。

五、构建"绿色生态梦想园"，打造"和谐教育"文化最美校园

理想教育文化指导下的学校必须有理想的文化校园，是能实现"尊重、民主、责任、科学"要求的"合作对话"校园，是能让学生与校园内花草树木、亭台楼阁"合作对话"的校园，是能使师生学习校园文化、认同校园文化的美丽场所。在这里，师生能有主人翁的意识，积极主动地参与校园文化建设，达到构建校园文化品牌的真正目的——文化育人。

学校的教育理想是让学校成为孩子一生中到过的最好地方，学校强调"绿色、环保、科技、和谐"生态校园文化的构建，始终将"和谐教育"办学理念和与之相匹配的"七彩阳光"育人体系的教育观念落实到校园文化建设的各个环节之中。

一是构建"绿色生态梦想园"。校园文化分为三个伸展面，即和谐校园、"七彩阳光"校园、全面发展校园。学校计划将楼顶改建为绿色种植园，将润青湖公园纳入学校未来规划，构建"绿色生态梦想园"。

二是拓展教育空间。学校开发了AI教室、无人机教室、天光美术教室、厨艺教室、舞蹈教室、音乐教室等多个专业教室，融"知识性、趣味性、互动性、

实践性"于一体，使和谐教育的育人空间得到创新性拓展。

　　三是丰富博物馆课程。学校创建了校园博物馆，进一步丰富博物馆课程，开发具有知识性、互动性、引领性、艺术性的众多课程，使之成为学生的第二课堂。

▶ 案例分析

　　"理想教育文化"是以追求人类和个体幸福生活为目的的教育文化，更是具体落实党的教育方针和"为党育人、为国育才"的文化。学校始终坚持党组织领导的校长负责制，十年磨一剑，今朝再出发。在"十四五"规划的各项任务的奋斗中，在朝阳区教育工委和区教委的领导下，在王世元先生倡导的理想教育文化的引领下，学校在建设新型教育文化示范校上取得了初步的成果，获批/评为中国教育发展战略学会人工智能与机器人教育专业委员会常务理事单位、首都文明校园、北京市冰雪运动特色学校、朝阳区教育系统党建示范点、北京市中小学生植物栽培实践活动示范校等，收获多项区级以上荣誉。

　　优质的教育文化不但是学校教育的重要组成部分，也是落实立德树人根本任务不可或缺的重要环节，还是具体展示学校办学理念与立校特色、熏陶师生心灵、展现学校风貌的重要平台与途径。学校将会继续践行"合作对话"式教育，构建更具魅力的"和谐教育"文化，致力于创建办学成效卓越，"质量上乘、内外兼秀、社会满意、家长热衷"的高品质学校，让学校真正成为孩子一生中到过的最好地方。

（作者单位：北京市润丰学校）

班级发展与管理 赋能高效育人

田 萌

▶案例背景 ✎

2021年的清明前夕，意料之外的人事变动扰乱了我有条不紊的教育教学步伐。我临危受命接管一个新班级的班主任工作，兼任两个班的语文教学工作。

初接班级，学校领导简单介绍了个别学生情况后，我便直接站上了新班级的讲台，并开始预想班级管理的一系列方法、策略。由于对学生和班级整体情况不了解，在没有完全掌握情况的时候不敢轻举妄动。班干部重选，调整座位，看似是小事，其实都是牵涉"利益、本质"的大事，因此要小心谨慎而行。

没课时我就在班里观察学生一举一动，和学生一起上课，和学生一起吃午餐，和学生一起活动，真可谓形影不离，因为我知道我与学生之间是"合作成长共同体"的关系。观察分析后我发现以下问题：学生不团结，自私自利，借题发挥，攻击性强。从性别看，男生剑拔弩张、"骁勇善战"，女生斤斤计较、不宽容。班风扭转是目前要解决的首要问题。怎样扭转班风呢？从哪个点切入呢？认真思考后我得出这样的结论：所谓班风是班级的整体风气，是大家共同的行为模式、处事作风。班级不是单独的个体，而是由许多个体组成。想明白这一点，我便开始抓住"关键"人物逐个击破，以点带面，就事论事，教育引导学生。

▶解决问题的过程描述 ✎

一、"特殊学生"，温柔以待

小Y是个比较特殊的孩子，生长发育较同龄人明显滞后，其在人际交往方面存在很多问题，不能正确处理和同学之间的矛盾。随着年龄增长，小Y开始变得更加躁动，上课故意搞出动静，还把纸撕成碎片，把垃圾弹到同学桌子上，座位周围的卫生是很大的问题。数学课是小 Y 捣乱的主要课程，他围着教室乱跑，大喊大叫要"杀人"，严重影响了课堂秩序。他说数学听不懂，而语文、英语能听懂，所以在数学课上经常捣乱。课代表找到正在对面班上课的我，说明情况后，我把小 Y 一个"公主抱"抱到对面班，带他一起上课。孩子们看着眼前的这一幕，又惊又喜，觉得非常有趣。小 Y 似乎很喜欢被老师"公主抱"的感觉，接连两三天他都在数学课上故意捣乱，我也默默地抱起他瘦弱的身躯，转身就走，只是叮嘱其他孩子专心听讲。趁着大家做早操的时间，我把小 Y 叫到一旁和他耐心交流，告诉他老师身体不是很舒服，而且小孩子长得快，老师总有一天会抱不动他的，"老师是女生，你是男子汉，老师需要你的保护"。

面对这样一个"特殊学生"，作为班主任，最初我非常头疼。因为像小 Y 这样的孩子我之前没有遇到过，他的出现给我的工作带来很多新的挑战，当然也带来很多班级管理、教育能力提升的契机。在与家长深度沟通之后，我了解到小 Y 在家的具体情况和家长的教育管理措施，家长亦表示会配合我的工作。

此后两三个星期，课上我一直观察小 Y，他表现出认真听讲的态度，听到感兴趣的地方也会积极举手参与讨论，尤其愿意朗读课文。抓住小 Y 这一特点，课上我多给他机会进行朗读展示，让大家耐心听完，朗读结束的瞬间全班报以热烈掌声。我从掌声中可以感受到同学们对小 Y 刮目相看，同学们的掌声更是对小 Y 积极态度的认可与鼓励。此刻正是教育的最佳时机，于是我引导全班同学用包容的心态接纳他，用善意的眼光看待他，让同学们知道金无足赤、人无完人的道理。同时，我也帮助小 Y 建立自信心，获得班级归属感，得到同龄人的认可与肯定。经过一个学期的教育引导，针对小 Y 的"敌对"氛围缓和很多，不再是针尖对麦芒，大家能够以善意的眼光、宽和的心态慢慢理解小 Y，愿意和小 Y 一起学习、成长。

事实证明，适当向学生示弱可以达到预期的效果，信任、鼓励也是学生渴望获得的。从本质上说学生的内心是比较纯粹的、干净的，他能感受到老师的关心、关爱，也能体会到老师的辛苦与不易。"恻隐之心，人皆有之。"天真无邪的孩子更是这样。这也正是"合作对话"要达到的育人目标——让学生在自由的时空中追求生命的最优化，体验美、感受美、践行美。

二、望闻问切，对症下药

小 Z 属于自由成长型，机灵聪明的他抓住家长疏于管理的空白，利用家校信息沟通的延迟、不对等，有时会制造家校矛盾。比如，在学校发生的事情不告诉老师，回家后和家长哭诉委屈，说自己受同学欺负，选择性地说问题，有利于自己的方面无限夸大，弱化自己的过失、错误。又如，上课期间借口去卫生间跑出去玩，躲在某个角落不回教室……

一次我巡查班级时发现上音乐课时小 Z 又借口去卫生间要跑出去玩，于是我站在卫生间门外守株待兔。小 Z 跑出卫生间时一直回头看教室方向，却没有看到前面的我，因此和我撞了一个满怀，也把自己吓了一跳，惊讶、不可思议的神情从他的眼睛里流露出来，他心里肯定在想：老师怎么在这里！我一改常态，没有批评他，而是温和地问他想去哪里，上课时间为什么去卫生间，老师是否同意。他支支吾吾。

面对这样一匹活泼好动、有个性的"小野马"，"驯服"工作势在必行。为了拉近和小 Z 的关系，掌握他更多的信息，课间或午餐时我会和他一起拉家常，一起分享午餐，问他的喜好，平时喜欢和谁玩，妈妈对他要求是不是严格等。在轻松的氛围中聊天，小 Z 对我不再设防。也正是经过这样的几次畅谈后我知道小 Z 其实很希望得到同伴的认可，希望获得别人的关心，尤其是老师的关注。找到"症结"所在，我就能"对症下药"。"要想别人接纳你，你自己首先要做出努力，付出行动。"聪明的小 Z 听懂了我的话，若有所思，眉头紧锁，我知道这是小 Z 内省的开始。从那以后他积极参加值日——扫地、拖地、擦黑板……

对于小 Z 突然的转变大家都很吃惊，同窗几年没有见他这么勤奋、积极、主动过。就在他努力赢得认可的同时，我也配合着引导班里舆论导向，让大家发现小 Z 的闪光点，理解他的心情，及时给予他肯定与鼓励，帮助他在实践中体验成功和幸福感，接纳他的不完美，给他时间改变。

"冰冻三尺，非一日之寒。"好习惯的养成需要时间沉淀、巩固、内修外控，坏习惯的改变更需要自我的管控和时间的消磨。在与坏习惯"斗争"的过程中，意志力的培养也在无声无息中渐渐绽放。在一次次思考、作业中磨砺心志，在困难面前不服输，在与懒惰的争斗中改变消极的思维定式。好的意志品质会让人受益终身，希望未来的小 Z 能够追求生命最优，做最佳公民。

三、纠正三观，明确方向

"天街小雨润如酥，草色遥看近却无。"一场雨过后，空气格外清新，天空也显得分外明亮。孩子们奔向操场互相追逐，踢球、跳绳，玩得不亦乐乎，一个个小水洼倒映着孩子们快乐的身影。

"你踩水坑把我衣服弄脏了！"

"哎呀，对不起。"

"对不起就完了？！"

欢快的氛围被刺耳的争吵声打断了。

问清原委后我当着全班的面做了一个临时的现场调研。"衣服被泥水弄脏的同学请起立。"陆陆续续站起来五六位同学。"虽然衣服脏了，但你们玩得开心吗？"这几位同学异口同声地回答："开心！"有这样的情绪价值体验，后面的教育引导就顺理成章了。于是我顺势利导："你们觉得玩得开心重要还是找出把衣服弄脏了的人重要？"

嘴快的同学喊道："开心重要！"很多同学若有所思地点点头。

"衣服脏了怎么办？"

"回家洗洗就行了。"

就这样简单的几个扰启问题，一场轩然大波就此悄无声息。衣服被泥水弄脏看似是小事，其实是孩子们价值观问题的外化。如果不是同学故意踩泥水，我们是否应该宽容一些，以友善的态度看待这件事。当然，若是故意的就另当别论了。"己所不欲，勿施于人。"做事之前换位思考，做事之后也换位思考，这样大家就不会产生那么多矛盾，减少分歧。教师要引导学生思考重要的事情是什么，遇事有思辨能力，忽略细枝末节，否则会影响重要之处。

曾子曰"吾日三省吾身"。借这件事，以点带面，我带领全班思辨、讨论近期班级发生的一些事情是否也存在类似的问题。教育为先，让学生学会思考处理问题的方法，即以后再遇到这样的问题如何处理——是先调动情绪进行言语攻击，还是心平气和地解决问题，因为不同的方式是不同的情商和价值观的体现，是作为生命个体追求幸福生活的原动力。这种反思引导、思辨引导，可培养学生的思辨能力和处理问题能力，使学生最终成为最佳公民。

四、班中无小事，事事是大事

成人眼中的小事，可能是孩子心中的大事。教师要从小事中为学生立规矩，以小见大。

小 G 是班级里很具代表性的学生：不完成作业，耍脾气，趁老师不注意偷偷溜回家。这个学生主意大，经常不和老师打招呼私自行事。比如有一次吃午饭，他悄悄地溜出教室，等到收餐盒的时候只见餐盒不见人，我一时惊诧，派出热心同学赶快跑去四处寻找：楼道没有！楼梯口没有！卫生间没有！活动区没有！后来在楼上角落里找到了正在抓蜜蜂的小 G。"你去哪里了？和老师打招呼了吗？午饭吃饱了吗？"看着我生气的脸，小 G 转着大眼睛，晶莹剔透的泪珠滚落下来。

俗话说，眼睛是心灵的窗户。虽然小 G 没说一个字，但从他明亮的眼神中我读懂了他的内心——他明白自己的行为是不妥当的。面对我直击灵魂的三连问，他不知道该怎么回答。也许在孩子的世界里没有那么多规矩，没有那么多想法，只是单纯地想走出教室，刚好不经意地来到了楼上，又恰好被一只蜜蜂吸引了注意力。

班中无小事，事事是大事。既然这件事被全班都知道了，我就要给这件事做个总结：小 G 没吃完午饭就去找他的好朋友小蜜蜂，他们的友谊纯洁且珍贵，不过，等他回来的时候饭菜已经凉了，再吃很有可能肚子着凉，会不舒服，可是不吃下午饿了怎么办啊？大家帮他想想办法吧！再者，食堂的叔叔阿姨把餐盒都集中收回去了，小 G 你要自己送到食堂去。而且你独自行动，摔倒了老师都不知道，不能及时帮你，这样很危险。独自外出要照顾好自己啊！以后有什么事提前和老师打招呼，告诉老师你要去哪里，万一出问题老师会第一时间出现来保护你。其他同学也一样，不管做什么告诉老师一声。老师不是想窥探你们的隐私，只是想保护好你们而已，希望你们能理解老师的一片苦心。

此后，班中再没出现过类似的事件。

学生是独立的个体，有各自的思维方式和行为模式。教育学生首先要做到尊重，尊重学生的时空自由和独立意识。具体问题具体分析，针对出现的问题，教师要从当事学生实际出发，既引发学生内省，使当事学生了解事情的后果和严重性，感知教师对自己真心实意的关心、关爱，也要让全班学生引以为戒。

五、荣誉加持，奋力前行

根据马斯洛的需求理论，在满足了生理需求、安全需求、社交需求、尊重需求的前提下，自我实现的更高层次需求就要被唤醒和发掘。每个孩子都渴望成功，需要体验被荣誉包围的感觉。根据学生身心发展需要，我在班中如火如荼地搞起语文学科小活动：单元的百词比赛系列、课文注音字辨析系列、阅读感悟系列、古诗鉴赏系列、笔顺笔画系列，等等。每天利用零散时间，与同学们约定时间计时完成，我会给按要求完成且表现优秀的同学发奖状，同时将当天的优秀同学名单和获奖照片发到班群中，让孩子们在家长面前"亮相"，体验成功的感觉，激发学生的荣誉感，同时激发其他同学的学习动力。这样一来，既巩固了基础知识，又激发了学习兴趣。获奖情况两周统计一次，累计次数最多的同学获得具有班特色的荣誉奖牌。小小的奖牌价值无多，但其彰显的荣誉是努力奋斗的象征，是对自己付出的褒奖与肯定，所以被格外珍惜，也更有心理重量和厚重感。

▶案例分析 ✏

　　从家长反馈的情况可知，这种形式的学科小活动是成功的，它激发了孩子们的学习内驱力——为自己的荣誉而奋斗。自从班里搞起活动后孩子们的学习状态有了明显的改变，孩子们变得积极主动了，内心变得更平静了，眼神也更加坚定了，自信心显著提升。孩子们放学回家后不再需要家长反复催促、唠叨，而是自觉复习、写作业，偶尔也会和家长探讨明天老师会有什么小比赛，很期待。这不正是教育要达到的效果吗？学生的灵动能力被唤醒，情志有了更高层次的追求。适时搞一些班级活动，更有利于班级向好发展，更有利于班级团结，更能凝聚人心。孩子们的注意力转变到专注学习上，"打架斗殴"等事件自然就减少了，老师也从"法官""律师"的角色中解放出来，能够专心致志研究教学了。

　　新接班级时教师面临的问题和困难会很多，只有想清楚班级管理的主要和次要问题，分清轻重缓急，进行有重点的处理，并制定相应策略，才能有条不紊地开展工作。对学生的每一次教育都是其生长的开始，要使学生从矛盾中扰启，从问题中内省、质疑，聆听自己内心深处的真实声音，与自己进行一次深度对话，最后通过实践实现自我的发展。教师首先要与学生建立和谐友善的师生关系，"合作对话"时要把尊重放在首位，结合实际恰当运用理想教育教学方法论。班级管理琐碎而繁杂，每个学生都有自己的个性和特点。针对不同学生的特点，借用他人的"错误、过失"教育全班，明确班规班纪，帮助学生知晓是非，分辨对错，建立为人处世的原则，树立正确的世界观、人生观，价值观，这才是班级管理应做的，也是必做的。寓教于乐，为班级长足发展考虑，适时举办一些班级活动，能提升班级凝聚力。活动育人的效果比苍白无力的说教更能彰显教育价值，学生更能感同身受，达到情感共鸣。教育的最终目标是要帮助学生成长为理想的生命个体，有追求幸福生活的能力，有思辨能力，有运用所学解决问题的能力，最后成为最佳公民。

（作者单位：北京市星河实验学校国美分校）

"软""硬"兼施 做班级的"太极师"

杨 娜

▶ **案例背景** 🖊

近几年,"合作对话"教育教学范式已经潜移默化地融入了班级管理的方方面面,它有效帮助我建立了良好的班级文化,成就了一批有理想、有能力、有抱负的准最佳公民。

"蓬生麻中,不扶自直;白沙在泥,与之俱黑。"班级文化是班级建设的灵魂所在,是班级成员智慧的结晶,凝聚着全班学生的情感、意志和追求,是班级发展的动力和成功的关键。同时,班级文化、家长、学校也是一个"合作成长共同体"。在"合作对话"教育教学范式中,我依托学校"适合的才是最好的"办学理念,确定了"和谐、团结、拼搏"的班级文化理念,以"尊重、互信、欣赏、鼓励"为核心,依托"爱"和"责"两个基本点,采取"新、巧、退"三种策略为主的多种育人方式,以达到最终的目标——"陪伴健康成长,筑梦精彩童年"。

▶ **解决问题的过程描述** 🖊

一、创新营造环境文化

意大利教育家蒙台梭利认为,儿童具有内在的学习驱动力,以及对周围环境的强烈学习与吸收能力,这使得其从出生起便开始对环境保持着不断探索。学生和班级教育场景中的每一"物"、每一"事"的对话,都有助于促进学生的自我反思和提升,都可以让学生感知班级文化建设中看不见的"灵魂",都能指引学生在日复一日的生活中自然而然地成长,形成健全的人格、美好的品格和朴实高远的志向。

教室是学习的主会场，是实施教育的主阵地，是沟通感情的重要场所。温馨有内涵的教室环境可以激发性情，陶冶情操，给人以启迪。因此，班级文化建设首先要抓好教室的环境布置，营造独特的育人氛围。结合"和谐、团结、拼搏"的班级文化理念，我和学生对教室进行了全方位的设计。

（一）美化教室环境

优美的学习环境有助于激发学生热爱学习的情感，促进学生奋发向上，增强班级的凝聚力。我的班除了保持教室干净整洁之外，还加了一道风景——绿植。绿色象征青春和活力，代表着希望和未来，生机盎然的绿植让我们的教室里四季如春。学生们根据绿植情况自觉分成了六个小组，并在花盆上标注组名，组长协调组员根据本组所负责植物的生长特性和喜好进行养护。学生在实践中学会合作、沟通和分享，通过"合作对话"学会处理团队中的冲突和问题，提高协作能力。

（二）小座位展显大智慧

世界上没有两片相同的叶子，一个班的学生会有各种各样的性格。根据学生的不同特点，我把他们分成不同的小组，刚柔并济、强弱互搭，组成互益的学师学友。例如，学习优势互补的学生坐在一起，性格互补的学生坐在一起。学生之间沟通与探讨，不仅可以拉近学生之间的关系，还能帮助学生建立深厚的友谊。同时，结合课程教学目标和教学特点，灵活采用座位形式，如小组活动时采用"小组式"，开主题班会时采用"圆桌会议式"或者"马蹄式"。科学编排座位，不仅可以构建一个良好的互动环境，使每个学生都有所收获，而且可以有效提升班级整体的学业水平，构建浓厚的文化学习氛围。

（三）健康成长档案——时空共育

小小的一块壁报就是大大的一片天，宣传栏摇身变成长墙。它记录了孩子们六年的点滴成长，记录了班级的蓬勃发展，同时也记载着我们六年的收获和教训，寄托着同伴间的感激和勉励、老师对同学的期望和祝福。

为了给学生留下足够的反思和回顾余地，同时也为了保证综合评价结果具有一定的准确性与一致性，我在班主任管理手册中专门建立了"健康成长档案"，专门记录班里每个学生每天在学校的成长足迹。我在班群中也会通过视频、文字等形式让家长了解学校活动的育人点，指导家长如何更有效助力孩子全面发展。其实，没有家长不想教育好孩子，他们更多的是不知道怎么配合学校。民主、平等的家校沟通让家庭文化、学校文化、班级文化形成真正的对话，形成合力，全面科学地促进青少年的健康成长。对于低年级学生，考虑到学生的自身特点，我多采用绘画和拍照片的方式记录；中高年级学生开始关注同伴评价，这时候加入同伴评价和自我反思，我全方位记录学生的成长。健康成长档案将我班每个学生六年的成长经历都记录了下来。"让每个学生都留下进步的足迹，收获成长的喜悦"是我的宗旨，从点滴做起，从细节入手，从学生生活中的小事入手，让学生的良好行为习惯得到展现，让学生逐渐成为一个高综合素质的人。

（四）趣味游戏角

爱玩是学生的天性。对于每个学生来说，课间和饭后玩两局游戏是一件很幸福的事情。健康的游戏能全面提升学生的心理素质，促进学生以轻松的心态对待游戏中的胜负；培养学生诚实、机敏的健康个性，使学生更加关心集体、爱护同学，形成良好的团队合作意识；培养学生良好的观察力、判断力，提升学生应对挫折的能力。

自 2018 年开始，我在教室一角设计了"游戏小天地"，开设了桌游、棋类、猜谜等课间小游戏。我根据学生不同年级的特点，开设了不同的游戏项目。就拿桌游来说，低年级学生主要玩《南极小企鹅》《鬼脸大王》等，中年级学生主要玩《法老密码》《愤怒的小鸟》等，高年级学生主要玩《摺足先登》《桌上冰壶》等。课间玩游戏时，我经常向学生竖起大拇指，赞赏他们严谨的逻辑推理能力、敏捷的反应能力以及超强的记忆和手眼协调的能力。小学生处于特殊的年龄阶段，教师的欣赏和鼓励不仅能让学生课上疲惫的身心得到放松，还能大大提升学生的自信心，增强学生对班级的认同度。

六年来，在新型的时空共同育人模式培育下，每个孩子都充满朝气，在有限的时间里展现出最优秀的自己，实现了"健康成长"的目标。

二、巧抓文化软实力

（一）何谓文化软实力

"软实力"这个术语最早是由美国哈佛大学教授约瑟夫·奈提出来的，2006年"文化软实力"这个词开始流行并受到关注。文化软实力是与一个国家的创造力、影响力相关的思想、观念和文化，很多是看不见的，不能物化、不能指标化、不能市场化。文化软实力虽然没有硬实力那样具有明显和直接的力量，但有更加持久的渗透力。

（二）班集体文化软实力的形成途径

班集体文化软实力是班集体发展的深层次推动力，是团队中"一只看不见的手"。它无时不在、无时不有，融汇在班集体的观念和行为中，潜移默化地发挥着巨大作用。理想教育文化提出新时代我们要培养的是最佳公民，因此只有加强团队文化建设"软实力"，增强班集体的文化氛围，学生才能将其内化为自己的行为习惯，最终成为一个最佳公民。我认为，增强班集体文化软实力，唯有在提升班集体凝聚力上下"硬功夫"才能实现。小学六年的跨度很大，班集体文化建设的重点和策略也不相同，因时制宜才能事半功倍，巧妙促进班集体文化软实力的提升。

1. 萌芽期——健全班训、班规，创建优良班风

班集体刚刚成立时，每个学生都带着自己原生家庭的生活习惯，带着各自的兴趣爱好，带着属于自己的智慧走进校园。这个时期是班集体文化建设的基础时期，是一个习惯和观点的形成时期，也是打造班集体文化软实力的最佳时期。

（1）巧用班级"隐形文化"。班训和班规是每个班集体必备的，俗称班级制度文化，也是班级"隐形文化"。只有学生真正将其内化于心，才能外化于行，自觉养成习惯，班训、班规才能发挥最大的作用。

在班集体建立之初，我会广开言路，组织学生讨论班集体的发展方向，让每人写一两条班训，然后，对收集上来的"班训"进行梳理、筛选。在班会课上，我引导全班同学围绕这些"准班训"展开深入讨论，讨论每一条"准班训"的内涵和外延。这种讨论，不仅可以让学生对班训的认识提升到一个高度，还可以让班训根植于学生的内心深处。最后，根据学生的讨论结果，"优中选优"，选出其中的一条"准班训"作为班级的"正式班训"，让每个学生都成为班级制度文化的缔造者。

班规是班主任、班干部管理班的重要依据，是学生在班里学习和生活的行动方向标。班规的制定方式和班训相同，不同之处是我每学期都会带领学生补充、完善班级规章制度，将德育的内容潜移默化地融入班级规章制度中，让班规与时俱进。

（2）创新制度落实方式。小学阶段正是学生学习习惯养成、知识体系构建的关键时期。通过正确的引导，培养学生的自我管理能力、自律意识，这对于学生

未来的发展大有裨益，因此我们的班规是"做自己行为的小主人"。我一直倡导的班级管理理念是"民主、自治"，因此我采取了以学生自治为主、以教师指导为辅的制度落实方式。

我在班内成立了由5名协调员组成的督导小组。学生在班级生活中发生矛盾纠纷，首先上报督导小组。督导小组根据"案件"的类型安排最适合的协调员进行协调解决，协调员秉承"公平公正、团结友爱"的原则协调处理，并将整个过程详细记录在"事故处理单"上，事后上交督导小组。每周督导小组会固定召开一次例会，总结本周的工作情况，讨论疑难"案件"，交流协调经验。全程我只是作为顾问的角色参加，学生遇到困难帮一把，受到委屈拥抱一下，退出主体领导者角色，将学生推上前去。督导小组的运作采用以旧带新、师徒培养的方式保持可持续发展，每月轮换一次，让每个学生都能够参与到班级制度的落实中来。督导小组的工作，一方面锻炼了学生的交际能力、管理能力和协调能力，另一方面鼓励了学生以身作则、身先士卒，做好其他同学的榜样，起到表率和带头作用。督导小组不仅大大减轻了教师的管理压力，也锻炼了学生的综合能力，促进了学生全面发展。

2. 发展期——借助团体活动，增强班级凝聚力

经过一个学期紧锣密鼓的筹备，班集体基本上形成了特有的风貌特征，进入班级文化发展期。这时我的主要工作是利用学校的大型团体活动和丰富多彩的班级活动来增强学生对团队的信任和依赖感，使团队精神逐渐形成。

（1）借势造势，巧用校级活动。运动会是培养学生集体观念的有效活动。每次运动会之前，我都鼓励学生全员参与，根据自己的特长认领不同的任务。此外，我还组建了后勤保障队、协调小分队、摄影小分队，学生可以负责执勤、送水，应对突发情况，记录精彩瞬间等工作。通过这些分工，学生能发挥自己所长，树立责任意识，力争将自己所负责的工作做好，而不是一旦遇到问题，就先寻求教师与家长的帮助。学生在"做中学"，实现从"书本"到"生活"的转变，实现从"个体"到"团队"的转变，培养合作能力与竞争意识，学会尊重、学会关心，提升道德修养。

学校围绕"只为你的春暖花开"课程理念，设计了四季课程。我鼓励班中课间喜欢追跑打闹的"小旋风"参与，担任农耕小能手，使其在劳动的过程中释放能量、收获快乐，同时也能够了解植物生长的过程、感悟生命的伟大、感恩大自然的馈赠、感受生活的幸福。

学校的集体活动可有效增强班级凝聚力，增强班里学生的归属感和认同感。

借助学校的特色活动，我引导有特长的学生积极参与，对其在活动过程中暴露的"闪光点"进行放大，增强他们的自信心从而增进他们的集体意识，真正将班集体拧成一股绳。

（2）适时营造、丰富班级活动。教育家赫尔巴特说："兴趣意味着自我活动。兴趣须是多方面的。因此，要求多方面的活动。"因此，我在班级文化建设中，注重创设多元化的班级活动，激发不同学生的兴趣，增强班级凝聚力。例如，每年都会引导学生组织一场元旦晚会，全程由学生自己组织和策划，我只是充当辅助人员，在学生遇到困难时适当帮助，提升学生的自我管理能力，这对增强班级凝聚力非常有效。为培养学生积极乐观的生活态度，树立社会主义核心价值观，提高学生的思想道德素质，我将每周三设置为班里的感恩日，这一天每个学生都要尽可能多地去帮助他人和感谢别人的帮助。通过一系列感恩教育活动，学生能够感知父母、老师、同学的恩情，正确认识自己在家庭、集体中的地位与价值，增强了责任感、使命感和主人翁意识，培养了自觉感恩、明礼守信的健康人格。依托学校的唤醒课程体系，班里组建了绒花社团，让女生亲手制作绒花，感受传统非遗文化的魅力；组建了木工社团，让男生了解鲁班锁的历史，感受技艺高超的传统榫卯结构，培养把传统手艺传承下去的意识，让传统文化和艺术代代相传。

3. 成熟期——充分发挥优势，保持可持续发展

当一个班集体将团结、积极、进取、自信、自强等精神弥散在整个团队的环境中时，其文化就进入了成熟期。进入成熟期的班级文化可以充分感染和同化进入这个班的学生的行为习惯。"根"正则"苗"红，作为"根"的班级文化风清气正，那么，作为"苗"的学生自然也会乐观向上、举止优雅、好学上进。

在班级文化进入成熟期后，我巧妙抓住机会为学生开展励志教育，例如开展"强国有我"主题读书活动。学生通过讲述生动的革命故事，分享切身感受，激发爱国主义情怀，增强"强国有我"的自信心和自豪感。我组织的一系列活动向学生传达出"团队具有长期生命力"的观念，让学生明白良好班集体的重要性，团队成员是要长期相伴相随的"同路人"，从而让班集体的"文化软实力"真正发挥它强大的推动作用。

▶案例分析 ✎

在日常生活中，我经常听到一些家长说要给孩子选一个"好班"。其实这里

的好班并不是针对成绩提出的，而是对班级文化的评价，即一个班风纯良的班级。班级文化对学生的影响是由内而外的，学生的道德发展离不开班级文化这种主要的德育资源的影响和熏陶。作为教师，我们应该努力在班级之中营造良好的育人环境，让"教书"与"育人"并驾齐驱，以促进学生的健康成长。

（作者单位：北京市星河实验学校国美分校）

"合作成长共同体"发展目标的
制定和达成

刘　伟

▶案例背景 ✎

　　班级管理者针对学生学习主动性差、心理韧性弱、自我效能低等问题，要从应对"问题生"的问题取向转向运用"合作对话"教育教学范式，使用基本工具——"尊重、民主、责任、科学"，树立和践行与学生构成"合作成长共同体"的思想和意识，制定"合作成长共同体"发展目标：学会做人，学会做事，学会学习。

▶解决问题的过程描述 ✎

　　"合作成长共同体"发展目标是全体师生共同的追求，凝聚整个班集体的力量，其功能在于挖掘学生潜力、鼓励学生追求卓越。目标不能成为"束之高阁"或是僵化教条的口号，而是要在班级发展过程中通过解决班级实际问题，如改良学生的行为习惯、培养学生良好的学习品质等加以实现。

一、"合作成长共同体"发展目标有助于改良学生的行为习惯

　　为了解决班级自习课纪律问题，围绕"合作成长共同体"发展目标，我在对话主题下设定了次主题：（1）做人的素养；（2）学习的本质；（3）学会做事。

　　（一）围绕"做人的素养"展开对话

　　引导学生做善良的人、做自律的人，即"有为他人着想的善良，有无须他人提醒的自律"。自习课上不讨论，不为满足自己的求知欲而打断他人学习，这就

是"为他人着想的善良"。不需要老师组织，不需要班干部督促，自觉进入学习状态，这就是"无须他人提醒的自律"。自习课的纪律要求成为学生"学会做人"的素养追求，学生更加愉悦地接纳，也更加主动地将这种意识内化为一种习惯和一种生活态度。

（二）围绕"学习的本质"展开对话

开展以"听懂等于学会吗？"为主题的班级讨论会。很多同学分享了自己的学习体会——"一听就会，一做就废"。还有的同学从老师授课的角度分析，"老师课上讲的是整个知识体系中的重难点，而自己在做题过程中思维总是不能连贯，存在很多断点"。最后，在总结阶段，我组织同学们阅读了一篇关于学习的规律和步骤的文章。通过阅读，学生明白除了学习知识，还要内化知识、应用知识、迁移知识，达到学习的更高层次和境界。自习课的重要性就在于给予学生时间去独立地总结、内化、应用当天的知识。明白了学习的规律和自习课的重要性，自习课的纪律要求又转变成了学生学习的内在需求，学生在自习课上的学习也就更加自觉、专注了。

（三）围绕"学会做事"展开对话

引导学生做事有规则、重细节。关于作业，我为每个学生准备了一个记事本，自习课前科代表布置作业，同学记录作业，同时准备好相应的学习材料。这些做法主要解决自习课上学生时不时慌乱地翻找东西的问题。有了课前准备和规划，学生浮躁的内心也就慢慢地平静了下来。

二、"合作成长共同体"发展目标有助于培养学生良好的学习品质

针对学生学习主动性差、心理韧性弱等问题，在"合作成长共同体"发展目标的引领下，我引导学生在学习方面制定发展目标，并设定对话次主题：（1）心中有目标，脚下有方向——制定长期目标。（2）行稳致远，进而有为——制定中期目标。（3）积点滴，惜秒阴——制定短期目标（日计划）。

（一）心中有目标，脚下有方向——围绕制定长期目标展开对话

举行"我理想的大学"系列班会活动，引导学生结合自身的实际情况制定愿景目标并在同学间进行分享。在鼓励学生有高远目标大学、树立进取心的同时，也要让学生看到自身实际水平与目标大学的差距，实事求是，明确努力和提升的方向。

（二）行稳致远，进而有为——围绕制定中期目标展开对话

长期目标不能一天达成，也不是只靠高三一年的觉醒与奋斗就能达成的。只有稳步前进才能到达远方，只有不断进步才能有所作为。我在工作中引导学生把高中阶段六个学期作为超越自己、超越他人的六个台阶，一步一阶，不断取得进步，只有这样，才能达成自己的愿景目标。此外，我引导学生利用每次月考、期中考试、期末考试作为目标制定的契机，确立明确的阶段目标并有效规划学习过程，帮助学生以更系统、更高效的学习方式来实现长期目标。

（三）积点滴，惜秒阴——围绕制定短期目标（日计划）展开对话

每个人的时间都是相同的，但对于懂得珍惜时间、规划时间的学生而言，时间会增值。因此，我倡导学生制定每天的学习计划。制定每节自习课 40 分钟的学习计划甚至是每个课间 10 分钟的学习计划都是很有必要的。更加有规划的学习减少了学生在面对大量作业与考试时的慌乱焦虑感以及毫无头绪时虚度的时光。

▶案例分析 🖊

建立"合作成长共同体"发展目标，从不同层次的次主题进行师生对话、生生对话，将行为习惯的改良和学习品质的培养内化为学生的分内之事，使学生发现自我的价值与责任，自然而然地主动思考、积极行动。在老师的陪伴下，学生规范行为，收获进步，思行统一，循序渐进，层层提高。

（作者单位：北京化工大学附属中学）

个性化辅导为成长赋能

丁 佳

▶ 案例背景 ✎

教育"发生"必须直指受教育者的变化。要获得更理想的受教育者的变化，需要采取"合作对话"。师生之间的关系，一定是合作关系，既不是对抗关系，也不是成长与被成长的关系。家庭关系也是一样的，父母与子女不是占有关系，而是合作关系。如果老师和家长都理解并致力于建构这样的关系，我们就成为"合作成长共同体"。否则，无论外在力量多么强大，提供多么好的学习资料、多么充足的学习时间，只要没有受教育者参与"对话"，或者说，虽然参与"对话"，却没有一丝的合作，那么，"教育"就没有发生。

实现"合作对话"，必须建构"合作成长共同体"。不管是学校教育、家庭教育还是社会教育，只要有教育发生——包括自然事件、社会事件引起的教育以及自我教育，就一定有教育者、受教育者、教育材料和相应的时空，而这些构成教育的要素及它们之间的关系，就构成了一个"合作成长共同体"，并直接指向一个共同目标——实现受教育者的成长。

▶ 解决问题的过程描述 ✎

一、个性化辅导的重要性

个性化辅导是"合作对话"式教育的重要组成部分。每个学生都是独一无二的，有自己的兴趣、需求和学习风格。个性化辅导能够根据学生的个体差异，提供针对性的指导和支持，帮助学生更好地发展自己的潜能，实现个性化发展。

二、合作与个性化辅导的结合

在"合作对话"式教育中，合作与个性化辅导是相互补充、相互促进的。通过小组合作、团队讨论等形式，学生能够在互动中相互学习、共同进步；而个性化辅导则能够针对学生的个性化需求，提供精准的帮助和支持。二者的结合，既能够培养学生的合作精神，又能够满足学生的个性化需求。

三、个性化辅导实施案例

小明是一个性格内向、学习成绩不太好的孩子。我从学生的角度出发，尽可能地了解他的生活背景、家庭情况和情感需求，为他提供个性化的辅导和帮助。

为了更好地了解小明，我尝试与他谈论他所感兴趣的话题。在经过一段时间的交流后，我发现小明因为自己的学习成绩不太好而感到自卑，不愿意主动与同学交流。为了帮助他适应学习和生活，我决定采取一系列个性化辅导措施。

在个性化辅导过程中，我与小明进行了深入的交流，了解他的学习情况和问题所在。通过与他沟通，我发现他在某些知识点上容易出错，缺乏对应的理解和掌握。基于这个发现，我制定了一份专门针对他的学习计划，重点关注他容易出错的知识点。

我给予他额外的讲解和练习机会，为他提供一些适合他个人学习风格的学习方法，比如与他口头对话、以图表形式呈现知识点等，以增强他对知识点的记忆和理解。同时，我鼓励小明课后复习，明确任务和目标，制定学习计划，并帮助他制定可行的时间表。一段时间后，小明的学习效果有了很大的提升，他在学校的成绩也有了明显的进步。

在课堂上，我对他的正确回答和积极参与给予鼓励的眼神和微笑，让他感受到我的支持和鼓励。课堂上开展的小组学习活动，也可以让小明与同学们建立更亲密的关系，培养他的合作能力和团队意识。通过与其他同学一起解决问题，小明可以从他们身上学到一些新的方法和思维方式，提高自己的学习能力。

以上措施旨在为小明提供一个积极、正向的学习环境。我相信，通过我的关注和肯定，小明能够更加自信地参与课堂活动，并在合作中发挥自己的潜力。同时，我也希望通过细致的评价和建议，帮助小明找到自己的学习方向，进一步提高自己的学习能力。

这种个性化的教学方法旨在为学生提供更加全面的教育。通过积极的反馈和支持，学生可以建立自信心，克服学习困难，并在学习中获得更多的成功体验。

同时，通过与同学合作，学生还可以培养合作精神和团队意识，为成长与发展打下基础。总而言之，这种个性化的教学方法可以帮助学生全面发展，提高学习成绩，并形成积极的学习态度和价值观。在这一个案中我也看到了小明在学习和成长方面的积极变化：他的学习成绩不断提高，与同学们的关系变得亲密，逐渐变得自信、开朗，敢于表达自己的想法和意见，在班中成为佼佼者之一。

▶案例分析 ✎

在"合作对话"式教育中，教师的角色发生了转变，从传统的知识传授者变成了学生学习过程中的引导者和促进者，这需要教师具备一定的沟通、协作和创新能力，以便更好地进行合作学习和个性化辅导。

"合作对话"式教育强调师生间的平等沟通与合作，鼓励学生积极参与课堂活动和表达自己的观点。通过对话，教师可以更好地了解学生的学习需求，从而进行更有针对性的辅导。这一理念有助于培养学生的自主学习能力，促进潜能生的全面发展。

（作者单位：北京市朝阳区实验小学福源分校）

在青少年成长过程中化解心理、情感与身体发展矛盾的策略

马　颖

▶ 案例背景 🖊

　　"合作对话"是教育者和受教育者建构为一个"合作成长共同体"，在合作的基础上使受教育者不断成长。在青少年成长过程中，运用"合作对话"可以有效化解心理、情感与身体发展矛盾。通过持续的对话唤醒，青少年可以学会尊重、倾听和解决问题，增强自信心和团队精神。"合作对话"有助于青少年更好地适应学习和生活中的各种挑战，促进他们的健康成长。

　　在"合作对话"教育教学实践中，我关注到一位名叫明明的同学。明明是一个性格内向、不善于表达自己的青少年，成绩在班级中处于中游水平。随着年级升高，学习压力逐渐增大，他的心理状态开始出现波动。此外，他的家庭环境较为复杂，父母关系紧张，经常争吵，这让明明感到不安，影响了他的情绪和学业表现。

▶ 解决问题的过程描述 🖊

　　针对明明的具体情况，我与明明沟通之后建立了一个"合作成长共同体"，并不断进行维护。我制定了以下干预策略：提供心理支持、改善家庭环境、缓解学习压力、增强社交能力。

一、提供心理支持

　　针对明明的心理问题，我采取了多种方法提供心理支持。首先，我定期与明

明进行个体谈话，了解他的内心想法和困惑。我鼓励他敞开心扉，表达自己的情感，并为他提供积极的建议和引导。其次，我为他安排一些放松和调节情绪的活动，如打球、跑步等，帮助他舒缓压力、放松身心。

二、改善家庭环境

为了改善明明的家庭环境，帮助明明更好地成长，我邀请明明的父母加入"合作成长共同体"。我与明明的父母进行了多次沟通，向他们阐述了家庭环境对孩子心理和情感的重要性，并建议他们改善夫妻关系，减少争吵。同时，我建议明明的父母多关注明明的成长和内心需求，与他建立良好的沟通和信任关系。在我的指导下，明明的父母开始努力改善家庭氛围，为明明创造一个温馨、和谐的家庭环境。

三、缓解学习压力

学习压力过大是影响明明心理和情感的重要因素，为了缓解学习压力，我采取了以下"合作对话"措施：

（1）目标设定：我与明明一起制定适合他的学习目标，并根据他的实际情况调整学习计划。我们一起制定阶段性的小目标，让明明感到学习的挑战性，同时激发他的学习动力。

（2）学习方法指导：我给明明介绍了一些高效的学习方法和技巧，如时间管理、记忆技巧等，鼓励他尝试不同的学习方法和技巧，找到适合自己的，提高学习效率。

（3）鼓励参与课外活动：我建议明明积极参加学校和班级组织的一些课外活动，如运动会、艺术比赛等，这样可以让明明放松心情，缓解学习压力，同时提高团队协作能力。

四、增强社交能力

通过不断唤醒明明的对话愿望，我发现明明开始有强烈的社交意识。为了帮助明明增强社交能力，我鼓励他积极参加学校和班级的各项活动。我还引导他主动与同学交流，培养良好的人际关系，同时，建议班级组织一些小组活动，让明明有机会与同学合作完成任务。在学校的支持下，明明逐渐与同学们建立了友好的关系，社交能力得到了提升。

经过一段时间的"合作对话"，明明的心理状态得到了明显改善。他的焦虑和压力感减轻了，情绪更加稳定。在家庭方面，父母关系得到了改善，家庭氛围更加和谐。明明在学习上变得更加自信和积极，学习成绩也有所提高。同时，他的社交能力得到了提升，与同学们建立了良好的关系，实现了"合作成长共同体"内师生、生生共同成长。

▶ 案例分析 🖍

"合作对话"是化解心理、情感与身体发展矛盾的有效方法，提供心理支持、改善家庭环境、缓解学习压力和增强社交能力是解决青少年成长矛盾的关键因素。教师需要关注学生的心理健康和情感需求，为他们提供适当的指导和支持。同时，教师还需要与家长、学校和社会共同努力，为青少年构建一个有利于身心健康发展的"合作成长共同体"。通过"合作对话"教育教学范式的不断实践，帮助更多青少年克服成长过程中的矛盾和挑战，实现全面、健康的发展，最终实现师生的共同成长。

▶ 案例反思 🖍

通过这个案例，我深刻感受到"合作对话"在青少年成长过程中所发挥的重要作用。明明的经历让我意识到，青少年在成长过程中会面临诸多心理、情感与身体发展矛盾，教育者有责任和义务去帮助他们化解这些矛盾。

我看到了明明在"合作成长共同体"中的积极变化。经过沟通，他逐渐消除了内心的焦虑和压力，变得更加自信和积极。同时，家庭环境的改善也为他的成长提供了坚实的后盾。这让我思考到，教育不仅是在学校中进行，还需要家庭与社会的共同参与和支持。

未来我将更加注重与学生建立良好的"合作成长共同体"。我会更加耐心地倾听学生的想法和困惑，给予他们及时的支持和引导。同时，我也会加强和家长的沟通与合作，为学生创造一个良好的成长环境。我相信，"合作对话"能够帮助更多青少年健康成长，释放他们的潜力。

（作者单位：北京市星河实验学校国美分校）

在"跨越与交付"中践行理想教育文化

——一年级新生入学仪式

迪丽娜尔

▶ 案例背景 ✐

每一个九月，都孕育着新的希望；每一个九月，都奏响了新的乐章。在校园中，这是最让人心动的时候。当温暖的秋风拂满校园时，阳光也洒在了每一个准备入学的孩子的脸上。孩子们像一个个小天使飞进了校园，给沉寂已久的校园注入了无限生机。这些即将开启小学生活的小天使，满载着对未来的美好憧憬，满载着家长们殷切的期待，跨入了一年级的大门。

▶ 解决问题的过程描述 ✐

入学仪式对新同学来说是一个全新的起点，代表着小朋友正式成为一名小学生了，也是家校间正式开启协作、师生间正式建立"合作成长共同体"的契机，因此这是一个孕育着新的希望和憧憬的仪式，同时，它也是入学教育的重要组成部分。学校抓住这个契机，将入学仪式营造成一个热情向上、温馨温暖的仪式，既让孩子们在仪式中实现心理上的跨越——感受学校生活之美，体验学校活动之美，向往学校、亲近老师、友爱同学，也让家长实现家校间的跨越——了解并认识学校教育，开启"合作对话"，实施家校共育。

仪式即将开始，小朋友们牵着父母的手，排好长队，来到花坛边等候。花坛中繁花锦簇，生机盎然。花儿们仰起一张张稚嫩的笑脸，似乎在为那一个个略显紧张的小朋友送去祝福。学校空间在这一刻被赋予了人文性，孩子们在与环境的互动中感受着生活的情趣，激发潜在的力量。果然，刚刚还有些紧张的孩子，看到这些颜色或浓或淡、昂首怒放的鲜花，一个个放松了下来。每一个小朋友都睁大了好奇的双眼，脸上浮现出快乐的笑容。在这样的环境中，他们的心里该是多么激动和喜悦啊！在这样的气氛中开启小学生涯的第一步，是一件多么幸福的事。也在这一刻，孩子们的情绪得到舒缓，孩子们在活动中获得力量，学校实现了"不言而育"。个体只有充分发挥自身灵动能力，使理想生命个体生长方法论中"独立、追求、养控、审美"各要素的力量充分发挥作用，才能形成建设理想社会可持续的内部动力源。而每一个小生命踏入校园的这一刻，正是开启友好"合作对话"的最佳时机。

一、感恩父母，情满鲜花路

这时操场上音乐声响起，队旗招展，气球飘舞，欢乐的歌声萦绕着会场。伴随着欢快的音乐，高年级的大哥哥、大姐姐们响起热烈的掌声，欢迎着这些新同学的到来。置身于仪式现场，鲜艳的色调洋溢着喜庆，让人心生暖意。小朋友们按照班级的顺序，在老师的带领下，在爸爸妈妈的陪伴下，踏着红毯，开启了小学生活的梦想之旅。学校以"感恩"为主题拉开了首个环节：深鞠躬感恩父母的养育和陪伴。孩子承载着父母满满的爱，对父母深深地鞠下一躬，再说一句简短的"谢谢"，学校已在孩子的心中悄悄种下了感恩的种子。同时，"独立"的种子也在每一个小心灵里萌芽。在理想生命个体生长方法论中，独立的意识是学习的前提。在此刻，在孩子稚嫩的眼神中，似乎出现了一股坚定的力量——我是一名小学生了！

看着即将开启小学生活的孩子，不少父母红了眼眶……这一刻，父母心中升腾起一个念想——孩子长大了！爸爸妈妈不由自主地俯下身子，深情拥抱着自己的孩子，在这个拥抱中放进了满满的爱与期待。相信这一刻，学校对孩子们的爱与期待也传递给了父母与孩子们。有的情感不必轰轰烈烈，却已然能够触及心灵，在每一个小心灵里种下独立的种子。

二、赋予使命的礼物

在感受到浓浓的父母情后，老师们也送上了学校的礼物：一个蓝色的冰雪特色校学具背包、一本国美学分银行的存折、一支带有国美全拼标志的学分笔、一本国美古诗阅读读本。

学校用心准备每一个礼物，精挑细选。带有学校标识的背包让孩子们无论走到哪里，都记得自己是学校的一员，自己的言行代表着学校。一本国美学分银行的存折饱含了深深的期待，学校期待孩子们在国美成长的这六年中，发现自己的优势与特长，快乐成长。一支带有国美全拼标志的学分笔，为孩子们点明了方向：朝着自己制定的目标努力奋斗。每一个在国美长大的孩子，只要目标明确，并坚持不懈，一定能够收获属于自己的成功。一本国美古诗阅读读本告诉孩子们，生活中处处有诗意。我们将一颗热爱学习的种子播撒到小朋友心中，希望孩子们能够享受生活、爱上生活，追求更好的生命体验，让诗意与美好伴随着孩子们长大。

"追求"是理想教育文化生命生长的动力源泉，老师们将这份沉甸甸的爱与期待送到孩子们手中，让孩子们有了小学生活中最初的、最懵懂的追求。孩子们抱着这份镌刻着国美烙印的礼物，一个使命已稳稳传递给孩子们。

三、跨越龙门，责任在心

红毯尽头，簇簇鲜花与气球扎起了成长之门。跨越过成长之门的这一刻，孩子们告别了幼儿期，开启了如梦般精彩难忘的童年时期；在这一刻，迎接他们的将是无尽的希望与未来；在这一刻，孩子们做好了成为一名合格的社会公民的准备；在这一刻，孩子们在父母的陪伴下踏入属于自己的校园，肩负起作为学生的一份责任，用知识和文化涵养自己的品格，学会管控自身外在行为。

成长之门，是与过去的告别，也是对未来的期望。如果说礼物是使命的传递，那么成长之门就是将责任意识扎根在孩子们的脑海中，让孩子们在成长过程中修炼自身，"养控"自我。

四、放心交付

在成长之门对面迎接孩子们的，是新班级的班主任们。老师满眼慈爱，微笑着等待着每一个走向他的孩子。家长们放心地将孩子交付老师。临行言切切，不及诉衷肠，这一刻家长们虽无法尽言，却已将信任传递给老师，用对老师和学校的期待陪伴孩子成长。

从这天开始，孩子，你就是一名小学生了，你将在浩瀚的学海里遨游。九层之台，起于累土；千里之行，始于足下。小学是人生获得知识的时期，也是打基础的关键时期。在这段时间里，老师会一直陪伴着你，耐心指引着你。我们是"合作成长共同体"，当我们在"跨越与交付"中搭起"合作对话"的平台时，我们便一同开启了新的学习旅程。有老师们在，你们放心地展翅飞翔，汲取知识的养分，不断充实自我；有你们在，老师们也会在专业方面再上一个台阶，不断提升自我。

　　春天是碧绿的天地，秋天是金黄的世界。孩子，愿你用青春的绿色去酿造未来富有的金秋！老师们也定将不负家长们殷切的期望，在以后两千多个日夜中，倾尽全力，培育好每一个学子。

▶ 案例分析 🖊

　　跨越与交付，赋予入学仪式一种特别的意义，对学生的心灵起着深刻、持久、潜移默化的感染作用。它透射出学校管理者的智慧和气度，对学校办学思想的诠释，对学生成长的呵护与期待。国美借助一年级新生入学仪式，让父母与孩子经历共同的情感体验，使入学仪式成为所有一年级学生人生中不普通的经历。这个简短而又热烈的入学仪式，让所有一年级小朋友感受到了国美大家庭的温暖，在这里，每一位同学都是独立的个体，每一位同学都可以追求成为更好的自己。在开启孩子幸福人生的时候，这样的仪式，必定会在他们生命的航程中留下抹不去的记忆，给他们的成长增添无穷的信心和力量。学校以平等、尊重、"合作对话"的方式与学生对话、与家长对话，让家校协同育人的共同体变得更有力。带着呵护与期待，相信每一个小朋友都能在校园中度过幸福愉快的童年。

　　　　　　　　　　　　　　　（作者单位：北京市星河实验学校国美分校）

寓自律于生活 "专"心当下
"注"力成长
——班级主题教育活动实施与反思

穆雪君

▶ 案例背景 ✏

　　结合当下时代特点和2011—2021年的心理健康普查数据，可以看出，目前青少年当中存在着行为拖延、自律情况较差、网络依赖突出的特点。同样，这也是当下的我作为新初一班主任以及心理教师需要帮助学生改善调控的重点。

　　众所周知，人类教育的本质是培养人格和传授知识。只有人格培养和知识传授互为支撑、和谐发展，才能促进学生全面、良性、可持续地发展。因此，良好的学习习惯和正确的学习方法乃至学习力的培养均是提高孩子综合学习素养不可或缺的一部分。良好的记忆力是学习的重要保障，而专注力是记忆力的前提，因此，提高中学生的学习专注力对于中学生学习的不断深入、知识的真正掌握和学习力的发展具有不可或缺的现实意义。

▶ 解决问题的过程描述 ✏

一、3I 助力——直面挑战，集思广益，巧思专注之法

　　本学期开学一个多月后，通过平时对学生的观察，我发现，进入初中阶段后，学生可以自主支配的时间多了。对于少部分同学来说，生活充实了起来，包括阅读课外书、参与社团活动、自主进行运动等。然而对于大部分同学来说，分为几种情况：（1）仅限于被动完成老师布置的任务，其他时间无事可做，多有违反

纪律情况；（2）对老师布置的任务完成效率较低，甚至完不成；（3）个别同学出现一步赶不上、步步赶不上的情况，出现上课精神萎靡、效率低下的情况。

我相信每个班主任都会在带班过程中遇到过或者处理过类似的情况。这一次我努力突破自己的舒适圈，希望可以在和学生、家长谈话，给他们做思想工作以外，从其他角度切入，让学生有参与、有体会、有收获、有分享，帮助学生意识到专注对于现阶段学习、兴趣培养、全面发展的重要意义。

结合现阶段的情况，我也希望孩子们能够调整心态，从心出发，真正认识到要增强自律意识，同时借力新环境，完成从小学生到初中生身份的转变。本着自主、自愿的原则，结合积极心理课的教学特性和模式，同学们在本学期第一课上设计小组海报的过程中完成了小组的初步构建和设立，我则帮助同学们在设计小组海报的过程中了解组员特点，为后期小组进一步合作解决问题奠定基础。孩子们期待着如何在小组当中树立形象和担当角色，借此契机，作为积极心理课上的引路人的我，为孩子们提供了 3I 策略，即我有（I have）、我是（I am）、我能（I can），旨在引导孩子们从这三个方面进行思考，挖掘每个人的内在潜能解决问题，提高应对挑战的能力。

在提出这个策略初期，学生之间不由自主地就开始对话，兴奋地讨论自己有什么、自己能做什么，接着当我把课前匿名征集来的孩子们反馈的初中生活中面对的挑战（上课走神；作业记不全；做作业时手机在手、电脑在旁，效率低……）展示出来时，孩子们不觉红了脸、犯了难。看着这些自己写下的或是问题或是困难，大部分同学潜意识下的基本认知是了解到自己不专注的现状，心中有短暂自我反省的瞬间，但又羞于承认，且潜意识里倾向于这种不专注的做法，在享受这种自我放松的同时内心又是焦虑不安的。

为了让孩子们更真实地面对自己，并正确使用 3I 策略面对、处理问题，我通过邀请同学进行师生对话的方式引导大家一起探寻 3I 的真实内涵。几轮对话下来，大家了解了"我是"是指用积极的自我认知代替消极思维，即我可以怎样积极地看待这个问题。"我能"是指从自身寻找优势（人际技巧、解决问题等能力，情绪调控、目标制定等方法），积极应对当前逆境。"我有"是指我如何借助父母支持、朋友支持、老师引导等已有资源更好地解决问题。从同学们懵懂又有几丝了然的表情中，我看到了孩子们想要突破困境的意愿和对自己更高的追求。

紧接着，是时候让同学们大显身手，在合作中解决问题了。这也是"合作对话"的关键环节。在生生对话的过程中我发现，学生局限于不知从何种角度出发，我在巡视时，引导学生从自身出发、从帮助周围的同学出发，引导学生结合实践和生活以及周围同学的真问题，运用 3I 工具进行思考，让学生认识到帮助他人剖析问题的过程也是一种对于成为更好的自己的情志追求的体现。

二、"番茄时刻"陪伴——经历分享，展示专注成果

教育不应仅看学生得到多少分数，而应在学习的过程中培养学生专注的能力、思辨的能力。过程先于结果，过程优于结果，教育中以"过程"为导向的评判比"结果"显得更为深刻。对于解决中学生成长过程中的问题，班会无疑是老师和同学们喜闻乐见的形式之一。结合心理课的契机以及同学们分享的情况，不难发现时间管理和专注度的提升是共性问题。

基于此种学情、班情，我组织同学们召开了班会。本次班会在社会主义核心价值观中敬业这一关键词的引领下，进一步聚焦学生存在的不专注问题，通过短剧表演、问题讨论、成果展示等形式，联系本班实例，帮助学生自我剖析，让学生认识到专注对学习习惯养成、学习能力培养的重要性，分析学习不专注的原因，并找到解决问题的方法。

（一）大处着眼，小处着手

先以社会主义核心价值观中敬业这一关键词为大切入点，再以班级日常观察、家长沟通和学生反馈的情况为依据，从而确立了这一次班会的主题——专注，力图通过此次班会的课前活动调动、课中谈论反思、课后实践感悟帮助学生了解专注之于他们的必要性、紧迫性、重要性，从而激发起学生通过专注成就更好的自己这一积极情感。

（二）主题活动贯穿始终，教育活动延展性强

举行本次班会的主题活动前，本班同学已经进行了为期 2 个月的"番茄时刻"体验活动，这不仅有助于学生更好地理解长期专注于一件事的不易，同时也给学生充分的时间和空间去感受专注的力量。在班会主题活动中通过观看节目、思考辩论，加上之前 2 个月的情感体验，学生在思想和行为上才能更好地对接，从而达到知行合一。班会主题活动过后，利用学校的成长手册进行记录，更新番茄目标、树立身边榜样等，使班级教育得到延展和发散，并且落到实处。

（三）留心生活，生活当中处处是教育

"番茄时刻"体验活动来源于我个人的生活经历以及对《番茄工作法图解：简单易行的时间管理方法》的阅读。我将番茄工作法加以适度改变和调整，使之

易于操作，并且适合中学生。这也启发我要多在生活中寻找灵感，在阅读中教育自己。留心生活，往往能最有效地帮助学生。

▶案例分析 🖊

"生长"关乎学生的终身素养和发展，变学生"被成长"为主动生长才能真正赋予教育活力和灵魂。因此，学校、班级和老师有责任和义务去唤醒未成年人独立生长的意识，使其确立追求的目标，提高养控能力以及自身的审美情趣，以此实现受教育者的主动生长。

希望经过本次班级主题教育活动，同学们远离诱惑，能够和家人、朋友一起坚持做有意义的事情，真正拥抱自律，适应自律，享受自律。自律不是给自己压力和痛苦，而是享受力量感和控制力带来的快乐与自由！

（作者单位：北京市三里屯一中）

做一名点亮学生心灯的老师

郎晓蔷

▶案例背景 🖊

　　小学是我们现代人接受正规教育的基础阶段，教育的质量与水平直接影响和决定了良好行为习惯、优秀品质的形成和发展。如何实现教师对于立德树人的基础要求，以及教师应该如何适应新形势、新要求，这些问题的解决都需要小学教师从"心"出发，去感知学生所需，去实践学生所求，去呵护学生所得。"合作对话"教育教学范式让教师走进学生的内心，让学生真心感受到教师的温暖。本文通过科学的方法，有针对性地提出如何做到用"心"实践，以尊重为前提，使教育活动获得"心"成果；利用教师与学生的责任感，使学生获得"心"知识，培养独立与思考的能力，形成养控、审美的品质，点亮学生的心灯。

　　国家把立德树人作为教育的根本任务，可见德育在教育工作中的重要性，为此学校及班主任所做的一切工作都是"坚持德育为先"。立德树人，要坚持把社会主义核心价值体系融入国民教育全过程的德育理念，引导学生形成正确的世界观、人生观、价值观。加强理想信念教育和道德教育，培养学生的集体观念、诚信态度、艰苦奋斗的良好品质。创新德育形式，丰富德育内容，不断提高德育工作的吸引力和感染力，增强德育工作的针对性和实效性，把培养学生的基本道德品质作为学校一切工作的目的。所谓立德，即树立德业；所谓树人，即培养人才。立德树人就是指先树立德业，才能培养人才。班主任想做到立德树人，简而言之，就是班主任首先要做到树立德业，注重自身品行修养的形成和职业道德的履行。只有做到了这点，才能真正达到培养人才的目的，才能最终实现立德树人的理想。

▶解决问题的过程描述 ✏

高考前，我的最终梦想就是当一名人民教师。如今，当我站在讲台上的时候，才真正体会到作为一名教师的成就感，尤其是作为一名班主任的自豪感，而这些成就感与自豪感都来源于那些天真无邪的孩子。看着他们像小树苗一样成长，作为教师的我，心里满是自豪。

有一次，任课老师在课下和我说我们班上的一个孩子在上课的时候嚷着"不想上学了，想要回家"，根本不听讲。我开始思索，她是才转学来到班里的学生，是不是对环境还不太适应。于是，我抱着关心的态度私下找孩子沟通。孩子愤怒地和我大声说："我要回家，你快给我的爸爸打电话，让我爸把我接走。"我顿时感到非常震惊。我开始思考：这是在和我说话吗？她是我们班上的学生吗？怎么如此没有礼貌？我心里很不是滋味，但是我强忍住了心中的怒火。根据"合作成长共同体"的理念，要做到养控，首先要稳定孩子的情绪，才能做到平等沟通，才能进行"合作对话"。我尽力地安抚了孩子，和她的母亲沟通后，才了解了情况。原来，孩子家里是重组家庭，爸爸老来得子，所以非常宠爱孩子，妈妈也没有办法，家里因此经常吵架。在一年级的时候孩子因为在学校住不习惯，经常让家长接走，只上了三周的课，就没有再坚持住校读下去了，所以对于拼音等知识也就不太明白。二年级时又赶上疫情，所以孩子在学校的时间可以说少之又少。父亲的溺爱与孩子的内向，导致这个孩子在集体生活中有着明显的怯懦。我认为，在看似不遵守课堂纪律的表面下，孩子一定有一颗胆小害怕的心，她也很不自信。

所以，在接下来的几天里，我彻夜难眠。我该怎样来改变这个如此没有礼貌的孩子？怎么样才能帮助她适应这个集体？苦思冥想几天后，我终于找到了答案，那就是以心交心，用真情来打动她，多进行"合作对话"。在观察了几天后，我逐渐掌握了她的脾气。一天放学后，我主动找她，请她到办公室来聊天，说一说自己在开学这几天内有没有什么不适应的地方，有没有认识新的朋友。此时她有了自信，因为她交了两个新朋友，我能感受到她对班集体的热爱。我还让她讲一讲她自己在品德修养方面做得好的地方，也讲一讲周围道德模范的优秀事迹。渐渐地，她高傲的头低了下去，开始意识到自己在日常生活中所存在的不文明的问题。

从那以后，她见到我和别的老师一定会主动问好，以"您"相称；遇到不会的问题她也会积极主动寻找答案。虽然她的基础有些薄弱，但通过我和家长的不断沟通，孩子逐步有了自信，慢慢地融入了班集体，并和同学们一起进步。

通过这个案例我发现了家庭关系的天然性和密切性。父母对孩子的生活方式、道德品行甚至言谈举止都有深刻的影响，孩子身上所有的问题都可以从家长身上找到答案。比如，家长盯着孩子写作业，孩子就可能想各种办法来偷懒，因为家长包揽了孩子的学习责任，孩子是被动地在为家长学习。有些家长出去喝酒还带着孩子，到深夜才回家，第二天孩子睡眼惺忪，上课打盹，当考试成绩不理想的时候，却抱怨孩子考不出好成绩，其实孩子正是家长的影子。所以我思考了几个方法，力图可以真正做到"心"与"心"的交流。

▶ 案例分析 ✐

一、亦师亦友——拉近师生距离

在小学教学阶段，我作为包班的班主任，一人分任多个角色，不仅是班级的管理者，也是学生的知心朋友。我一直认为，老师与学生的关系一定是"合作成长共同体"。老师作为绿叶，只有当绿叶足够鲜嫩时，才会衬托出花的艳丽；当花开得足够旺盛时，叶子也会受到花的影响格外茂盛。

首先，以生为本，引导学生认识到自己才是课堂的主人。学习是为了提高自身素质和能力，而不是为了学习而学习。只有把学生放在教学活动的中心，才能拉近老师和学生之间的距离，学生才更愿意和老师交流，才能更主动地去学习。

其次，经常与学生沟通。老师应该是学生最好的朋友。特别在小学阶段，学生对于学习、学校的观念都是较为模糊的，在心里会有很多疑惑，在成长的关键阶段，老师要用心去发现学生的心理变化和行为变化，主动拉近师生关系，主动去关心每一位学生，让他们感受到爱。构建良好的师生关系，使师生的距离更近，学生更加健康、快乐地成长。

最后，引导学生爱上小学语文。在小学阶段，语文对于孩子的成长至关重要。在教学活动中，需要引导学生爱上语文学习，经常与老师互动交流，提升口头表达能力，培养阅读的兴趣，养成写日记的习惯。把语文的学习融入整个教学环境中，从而提高学生的主动性和创造性。

二、创新小学语文教学法——注重立德树人

"心"的实践、"心"的成果，主要体现在转变传统的教学方法，通过更加科学、合理的教学方法去引导学生、鼓励学生、激发学生，最终实现教学目标。

首先，在教学活动中加强对立德树人的贯彻。在传统教学活动中，老师将自身的教学重点放在了对书本内容的教学上，而忽视了立德树人教育，所以在"心"的实践中，要加强教育活动中的立德树人内容，把侧重点放在立德树人上，通过增加新的教学内容，开展有效的德育，引导学生成才。

其次，将贯彻立德树人与学科特点紧密结合在一起，发挥出学科优势。以语文学科为例，从小学语文教学内容本身发掘立德树人的教育内容。从文章的字里行间中提炼思想感情、汲取文章精华，在潜移默化中对学生进行德育，用小故事折射大道理，从小细节中培养学生良好的道德素质和行为习惯。

再次，尊重学生特点，发挥学生特长。在教学活动中，不同学生的特点和特长存在着很大的差异，要做到有教无类，要积极地发掘学生特长、发展学生特长。

最后，丰富教学内容。小学语文课本的内容毕竟有限，而现代社会中的内容远远多于书本，老师要从繁杂的内容中汲取精华，引导学生培养社会主义道德风尚，成为对实现社会主义现代化有用的人。

三、创设良好的教学环境——营造良好氛围

教学环境是学生的第二个生活环境。初次离开父母进入新的环境，学生会有不适应和不自在的感觉，而教师要有意识地创设良好的教学环境和课堂环境，营造良好氛围，使学生更快地适应新的环境，从而引导他们更加主动学习。

加强课堂互动，体现课堂"以生为本"的教学理念，引导他们做好课堂的"小主人"。强调集体观念，一方面培养学生的合作能力，另一方面提高学生的交际能力，这对于立德树人教育来说非常关键。如在小学数学教学活动中，有组织地开展课堂游戏，让每个学生都参与其中，明白只有共同努力才能获得胜利。

印度诗人泰戈尔说过："花的事业是甜蜜的，果的事业是珍贵的，让我干叶的事业吧！因为叶总是谦逊地垂着它的绿荫。"我相信每个学生的心灵都会在爱的呵护和触发下成长起来。尊重和保护学生的心灵是教师的基本工作。所谓尊重学生，不单是不打学生、不骂学生，还要从观念上真正把学生当成自己的孩子一样，耐心指导，这才是教育学生从心理上健康成长的良方。教师要多站在学生的

角度考虑，用"心"与学生沟通。如果教师平时注重研究学生的心理，知道并满足他们的实际需要，我相信学生就会从内心真正地接受教师。

一位教师如果能真正地做到立德树人，真正受到家长和学生的尊敬，自然就会有好名声和声望，也自然能受到社会的认可。作为新时代的班主任，我们都应该朝这个方向努力，永远保持一颗平常之心，永远保持对学生有激情，给学生多一些鼓励，少一些生气，少一些抱怨，用自己的真心去对待每一个学生。

通过对这个学生的教育过程，我明白了学生需要的不是老师的打骂，他们需要的是真诚的微笑、疼爱的目光。只有从内心满足学生的需要，他们才会感到无限的温暖，才会真正明白老师的良苦用心。

（作者单位：北京市第十七中学）

全方位育人新体系助力
"五育"并举新征程

刘　畅

▶案例背景 ✐

　　我国出台与实施了诸多教育举措，其中"五育"并举、"双减"、"大思政课"等早已成为热门话题。从本质上看，教育的目的在于"培养"，且培养的是人。所以我们大力推进的"五育"并举等一系列的教育改革，必须考虑"培养谁""谁培养""怎样培养"等问题。从目标上看，最终价值指向培养新时代青少年，为实现中华民族伟大复兴培养人才。

　　《中共中央 国务院关于深化教育教学改革全面提高义务教育质量的意见》作为新时代我国深化教育教学改革、全面提高义务教育质量的纲领性文件，为如何落实教育教学工作指出了明确的方向。意见强调，坚持立德树人，着力培养担当民族复兴大任的时代新人；坚持"五育"并举，全面发展素质教育；强化课堂主阵地作用，切实提高课堂教学质量。

　　教师是立教之本、兴教之源，是教育发展的第一资源。党的十八大以来，党中央和国务院高度重视教师队伍建设，教师队伍素质不断提升，结构不断优化，待遇不断提高，教师队伍建设取得历史性成就，为党和国家培育了大批优秀人才，为我国教育事业发展做出了突出贡献。要坚持以习近平新时代中国特色社会主义思想为指导，深刻领会习近平总书记重要指示和党的二十大精神，大力弘扬教育家精神，培养高素质教师队伍，健全中国特色教师教育体系。目前，我国教育发展面临以下问题：

一、历史教育的时代链不完善

了解基本的历史知识，具备基本的历史素养，有助于认识当下中国的许多问题。历史教育的缺失会影响到教学效果。例如，不了解中国旧民主主义革命、新民主主义革命和社会主义革命的历史，学生就很难理解如今的中国为什么要实行公有制为主体、多种所有制经济共同发展的基本经济制度。对于小学生来说，许多知识都呈现"断崖式"的特征，知识的联系和构架始终是一个没有突破的命题。如果离开历史知识的滋养，极容易使思政课理论缺乏说服力，进而导致学生很难深入学习和理解思政课的实质。

二、教材内容衔接的不匹配性

各个阶段的教育自成体系，教材内容编排风格差异较大。"五育"本应是随着学生学历、学龄的递增逐步详细讲述、更加全面，为学生提供更广泛的知识，但现实是各年级在课程内容上有较高的重复性，小学思政课基本一直涉及的是道德修养与法律意识，初高中和大学思政课在知识点上也有很多重复，这非常影响学生接受新知的兴趣。

三、教学与考核的形式化

"唯分数论"、人的懒惰性和人的"理性人"角色三个因素共同影响了教学与考核的形式化。小学阶段最主要的还是学习语文、数学、英语这三门"主课"，且小升初阶段也几乎不考查学生的其他能力，或考查弱化。

▶解决问题的过程描述 🖊

在理想教育文化的带动下，学校改变了教学与评价体系和方法，取得了立德树人、办学治校的全面进步，带动了育人质量的提升，学校由单纯地追求知识教学向追求育人价值转变，由培养学生解题能力向培养学生问题解决能力转变，由统一的标准教育向尊重人性教育转变，以实现社会主义核心价值观、学生成长核心素养培育和减负真正落地。

几年的课题研究，使学校发展出了基于尊重、平等、民主的课程和评价体系。

一、立足学生本位：多元培养，使个性得到充分发展

小学阶段以习惯养成为主，受年龄所限，大部分学生没有主动修正自我的意识，同时缺乏对目标长久稳定的坚持。因此，学校以激发学生潜能的课程、开阔学生视野的实践、发展学生兴趣的多种社团、丰富学生感知体验的教育活动等方式全面建构学生的校园生活路径，为引导学生激活内驱力、充分高效投入学习过程，设计了国美唤醒课程体系：唤醒生命觉知的行走课程体系、唤醒性别差异的男女生课程体系、唤醒运动潜能的八大球类课程体系、唤醒成长感悟的年级必修课程体系。在课程中，教师从课堂的主体转变为学生学习的指导者，师生形成"学习成长共同体"，提高了课堂效率。学生在自主探索、"合作对话"中，个性得到了充分发展。

二、立足教师团队：多元指导，共同成长

学校教师奉献意识强，但教育教学方式较单一，针对学生全体缺少分层、凝聚力教育，针对学生个体缺少个性化、创新教育，尤其在思政教育与日常的教育教学契合上，做的衔接工作甚少。为此，学校不断研究如何帮助教师深入理解思政教育一体化的内涵，引导教师改变教育观和知识观，在实施教学过程中具体落实并优化"合作成长共同体"的内涵。在"尚书养德·工合润心"活动中，学校推广 N+1 阅读法，倡导教师以阅读启迪智慧、丰富见闻、乐于分享、互研共学，以尚书养德，以理想教育教学方法论为导向，像培育学生一样从"扰启、内省、质疑、实践"这几步出发，提升了教师的职业幸福感，使教师积淀厚实的理论基础。

三、立足家长特点：以互通教育为联结纽带

我们就家长对教育关注的热度问题进行了调查。结果发现，低年龄段孩子家长更关注孩子的身心健康和兴趣发展，高年龄段孩子家长更为关注孩子的成绩、升学和教育公平。我们也发现家校关系主要有这样几种典型的类型——配合型：学校是教育的主体，家长配合；被动型：家长处于弱势地位，怕学校老师给孩子不公平待遇；主观型：孩子交给学校，学校必须保证孩子的健康和教育。

就一般意义而言，主体范畴指代人，人就是主体。本文所涉及的"思政课主体"实际上既包括从事思政课管理、组织、服务、教研的相关人员，也包括思政课的受益对象——学生。为了增强家校对话，唤醒内动力，优化外驱力，学校提

出了国美学程建设——学分银行项目。

四、探索全面发展新路径，提供育人供给侧输入

（一）学分评价突出德育实效

1. 强化习惯，增强自控力

陶行知先生说：先生不应该专教书，他的责任是教人做人；学生不应该专读书，他的责任是学习人生之道。学分银行 APP 设置了"品行分行"，有品行日常、常规育人、环境育人、品行特色荣誉四个模块。"品行分行"是规范学生德行情操、培养学生自控力的积极手段。它改变枯燥、无效的"说教式教育"，依据"独立、追求、养控、审美"的理想生命个体生长方法论，以趣味性的评价引导学生自主管理、养成良好行为习惯，充分激发学生内动力。

2. 锻造品格，促双向共赢

学分成为教师课堂教学和学生日常行为规范教育的有力抓手，同时让学生在活动中找到自信、发现自我，真正达到"唤醒课程"无问花期、静待绽放的目的。学生可以兑换学分银行中的相应奖励，因而更加珍惜每日获得的学分。教师更好地了解学生品行分行的实际情况，既落实了学生德育，又健全了学生人格，最终达成培养最佳公民的理想教育最终目的。

（二）学分评价提升智育水平

1. 助力发展，提升实效性

为了突出学生在课堂中的主体地位，保护学生的好奇心、想象力，激发学习兴趣，学分银行 APP 设置了"智慧分行"，以日常、检测、活动、智慧特色荣誉四个模块的评价引导、激励学生。学生通过自己不同程度的课堂表现得到相应学分，在课堂中的参与程度有了很大的提高。教师以学分为主要媒介，通过设置高质量、高效率的环节，对不同学习程度的学生给予及时评价和分层学分奖励，实现分层教学。

2. 找准抓手，促"双减"落实

学分银行设有拓思卖场项目，以拓展学生全方位学习空间。为了避免任务给学生带来焦虑情绪，该项目让学生选择自己喜欢、适合的子项目进行实践学习，在平台上找到自己喜欢的舞台，从而拓展成长空间。

（三）学分评价强化体育锻炼

学分银行 APP 设置了"健康分行"，将学分评价与学校特色活动紧密结合。例如，在校园武林大会上，具有仪式感的环节和精美的服饰，不仅使学分银行在全体师生心中扎根发芽，也将"五育"更生动地融入校园生活。学生在活动中享受乐趣、增强体质、健全人格、锤炼意志，发扬中华优秀传统武术精神。

（四）学分评价增强美育熏陶

在学校教育中构建科学完善的美育课程体系，有助于更好地实现美育教学目标，激发学生的审美兴趣，培养学生感知美、欣赏美及创造美的能力，帮助学生树立正确的审美价值观。学校已经开设了多样的美育课程，依靠学分银行"艺术分行"评价系统，通过学分评价与艺术特色课程结合的方式，提升学生的审美意识。在美育活动类课程中，美术教师不断改进和完善课程内容，不仅使审美意识、教学理念和教学方法得到了发展，也使体验美、感受美、践行美的理想生命个体生长方法论充分落地。

（五）学分评价加强劳动教育

为丰富劳动教育形式，学校在学分评价中将特色课程与劳动教育紧密结合，开设四季课程与实践课程，使学生在学习知识、掌握技能的基础上，更自信地参加活动，并能够在活动中收获感悟。

不同学龄段的学生，其身心特点和成长发展规律也不完全相同，一定要杜绝讲授内容与学生认知阶段脱钩的现象。在当下，尤其要注意，只有将思政课内容融入学校教育的每一个方面和环节，思政教育才真正做到了和学校教育进行一体化建设，由此生发了"合作分行"。学校通过以上措施，关注学生在学习中的情感与态度，使学生始终在平等和谐的氛围中开展学习活动，转变了传统的师生关系，体现了尊重、民主的理想教育文化内涵。

矛盾的特殊性使我们明白需要具体问题具体分析。对各学年阶段，在考核机制层面，对于学生的考核、评价环节，要采用多元评价方式，杜绝仅以考试成绩作为最终素质评定的做法。同时，应当全方位关注学生的操作技能、思想状况、道德水平和学习能力等，为每个学生梳理网状能力图表。

▶案例分析 ✎

联系观启示我们，在国家层面，需要积极主动地搭建科研沟通合作平台。另外，认识论也为我们解决培养方式问题提供了出路。对于学校来说，在各学年阶段可以落实实践教学，积极组织面向社会的校外活动，使学生在"现实情境"中明辨是非，在身体力行中开阔视野并产生情感共鸣。

理想教育文化指导下的校园管理改革对教师和学生群体产生了积极作用：

群体	学生	教师
意义	把获得学分当作游戏	把教育要求转化成游戏规则
	主动遵守规则，获得学分	减少重复说教
	养成良好习惯，形成能力	通过数据调整方向
	实现愿望，行为习惯更加良好	避免不必要的家校矛盾

2023 年，习近平总书记致信全国优秀教师代表指出："新征程上，希望你们和全国广大教师以教育家为榜样，大力弘扬教育家精神，牢记为党育人、为国育才的初心使命，树立'躬耕教坛、强国有我'的志向和抱负，自信自强、踔厉奋发，为强国建设、民族复兴伟业作出新的更大贡献。"面对新时代的机遇与挑战，求变和适应是唯一的出路，与时空对话，才能更好地完成教育赋予的任务和使命。

总而言之，我们要明白，"五育"并举，不仅仅指的是学生的成绩或某一方面能力突出，更重要的是学生在教育的舞台上扮演的角色所起的作用能辐射到校园中，再投射到家庭、社会中。理想教育文化为青少年和学校发展提供了良好的引领，唤醒每个生命，使其"成为自己，成就自己"，发现最初的美好模样。

（作者单位：北京市星河实验学校国美分校）

爱的光芒照耀"特殊"的你

崔楠楠

▶案例背景 🖊

初中生由原生家庭、学业压力、校园人际交往以及自身情感问题等多种因素导致的心理问题越来越多，班主任在情感、自我价值、认知等方面发挥心理危机干预作用非常关键，采用科学手段及时发现并进行有效干预极为重要。教育者可运用"合作对话"的基本工具——尊重、民主、责任、科学，使用扰启、内省、质疑、实践的方法论，让受教育者逐步成为具备独立、追求、养控、审美能力的最佳公民。

本案例中的主人公小刘因受到原生家庭的影响出现了心理问题，在刚刚迈入新的班集体时，由于多方面行为不端，在氛围整体融洽的班集体中，与其他同学格格不入，不被同学们接纳。班主任等老师们和同学们在尊重、民主、责任、科学的前提下，与小刘充分"合作对话"，扰启小刘自我内省，并引导其在生活中真正实践，逐步成为具备独立、追求、养控、审美能力的阳光少年。

▶解决问题的过程描述 🖊

人在一生中会遇到许许多多的挫折，这些挫折会在某些时段甚至终生持续打击人的心灵，消磨人的意志，就连成年人都会因此迷失自我，更别说心智还未发育完全的学生。老师要经常关注学生的心理问题，及时对他们进行心理疏导，帮助他们解决生活中难以解决的问题。而我就遇到了这样一位"特殊"的学生小刘。生性活泼开朗的小刘，在原生家庭的影响下变得敏感多疑，甚至无法与师生们正常相处。作为班主任，我抓住一切可能的机会促成小刘的自我对话、小刘与家庭的对话、小刘与班集体的对话，让小刘顺利融入班集体，维护了班集体的和谐友爱氛围，同时引导小刘逐步成为具备独立、追求、养控、审美能力的阳光少年。

▶**案例分析** ✎

一、我的自我对话

初识"特殊"的你

对于刚刚担任班主任的初出茅庐的我来说，初一入学前的暑期社会实践是终生难忘的一段时光。一大早我就来到班里，等待迎接一张张阳光的笑脸，憧憬着天真烂漫的师生美好时光。我一进班里就被头上戴着黑鸭舌帽、手上戴着登山手套并一直低着头默不作声的小刘吸引了。担心过度的关注吓到小刘，在所有学生面前对于他这样的特殊装扮我选择了睁一只眼闭一只眼。队列式训练开始后，在操场我一直默默关注着小刘。经过一个上午的训练，同学们基本达到了坐姿、站姿等常规要求，但是小刘在其中显得尤为"特殊"——站没站样、坐没坐样、随意插嘴、满嘴脏话。正当我在思考如何借休息时间与小刘聊天去更多了解小刘时，就收到小刘妈妈的长篇微信，她跟我介绍了小刘的情况，言辞间能感受到妈妈对小刘是否能够适应学校学习和生活、是否能够与同学和老师正常和平相处非常担心。随后我的心就开始忐忑不安起来了，心想"这个孩子一定不简单"。在接下来的几天里，小刘又"不出所料"地与多个同学发生了冲突。在整体气氛较为和谐规矩的班中，他显得格格不入……同学们开始疏远他，不喜欢和他交往，排座位时不愿意挨着他，不愿意和他同组。紧接着，暑期社会实践训练的第二天下午，小刘又跟教官顶撞，起了冲突。大家背地里都称呼他"刘魔王"。

二、我与小刘及家庭的对话

探秘"特殊"的"刘魔王"

要想改变"刘魔王"，必须找到他成为"刘魔王"背后的原因。在小刘与教官顶撞发生冲突之后，我试着与小刘聊天，尝试找出小刘这么"特殊"的根源。在这次小刘痛哭流涕的聊天中我了解到，小刘的父母关系非常不好，二人在小刘小时候先是离婚，后又复婚。爸爸经常说脏话，经常当着小刘和妹妹的面与妈妈叫骂打架，也经常一言不合就暴力处罚小刘，小学时候曾经罚小刘蹲了一个晚上。小学时候小刘便诊断出患抑郁症，曾经出现过自残与轻生。

家庭背景造就了这样的小刘：高度敏感、自尊心强、自卑、爱说脏话、注意力无法集中、课上几乎不听讲、每天的作业几乎都无法完成、爱在小组合作时瞎凑热闹寻求关注。小刘虽然在小小年纪承受了很多委屈，但他还是会说"我知道爸爸妈妈爱我，与爸爸顶嘴反抗是不想让年幼的妹妹再去经历我经历过的委屈"。我能够感受到这是一个非常善良且心思和情感非常细腻的孩子，也很乐于助人、热心参与班级事务。

三、我与小刘及班集体的对话

特别的爱照耀"特殊"的你

在之后的日子里，我密切关注着小刘，酝酿着：如何创造各种契机让同学们看到小刘闪光明朗的一面？如何让小刘更加自信？如何让小刘在班级中找到归属感？

第一，师生"合作对话"：让小刘感受到"老师们很在乎我的感受"。

正当我踌躇如何让小刘感受到老师们更多的关爱时，学校一年一度的拔河比赛来了。我将代表班级抽签的机会给了小刘，幸运的小刘在全校师生的瞩目下为班级抽到了万众期待的唯一一张免赛通关券，并与校长握手合影留念，小刘的脸上难掩开心激动的表情。渐入佳境后的小刘逐渐打开了心扉，私下时常与我谈心交流。了解了小刘的动态后我及时与各科老师沟通，鼓励各科老师对小刘的小小进步进行大大的表扬，给予其信心。在后来的家访中，我看到小刘将自己收到的所有夸夸卡珍藏在了自己书桌的玻璃下面。

小刘有很多不想告诉同学们的心事，因此我鼓励小刘在遇到问题时及时与心理老师沟通，疏解心理压力。作为班主任，对待心理有问题的孩子，我也及时向心理老师寻求更专业的帮助，了解如何在日常工作中引导小刘的学习与生活。另外，我与心理老师一起约谈他的父母，了解更详细的情况，引导他的父母在家规范自己的言行，为孩子树立榜样，为孩子创造和谐的家庭环境，给予孩子足够的安全感；同时，建议父母定期带领孩子一同去接受心理专家更专业的心理疏导与干预。

第二，生生"合作对话"：让小刘认识到"亮出你的闪光点，用实际行动便可以赢得同学们的尊重"。

小刘的学习成绩差，但是劳动实践与动手能力很强，因此我看到他写的想要担任卫生委员的小纸条后，立即满足了他的愿望，让其发挥劳动优势，让同学们看到他的乐于助人与细致认真并且热爱班集体的优点及他对班级的贡献。小刘擅长跑步但是又不自信，因此看到他在运动会参赛报名表上涂了又写、写了又涂的名字后，我极力鼓励他参加学校运动会，挑战多数人不敢挑战的 1 500 米跑。小刘最终鼓起勇气参加了比赛并赢得了第二名的好成绩，小刘用行动与实力赢得了同学们的尊重，在赛后的总结班会上大家都纷纷为小刘的精神品质鼓掌、点赞。得到同学们的认可与支持，小刘的言谈举止少了些拘谨，多了些自信。

第三，小刘与自己的对话：让小刘知晓"我还可以做得更好"。

小刘担任卫生委员后，班级的卫生评比一直名列前茅，同学们都说他是名副其实的"大管家"。学校的学生会开始招新，尝到甜头的小刘拿着已经写好的报名表对我说："崔老师，我想试试，您帮我改改演讲稿吧。""哇，小刘，积极主动求进步的你，一定未来可期！"无比激动的我放下手头的工作，逐字逐句帮小刘修改稿子并教给他现场演讲的技巧，帮助他成功争取到了担任校学生会卫生委员的机会。我用更高的追求来引导他在学习等各方面的行为规范，并号召班委带动其他同学主动在生活与学习上帮助他。

四、小刘与未来的自己的对话

成为独特明朗的你

有了日常的这些沟通与铺垫，小刘的整体表现有了很大进步。妈妈说他小学时候常常起不来床，抗拒去学校，从来不写作业，但是现在每天很期待去学校，回家以后会主动分享校园趣事，并努力完成作业（虽然还是不能全部完成，但是会尽力去做）。小刘在努力跟随大家的步伐，大部分同学也都可以和平地与小刘相处，有同学还将小刘作为正面素材写进了作文。偶尔与别人发生冲突，小刘也会主动跟老师承认错误并积极想办法解决。生病住院期间看不到同学们，小刘会让妈妈将班集体照片打印出来每天看。同学们知道小刘生病住院了，主动提出要写祝福语和录制视频给他。

小刘用自己的实际行动让同学们看到了他闪光明朗的另一面，并赢得了同学们的尊重。同学们接纳了小刘并逐渐喜欢上了小刘，在班集体中找到存在感与自信心的小刘的脸上有了更多的笑容，不记得从哪天起大家都开始称呼小刘"牛哥"。小刘不再是"特殊"的"刘魔王"，而是变成了大家口中独特的"牛哥"……而最让大家欣慰的是，"牛哥"亲口说："谢谢您，崔老师，因为有你们，我渐渐喜欢上了自己，未来也会更爱自己！"

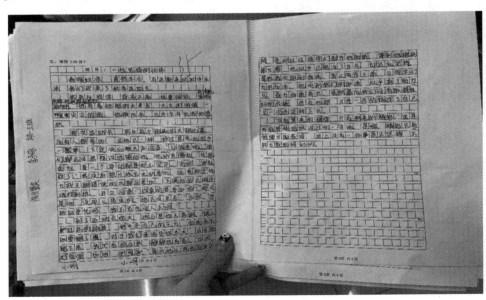

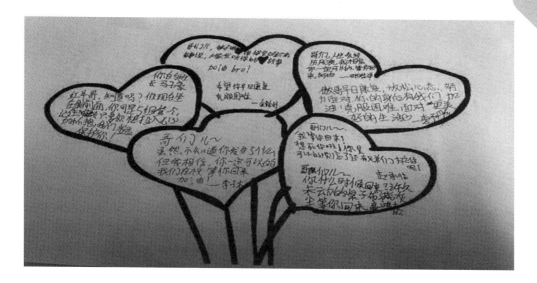

▶案例反思 🖊

第一，同学们朝夕相处，不可避免地会有冲突矛盾，要引导班集体中的同学相互体谅、相互包容。同时，班集体应该是一个温暖的大家庭，班主任应该创造尊重、民主的班级氛围，坚持责任、科学原则，以真诚的心帮助每一位同学在班级中找到存在感与安全感，这样的班集体才更温暖和有力量。

第二，对由于行为不端受到排挤的学生，我们要扰启其内省，正视与质疑自己的问题与不足并积极实践改正，让学生知道努力向上就可以逐渐赢得别人的尊重与认可，同时要积极为其创造机会发现问题并解决问题，以此让学生提高自信心，努力成为具备独立、追求、养控、审美能力的最佳公民。

第三，对于有心理问题的孩子，必要时及时寻求社区、学校、家庭、心理老师等各方的合作，与其充分对话，不冲动行事，尽最大努力引导孩子乐观向上，与老师和同学们和平相处。

教育就是一场爱的修行、一番温柔的坚持、一种不变的情怀。没有一朵花一开始就是一朵花，孩子们的成长亦是如此。每一个孩子在成为花之前都是一粒小小的种子。用爱照耀每一粒种子，用心打理每一个枝丫，一定能绽放出灿烂的花朵。

（作者单位：北京市陈经纶中学分校望京实验学校）

"合作对话"是师生共同成长的灯塔

张 营

▶ 案例背景 ✎

　　理想教育文化以培养具有"尊重、民主、责任、科学"素养的最佳公民为目标，并明确指出教育的立足点和出发点是"育人"。传统教育以知识为中心，过于注重知识的传授、在乎成绩的高低。然而忽视学生人格教育带来的学生人格教育的不足，必然导致学生的不可持续发展，使学生将来难有担当作为。所以，我在当前的工作中始终牢记理想教育文化建构中提到的"合作成长共同体"，力争在"合作对话"中让学生们实现知识与人格精神的共生，变被动成长为主动生长。

▶ 解决问题的过程描述 ✎

　　还记得第一次见到小黄是在一年级刚开学的数学课堂上，小黄空洞的眼神、不太协调的肢体动作和含糊不清的语言表达，似乎都在说明他是一个需要老师"特殊"关注的学生。果不其然，在之后的所有学科学习中，他都显得十分吃力，成绩排名不光在班级中是最后，在年级中也是垫底的，可谓是名副其实的"倒数第一"。这样的小黄，自然少不了同学们的议论，所以每次在教室或者是学校的其他场所看到他，他总是一个人，不愿和老师沟通，不愿和同学玩耍，甚至看人的时候眼神里也充满了闪躲。

　　面对这样的小黄，我深知传统的教育方式对他来说不但毫无作用，还可能会让情况越来越糟。只有在新型教育文化理念"合作对话"教育教学范式下，才能让老师与学生、学生与学生之间建立起"成长共同体"，进而帮助小黄改变现状。因此，我先与小黄的行为习惯进行"对话"。我开始每天花更多的时间细心观察小黄的一举一动。我发现小黄在课堂上能够集中精神听讲的时间不足十分钟，而且对于老师所讲的知识内容，他在理解上的确慢一些，再加上他玩心很重，从来不会主动完成老师布置的任何学习任务，即使在老师三番五次的催促下，他也是能拖就拖，而放学则是他每天最积极对待的事情，通常到了放学时间就一溜烟儿钻出了教室。除此以外，我还发现小黄对任何一门学科都没有兴趣，即使是像美术、音乐、体育等多数学生都会很喜欢的科目，他也没兴趣，这对我们所有任课老师来说无疑是一种很沉重的"打击"。

在与小黄的行为习惯进行"对话"后，我开始和小黄妈妈进行"对话"。妈妈表示：在自己给孩子所报的兴趣班中，也没有任何一门课程能够让他喜欢和坚持下来。对此，妈妈也很无奈，尝试过很多办法，如沟通引导，甚至批评打骂，可孩子就是一点进步都没有，作为妈妈她也很是着急，但又束手无策。

通过前两方面的"对话"了解后，我开始和小黄进行"师生对话"。我知道对于小黄来说现在的心理特点是玩心重，而且还没有完成从幼儿园小朋友到小学生的身份转变，所以他的内心是孤独的，他渴望别人的理解和接纳。因此，我在充分尊重小黄所有行为的基础上，科学地制定方法，从情志追求下手，试图建立情感连接。我开始每天都和小黄聊天，不去刻意聊什么，总之每天都要和他进行"对话"，我要走进他的内心，建立起充满信任基础的师生"成长共同体"。慢慢地我就开始了解到他的一些兴趣爱好，由此打通了和他之间的沟通壁垒。

在得到了小黄的心理信任后，我开始引导他的学习态度和学习自信心。在课堂上，我充分利用"合作对话"教学范式激发小黄的学习兴趣，通过扰启、质疑、实践实现他对知识和自我认知的"内省"，让他感受到学习的快乐，体会学习之美。课下，我利用空闲时间帮他做一些巩固练习，以使他能够牢固掌握所学知识，增强学习自信心；还每天对小黄的每一点进步都给予及时且正向的评价和鼓励，以促使他在"独立""养控"方面得到发展和成长，进而树立追求生命最优的目标。最后，我还保持每天和小黄妈妈进行"对话"交流，通过构建多种形式的家校沟通"时空"，有效形成家校合力，共同助力小黄的成长。

事实上，对于小黄妈妈来说，她有自己的工作，所以，有时教育孩子不是那么讲究方法和耐心。因此，我在每天和小黄妈妈"对话"孩子的在校情况后，还会给予一些家庭教育的指导和建议。例如：有意识地为孩子构建不同的学习和生活"时空"；创造条件，培养孩子的兴趣、审美意识与能力，多让孩子参加体育类、艺术类等活动以及参与家庭房间布置、绿植摆放、服装选择等生活决策；在家里还要彼此尊重、营造浓厚民主氛围、体现科学精神与责任担当，尤其家长要时刻体现最佳公民素养，在生活实践中成为孩子的榜样。

在我们坚持不懈的努力下，小黄开始慢慢发生转变，他不再拒绝学习，也不再抗拒与老师和同学之间的沟通交流，他开始以自己的方式和速度融入班集体中。看着小黄每天带着笑容来到学校，我想，我们的"合作成长共同体"已然建立，并且帮助了老师和学生实现双向正向成长。

▶ 案例分析 ✏

学校本是生命个体充满活力的乐园，是追求生命个体梦想的世界，是追求生命最优的场所。然而，以理论知识为核心的教育追求标准化的教育模式，不允许生命个体展现其灵动优异的一面，束缚或扼杀了生命个体的活力，这是作为教育者的我们应该反思和反省的。我们深知教育受文化的影响很大，我们要做到的就是尊重人类、尊重人性，这样才能寻找到最有利于人发展的教育规律，才能培养出最佳公民，我想，我和小黄都是理想教育文化的受益者。

（作者单位：北京市星河实验学校国美分校）

后　记

"合作对话"：教育教学新视角

王世元

　　针对教育现实问题且长期难以解决的现状，"合作对话"教育教学理念打破了学校、家庭和社会传统的教育思维，以新的人性观为基础，对比审视东西方教育文化的差异，萃取其精华，从理论上进行了探索，形成了教育哲学理论体系。

　　事实证明，让教育理论指导教育实践，必须打通理论指导实践进学校、进课堂的最后一公里。在北京教育科学研究院北京市教育督导与教育质量评价研究中心的支持下，《教育文化构建的人性基础》一书的教育学转化得以实现，小学、初中、高中"教师教学评价工具"也得以研发成功。据此，我们开启了课堂教学实践研究。

　　经过持续 5 年时间，面向学前教育、义务教育和高中教育的多学校、多学科，课题组整理了累计 4 万多分钟"靶子课"的视频资料。在此基础上，经过 6 个阶段实践探索，我在众多师生的支持与配合下，完成了《理想教育文化建构："合作对话"教育教学范式的理论与实践》一书。

　　"合作对话"教育教学范式有以下几个特点：

　　一是从"文化"而非"技术"的视角，在对"教育者"——教师（家长）与"受教育者"——学生（孩子）本质关系的认识基础上，提出建立"合作成长共同体"的师生关系。这一关系，不仅让尊重、民主、责任、科学在师生关系中得到体现，也让"主导"与"主体"在课堂"教"与"学"的过程中得到真正落实。

　　二是在"合作成长共同体"基础上，它不仅提出了与传统教学不同的范式结构，还为施教者提供了教学方法论、工具库和单元（专题或模块）备课、课时备课可操作的文案，使得教师在单元（专题或模块）备课和课时备课以及在课堂教学实施过程中有了遵循。

三是"合作对话"教育理念鲜明确切地指明了教育"育人"的核心本质，揭示了教育应具备的培养人格、传授知识、开启智慧有机统一的功能。"立德树人"是教育应有之义。

四是它为在课堂中实施新课程改革提供了操作路径，打通了课程改革进入课堂的最后一公里。"合作对话"知识观、课程观、育人观，与新课程改革完全契合。

事实证明，任何一次课程改革，如果没有形成新的课堂教学改革操作范式，新的课程改革目标就很难实现。

非常值得欣慰的是，"合作对话"教育教学范式的理论与实践研究得到了读懂青少年成长与发展系列丛书编辑团队的信任与支持。我们在 11 所实验校提供的 380 多篇实践探索的文章中筛选了 48 篇文章，按照主题分为四章，内容涵盖"合作对话"在习惯养成、班级建设、家校合作、心理健康、思维发展等方面的应用，辑录成《唤醒成长：合作对话的艺术》一书，分享给专家、学者和同行。

在此，我代表"合作对话"研究团队，衷心感谢实验校王利如、刘美玲、李玮、毕于阳、傅秋月、肖瑶、陈春红、杨玉芹等校长和老师在书稿策划与稿件征集过程中群策群力、积极参与，衷心感谢雷玲、卢秋红、仲玉维三位老师在书稿编辑过程中付出的努力和读懂青少年成长与发展系列丛书编辑团队给予的支持！

我们深知，"合作对话"教育教学范式不管是在理论上还是在实践上都需要进一步深化和完善，衷心希望教育理论界专家、学者、一线教育管理者和教师给予批评与指导！

写于北京朝阳石佛营

2023 年 12 月

图书在版编目（CIP）数据

唤醒成长：合作对话的艺术 / 王世元主编.

北京：中国人民大学出版社，2024.10. -- （读懂青少年成长与发展系列丛书）. -- ISBN 978-7-300-33298-7

Ⅰ. G424.21

中国国家版本馆CIP数据核字第2024EL8509号

读懂青少年成长与发展系列丛书

总主编　陈如平

唤醒成长：合作对话的艺术

主　编　王世元

副主编　苏纪玲　管永新

Huanxing Chengzhang: Hezuo Duihua de Yishu

出版发行	中国人民大学出版社	
社　　址	北京中关村大街 31 号	**邮政编码**　100080
电　　话	010-62511242（总编室）	010-62511770（质管部）
	010-82501766（邮购部）	010-62514148（门市部）
	010-62515195（发行公司）	010-62515275（盗版举报）
网　　址	http://www.crup.com.cn	
经　　销	新华书店	
印　　刷	北京昌联印刷有限公司	
开　　本	720 mm × 1000 mm　1/16	**版　　次**　2024 年 10 月第 1 版
印　　张	15.25 插页 1	**印　　次**　2024 年 10 月第 1 次印刷
字　　数	258 000	**定　　价**　60.00 元